Tina Schöpfer

Politische Show in Italien:

Die Selbstdarsteller Umberto Bossi und Silvio Berlusconi

Eine vergleichende Analyse

Tina Schöpfer

POLITISCHE SHOW IN ITALIEN: DIE SELBSTDARSTELLER UMBERTO BOSSI UND SILVIO BERLUSCONI

Eine vergleichende Analyse

ibidem-Verlag
Stuttgart

Die Deutsche Bibliothek - CIP-Einheitsaufnahme:

Ein Titeldatensatz für diese Publikation ist bei
Der Deutschen Bibliothek erhältlich

∞

Gedruckt auf alterungsbeständigem, säurefreien Papier
Printed on acid-free paper

ISBN: 3-89821-191-6
© *ibidem*-Verlag
Stuttgart 2002
Alle Rechte vorbehalten

Das Werk einschließlich aller seiner Teile ist urheberrechtlich geschützt. Jede Verwertung außerhalb der engen Grenzen des Urheberrechtsgesetzes ist ohne Zustimmung des Verlages unzulässig und strafbar. Dies gilt insbesondere für Vervielfältigungen, Übersetzungen, Mikroverfilmungen und elektronische Speicherformen sowie die Einspeicherung und Verarbeitung in elektronischen Systemen.

Printed in Germany

Meinen Eltern

INHALTSVERZEICHNIS

I. EINLEITUNG 13

1. METHODE 16

2. LITERATURLAGE 18

3. THEMATISCHE EINFÜHRUNG 20

4. LEITFRAGEN UND HYPOTHESEN 26

II. THEORETISCHE ÜBERLEGUNGEN 29

1. SYMBOLISCHE POLITIK ALS KOMMUNIKATIONSSTRATEGIE 29

1.1. PERSONALISIERUNGSSTRATEGIEN 33

1.2. THEMATISIERUNGSSTRATEGIEN 36

1.3. SPRACHSTRATEGIEN 39

1.4. SYMBOLISIERUNGSSTRATEGIEN 41

III. ZENTRALE ASPEKTE DER POLITISCHEN KULTUR ITALIENS 45

1. MISSTRAUEN GEGENÜBER STAATLICHEN INSTITUTIONEN, PARTEIEN UND POLITISCHER KLASSE 45

2. DER NORD-SÜD-KONFLIKT 47

3. DIE IDEOLOGISCHEN "SUBKULTUREN" DES KATHOLIZISMUS UND DES KOMMUNISMUS 50

IV. DIE KOMMUNIKATIONSSTRATEGIEN VON UMBERTO BOSSI 53

1. BIOGRAFISCHER HINTERGRUND 53

2. DIE PERSONALISIERUNGSSTRATEGIEN VON UMBERTO BOSSI 54

2.1. POSITIVE SELBSTDARSTELLUNG UND IMAGE-KATEGORIEN 55
2.1.1. "Herr Jedermann" 55
2.1.2. "Heldenhafter Volksanführer" 59

2.2. NEGATIVE-CAMPAIGNING 61
2.2.1. Die italienischen Parteien und Parteiführer 62

3. Die Thematisierungsstrategien von Umberto Bossi 66

3.1. Der Nord-Süd-Konflikt 67

3.2. Die Immigration aus Nicht-EU-Ländern 72

3.3. Die föderalistischen und sezessionistischen Forderungen 76

3.4. Die Verteidigung konservativer Werte 79

4. Die Sprachstrategien von Umberto Bossi 81

4.1. Das Wortfeld "Krieg/Kampf" 83

4.2. Das Wortfeld "Gewalt" 85

4.3. Das Wortfeld "machismo/Sexualität" 87

5. Die Symbolisierungsstrategien von Umberto Bossi 88

5.1. Die mittelalterlichen Mythen, Rituale und Symbole 89

5.2. Die keltischen und padanischen Mythen, Rituale und Symbole 90

V. DIE KOMMUNIKATIONSSTRATEGIEN VON SILVIO BERLUSCONI . 95

1. BIOGRAFISCHER HINTERGRUND 95

2. DIE PERSONALISIERUNGSSTRATEGIEN VON SILVIO BERLUSCONI 96

2.1. POSITIVE SELBSTDARSTELLUNG UND IMAGE-KATEGORIEN 97
2.1.1. "Charmanter Führer" 101
2.1.2. "Held" 106

2.2. NEGATIVE-CAMPAIGNING 109
2.2.1. Die "Kommunisten" 110

3. DIE THEMATISIERUNGSSTRATEGIEN VON SILVIO BERLUSCONI 114

3.1. DIE WIRTSCHAFTSPOLITIK 117

4. DIE SPRACHSTRATEGIEN VON SILVIO BERLUSCONI 119

4.1. DAS WORTFELD "SPORT/FUßBALL" 121

4.2. DAS WORTFELD "KRIEG" 124

4.3. DAS WORTFELD "RELIGION/BIBEL" 126

5. DIE SYMBOLISIERUNGSSTRATEGIEN VON SILVIO BERLUSCONI 129

5.1. DIE FORZA ITALIA-CLUBS 129

5.2. DIE FORZA ITALIA-HYMNE 130

VI. ERGEBNISSE DES SYSTEMATISCHEN VERGLEICHS 133

1. VERGLEICH DER PERSONALISIERUNGSSTRATEGIEN 134

2. VERGLEICH DER THEMATISIERUNGSSTRATEGIEN 136

3. VERGLEICH DER SPRACHSTRATEGIEN 138

4. VERGLEICH DER SYMBOLISIERUNGSSTRATEGIEN 140

5. VERGLEICH DER ANKNÜPFUNG AN DIE POLITISCHE KULTUR 142

6. VERGLEICH DER ZIELE DER BEIDEN AKTEURE 143

7. FORSCHUNGSPERSPEKTIVE 145

LITERATURVERZEICHNIS 147

I. Einleitung

"Wir sagen Dummheiten, die Italien bewegen."
Umberto Bossi[1]

"Jeder muss die Kommunikationsinstrumente benutzen, die dem Publikum angemessen sind, das ihm zuhört."
Silvio Berlusconi[2]

Politisches Handeln ist in wesentlichen Teilen kommunikatives Handeln.[3] Diese These des Politikwissenschaftlers Ulrich Sarcinelli stößt in der Politikwissenschaft, die der politischen Kommunikationsforschung lange Zeit wenig Aufmerksamkeit geschenkt hat[4], auf breite Zustimmung. Im Zusammenhang mit Personalisierungsthesen in der Politikvermittlung und Amerikanisierungsthesen in der Wahlkampfkommunikation, die von professionellen Beobachterinnen und Beobachtern (west)europäischer Wahlkämpfe seit den 1980er Jahren vertreten werden[5], gewinnt die Analyse der Kommunikationsstrategien *individueller Akteure* an Bedeutung.[6] Individuelle Akteure werden nach Volker von Prittwitz definiert als "Individuen, die am politischen

---

[1] zitiert nach Mario Giusti: Bossoli. Il blob della Lega, Rom/Neapel 1993, S. 17, eigene Übersetzung.

[2] L'Espresso, 11. März 1994, o.S, eigene Übersetzung.

[3] Sarcinelli, Ulrich: "'Fernsehdemokratie'. Symbolische Politik als konstruktives und als dekonstruktives Element politischer Wirklichkeitsvermittlung"; in: Wunden, Wolfgang (Hrsg.): Öffentlichkeit und Kommunikationskultur. Beiträge zur Medienethik. Band 2, Hamburg/Stuttgart 1994^a, S. 32.

[4] vgl. zu den politikwissenschaftlichen Beiträgen zur politischen Kommunikationsforschung folgenden Aufsatz: Kaase, Max: "Politische Kommunikation – politikwissenschaftliche Perspektiven"; in: Jarren, Otfried/Sarcinelli, Ulrich/Saxer, Ulrich (Hrsg.): Politische Kommunikation in der demokratischen Gesellschaft. Ein Handbuch mit Lexikonteil, Opladen/Wiesbaden 1998, S. 97-113.

[5] vgl. ausführlich Plasser, Fritz: "'Amerikanisierung' der Wahlkampfkommunikation in Westeuropa: Diskussions- und Forschungsstand"; in: Bohrmann, Hans/Jarren, Otfried/Melischek, Gabriele/Seethaler, Josef (Hrsg.): Wahlen und Politikvermittlung durch Massenmedien, Wiesbaden 2000, S. 49-67.

[6] Oftmals werden die Begriffe *Personalisierung* und *Amerikanisierung* nicht trennscharf verwendet oder sogar gleichgesetzt. Personalisierung ist jedoch nur *ein* Indikator neben vielen anderen, der für Amerikanisierung spricht, und nicht bei jedem Wahlkampf, bei dem der Spitzenkandidat im Mittelpunkt des Wahlkampfgeschehens steht, handelt es sich zwangsläufig um einen amerikanisierten Wahlkampf. Vgl. hierzu ausführlich Plasser, a.a.O., S. 49-60.

Prozeß absichtsvoll und mit der Chance, Einfluß auszuüben, teilnehmen."[7] In Italien betraten in der Folge der gesellschaftlichen und politischen Krise zu Beginn der 1990er Jahre neue politische Akteure die politische Bühne, welche die Parteienlandschaft radikal veränderten, einen neuen Stil der Politikvermittlung prägten und teilweise Themen besetzten, die zuvor von keiner anderen Partei aufgegriffen worden waren. Charakteristisch für diese neue Art der Politikvermittlung ist zum Beispiel insbesondere eine neue politische Sprache, die sich vom sogenannten *politichese*, der komplizierten und oft unverständlichen Sprache der politischen Klasse[8] der "Ersten Republik"[9] in Italien, abwendet.[10] Obwohl in Italien bereits seit den 1980er Jahren eine Personalisierung in der Politikvermittlung festzustellen war[11], erreichte sie insbesondere durch die politischen Akteure Umberto Bossi, den Parteiführer der Lega Nord, und Silvio Berlusconi, den Parteiführer von Forza Italia[12], neue Ausmaße. Sowohl die Lega Nord als auch Forza Italia stellen zentral geleitete Organisationen dar, in denen die führende Rolle Bossis beziehungsweise Berlusconis kaum in Frage gestellt wird.[13] Die Identität der beiden Parteien ist fast ausschließlich mit der Person des Parteiführers verbunden, dessen Charisma den Mangel an historischer Parteitradition ersetzt.[14] Beide Parteien erfüllen Merkmale einer *Persönlichkeitspartei*. Charakteristisch für Persönlichkeitsparteien ist die absolute Stellung des Parteiführers.

---

[7] Volker von Prittwitz: Politikanalyse, Opladen 1994, S. 14.

[8] Unter *politichese* versteht man einen journalistischen Begriff für die Sprache der Politiker, "sofern sie semantisch verschleiernd oder mehrdeutig und syntaktisch verworren ist und daher schwer zu verstehen" (Michele A. Cortelazzo: "Sulle tracce del 'nuovo che avanza'. Anmerkungen zur aktuellen politischen Sprache Italiens"; in: Zibaldone 18/1994, S. 65.)

[9] Es hat sich im publizistischen und politikwissenschaftlichen Diskurs eingebürgert, den fundamentalen Transformationsprozess des italienischen Parteiensystems zu Beginn der 1990er Jahre als Übergang von der "Ersten" zur "Zweiten" Republik zu bezeichnen. Da die Terminologie umstritten und politikwissenschaftlich nicht einwandfrei geklärt ist, werden die beiden Begriffe in Anführungszeichen gesetzt.

[10] siehe zu den Neologismen in der politischen Sprache Italiens u.a. folgendes Wörterbuch: Silverio Novelli/Gabriella Urbani: Dizionario della Seconda Repubblica. Le parole nuove della politica, Roma 1997.

[11] Rossella Savarese: L'americanizzazione della politica in Italia. Tv ed elezioni negli anni Novanta, Milano 1996, S. 74.

[12] Forza Italia wird ohne Artikel gebraucht, weil es sich um einen Ausruf handelt ("Vorwärts Italien"); siehe zu dem Parteinamen ausführlich die Analyse von Berlusconis Sprachstrategien im Kapitel "Das Wortfeld 'Sport/Fußball'", S. 121 ff.

[13] vgl. Möller, Stefanie: "Die Sprache der Erneuerer"; in: Ferraris, Luigi Vittorio Graf/Trautmann, Günter/Ullrich, Hartmut (Hrsg.): Italien auf dem Weg zur "Zweiten Republik"? Die politische Entwicklung Italiens seit 1992, Frankfurt/Main 1995, S. 353 f.

[14] Andrea Sarubbi: La Lega qualunque. Dal populismo di Giannini a quello di Bossi, Roma 1995, S. 58.

Über seine Persönlichkeit definieren sich weitgehend die Entstehungsmotivation, die organisatorische Etablierung und das politische Angebot der Partei. Die Partei ist in ihrer gesamten Struktur darauf ausgerichtet, dem Parteiführer in eine führende politische Machtposition zu verhelfen. Ein eventueller Abtritt des Parteiführers würde grundsätzlich das politische Überleben der Partei gefährden.[15] Umberto Bossi und Silvio Berlusconi sind "Newcomer" in der italienischen Politik, die beide keine längere politische Karriere hinter sich hatten, als sie mit erfolgreichen Parteigründungen auf sich aufmerksam machten und wie kein anderer Politiker die Transformation des italienischen Parteiensystems prägten.[16] Beide geben sich das Image des Anti-Berufspolitikers und setzen eine populistische Rhetorik ein. Umberto Bossis Lega Nord und Silvio Berlusconis Forza Italia sind die beiden einzigen *neuen* Parteien, die sich in der Umbruchsituation des italienischen Parteiensystems, in der ein Großteil der politischen Klasse zurücktreten musste und traditionelle Parteien zerbrachen, erfolgreich konsolidieren konnten.[17] Um sich von den wegen zahlreicher Korruptionsaffären und illegaler Parteienfinanzierung in Misskredit geratenen Parteien der "Ersten Republik" abzugrenzen, präsentierten sich Bossi und Berlusconi als "Erneuerer" und bezeichneten die Lega Nord und Forza Italia aus taktisch-psychologischen Gründen als Bewegungen. Analysen beider Organisationen zeigen jedoch, dass die zentralen politikwissenschaftlichen Indikatoren für eine Partei sowohl bei der Lega Nord als auch bei Forza Italia nachweisbar sind. Geht man von dem deutlichsten Definitionsmerkmal des Parteienbegriffs aus -der Teilnahme an Wahlen mit dem Ziel der Besetzung politischer Ämter-, können beide Organisationen seit ihrer Gründung als Partei bezeichnet werden.[18]

---

[15] vgl. Seißelberg, Jörg: "Berlusconis Forza Italia. Wahlerfolg einer Persönlichkeitspartei"; in: Steffani, Winfried/Thaysen, Uwe (Hrsg.): Demokratie in Europa: Zur Rolle der Parlamente (Zeitschrift für Parlamentsfragen. Sonderband zum 25-jährigen Bestehen), Opladen 1995, S. 213.

[16] siehe hierzu den biographischen Hintergrund von Bossi, S. 53 f. und Berlusconi, S. 95 f.

[17] siehe zum Umbruch des italienischen Parteiensystems und zur gesellschaftlichen und politischen Krise Italiens in den 1990er Jahren u.a. Giuseppe Mammarella: L'Italia contemporanea 1943-1998, Bologna 1999, S. 537-602; Paul Ginsborg: L'Italia del tempo presente. Famiglia, società civile, Stato 1980-1996, Torino 1998, S. 471-563; Friederike Hausmann: Kleine Geschichte Italiens von 1943 bis heute. Aktualisierte und erweiterte Neuauflage, Berlin 1997, S. 147-182.

[18] Das Ziel "Besetzung politischer Ämter", wurde von Max Weber als Definitionsmerkmal von Parteien formuliert (Max Weber: Wirtschaft und Gesellschaft, Tübingen 1976, S. 837.) und ist das zentrale Kriterium, um Parteien von Verbänden und Bewegungen zu unterscheiden (vgl. ausführlich: Rucht, Dieter: "Parteien, Verbände und Bewegungen als Systeme politischer Inter-

Trotz der genannten Gemeinsamkeiten erzielten Bossi und Berlusconi mit teilweise sehr unterschiedlichen Kommunikationsstrategien Wahlerfolge und konsolidierten sich im Parteiensystem Italiens. Bossi ist beispielsweise ein Versammlungsredner, dessen rhetorische Fähigkeiten besonders auf Großveranstaltungen zur Geltung kommen, während Berlusconi als telegener Politiker und Besitzer dreier privater Fernsehkanäle seine Botschaften am erfolgreichsten über das Fernsehen vermittelt. Nur die wenigsten kennen ihn persönlich, er ist eine Art "virtueller Präsident".[19] Der Politikwissenschaftler Jörg Seißelberg bezeichnet Forza Italia als *medienvermittelte Persönlichkeitspartei*.[20]

1. Methode

Im Folgenden werden die Unterschiede und Gemeinsamkeiten der Kommunikationsstrategien von Umberto Bossi und Silvio Berlusconi auf der Grundlage eines systematischen Vergleichs[21] anhand einer qualitativen Inhaltsanalyse[22] untersucht. Eine solche politikwissenschaftliche Analyse fehlt bisher.[23] Politische Kommunikation wird in Anlehnung an den Kommunikationswissenschaftler Hans Mathias Kepplinger als *persuasive Kommunikation* verstanden.[24] Diese beabsichtigt oder bewirkt die

---

essenvermittlung"; in: Niedermayer, Oskar/Stöss, Richard (Hrsg.): Stand und Perspektiven der Parteienforschung in Deutschland, Opladen 1993, S. 263-269.)

[19] Pino Corrias/Massimo Gramellini/Curzio Maltese: 1994 Colpo grosso, Milano 1994, S. 77.

[20] vgl. Seißelberg 1995, a.a.O., S. 212.

[21] vgl. zur vergleichenden Methode in der Politikwissenschaft Nohlen, Dieter: "Vergleichende Methode"; in: ders. (Hrsg.): Lexikon der Politik. Band 2. Politikwissenschaftliche Methoden (herausgegeben von Jürgen Kriz), München 1994, S. 507-517.

[22] vgl. zu qualitativer Forschung: Alemann, Ulrich von/Tönnesmann, Wolfgang: "Grundriß: Methoden in der Politikwissenschaft"; in: Alemann, Ulrich von (Hrsg.): Politikwissenschaftliche Methoden. Grundriß für Studium und Forschung, Opladen 1995, S. 56-61. Zur Vorgehensweise der qualitativen Inhaltsanalyse und ihrer praktischen Anwendung vgl. in demselben Sammelband folgenden Aufsatz: Reh, Werner: "Quellen- und Dokumentenanalyse in der Politikfeldforschung: Wer steuert die Verkehrspolitik?", S. 201-245.

[23] Die Politikwissenschaftlerin und Übersetzerin Iris Stephanie Möller hat die beiden Akteure Bossi und Berlusconi in einem Aufsatz unter mehr sprachwissenschaftlichen Aspekten miteinander verglichen (vgl. Möller, a.a.O., S. 351-367). Andere Veröffentlichungen beschäftigen sich mit den Kommunikationsstrategien mehrerer "neuer" italienischer Politiker ohne dezidiert auf einen Vergleich zwischen Bossi und Berlusconi einzugehen: Omar Calabrese: Come nella Boxe. Lo spettacolo della politica in TV, Roma-Bari 1998; Patrick Mc Carthy: "Italy: a new language for a new politics?"; in: Journal of Modern Italian Studies 2(3) (1997^b), S. 337-357.

[24] vgl. Kepplinger, Hans Mathias: "Politische Kommunikation als Persuasion"; in: Jarren, Otfried/Sarcinelli, Ulrich/Saxer, Ulrich (Hrsg.): Politische Kommunikation in der demokratischen Gesellschaft. Ein Handbuch mit Lexikonteil, Opladen/Wiesbaden 1998, S. 362-368.

Überzeugung des Adressaten der Informationen und zielt auf die Gewinnung oder Erhaltung von Macht ab.[25] Zunächst wird ein theoretisches Raster entwickelt, das sich am Konzept der *symbolischen Politik*, das in der deutschen Politikwissenschaft insbesondere von Ulrich Sarcinelli geprägt wurde[26], orientiert und dieses mit neueren Ansätzen der politischen Kommunikationsforschung verbindet. Sarcinelli beschäftigt sich zwar vor allem im Rahmen der Wahlkampfkommunikation mit symbolischer Politik, die von ihm analysierten kommunikationsstrategischen Muster sind jedoch nicht nur wahlkampftypisch, sondern gehören in unterschiedlichen Kombinationen zum Standardrepertoire alltäglicher symbolischer Politik.[27] Folgende Kommunikationsstrategien werden in dem theoretischen Raster herausgearbeitet und für den systematischen Vergleich der Kommunikationsstrategien der beiden Akteure operationalisierbar gemacht: Personalisierungsstrategien, Thematisierungsstrategien, Sprachstrategien und Symbolisierungsstrategien. Als Korpus für die qualitative Inhaltsanalyse dienen verschriftete und nicht verschriftete Reden der beiden Akteure, Interviews und Berichte aus Printmedien[28], Mitschnitte von Fernsehsendungen, Werbevideos sowie Internet- und Buchpublikationen der beiden Parteien und Wahlplakate. Der Schwerpunkt liegt auf Printmaterialien, da der Zugang zu italienischen Fernsehmitschnitten schwierig ist. Des Weiteren sind für den symbolischen Bereich Parteisymbole, wie beispielsweise Wappen, Fahnen und Hymnen, sowie *gadgets* von speziellem Interesse. Dabei ergibt sich die methodische Frage, ob es sinnvoll ist, für jeden Korpus, dem Äußerungen Bossis und Berlusconis entnommen sind, eine eigene systematische Inhaltsanalyse durchzuführen. Obwohl dadurch eine eventuelle Zielgruppenorientierung nuancierter nachvollzogen werden könnte, erscheint es für einen systematischen Vergleich beider Akteure sinnvoller, alle Äußerungen Bossis beziehungsweise Berlusconis als eine Art "Gesamtwerk" jeweils in einem Korpus zusam-

---

[25] ebda., S. 363 ff.
[26] Ulrich Sarcinelli: Symbolische Politik. Zur Bedeutung symbolischen Handelns in der Wahlkampfkommunikation der Bundesrepublik Deutschland (Studien zur Sozialwissenschaft; Band 72), Opladen 1987.
[27] Ulrich Sarcinelli: "Symbolische Politik und politische Kultur. Das Kommunikationsritual als politische Wirklichkeit"; in: Politische Vierteljahresschrift 30 (1989), H. 2, S. 295.
[28] Die wichtigsten italienischen Tageszeitungen sind die in Rom erscheinende linksliberale *La Repubblica* (URL: http://www.repubblica.it) und der konservative Mailänder *Corriere della Sera* (URL: http://www.corriere.it). Die wichtigsten politischen Wochenmagazine sind der linke *Espresso* (URL: http://espressoedit.kataweb.it), der in etwa mit dem deutschen *Spiegel* vergleichbar ist, und *Panorama* (URL:http://www.mondadori.com/panorama), das entfernt dem deutschen *Focus* gleicht.

menzufassen. Dabei werden jeweils repräsentative Beispiele herangezogen, um die Kommunikationsstrategien von Bossi und Berlusconi zu analysieren.[29] Ausgehend von der Annahme, dass Kommunikationsstrategien, die sich am Konzept der symbolischen Politik orientieren, nur dann erfolgreich sein können, wenn sie abgestimmt sind auf die jeweilige *politische Kultur*[30], wird im Anschluss an die theoretischen Überlegungen kurz auf verschiedene Aspekte der politischen Kultur Italiens eingegangen, sofern sie den beiden Akteuren als Hintergrund und Anknüpfungspunkt für ihre Kommunikationsstrategien dienen. Der Untersuchungszeitraum erstreckt sich von 1991, dem Gründungsjahr der Lega Nord, bis zum Winter 2000, der Vorwahlkampf-Phase für die italienischen Parlamentswahlen vom 13. Mai 2001. Dieser Zeitraum ermöglicht es, die variierenden Kommunikationsstrategien der beiden Akteure in unterschiedlichen Situationen (Regierung, Opposition; im Wahlkampf) zu analysieren.

2. Literaturlage

Vor dem Hintergrund der politischen Umbruchsituation in Italien hat die Zahl der wissenschaftlichen Publikationen über das italienische Parteiensystem stark zugenommen. Dennoch ist die deutsch-, englisch- und französischsprachige Literatur über die beiden neuen Parteien Lega Nord und Forza Italia relativ begrenzt. Das gilt insbesondere für die Lega Nord, mit der sich international nur wenige Monographien und Aufsätze beschäftigen[31] während in Italien eine Vielzahl von Publikationen erschienen ist.[32] Neben einigen Monographien, unter denen besonders die Analysen der Lega-Spezialisten Roberto Biorcio[33] und Ilvo Diamanti[34] herauszuheben sind, gibt es ei-

---

[29] siehe zu dieser Vorgehensweise Katja Thimm: Die politische Kommunikation Jean-Marie Le Pens. Bedingungen einer rechtspopulistischen Öffentlichkeit (Beiträge zur Politikwissenschaft, Band 72), Frankfurt am Main 1999, S. 14 f.

[30] Dörner, Andreas/Vogt, Ludgera: "Einleitung: Sprache, Zeichen, Politische Kultur"; in: dies. (Hrsg.): Sprache des Parlaments und Semiotik der Demokratie. Studien zur politischen Kommunikation in der Moderne, Berlin/New York 1995, S. 2.

[31] siehe Literaturverzeichnis.

[32] Allein zwischen 1990 und 1994 sind in Italien über hundert Publikationen über die Lega Nord erschienen (vgl. Volker Dreier: "La Lega Nord. Morphologie, Entwicklung, Erfolg und Zukunft eines politischen Chamäleons. Eine Sammelbesprechung italienischer Publikationen."; in: Neue politische Literatur 40/1995, S.107.)

[33] Roberto Biorcio: La Padania promessa. La storia, le idee e la logica d'azione della Lega Nord, Milano 1997. Siehe auch folgenden Aufsatz: Roberto Biorcio: "La Lega Nord e la transizione italiana"; in: Rivista italiana di scienza politica, 1/1999, S. 55-87.

ne Fülle von Aufsätzen mit unterschiedlicher Schwerpunktsetzung zur Lega Nord.[35] Für die Untersuchung der Kommunikationsstrategien von Umberto Bossi geben die Analysen des österreichischen Romanisten Robert Tanzmeister, der sich in mehreren Veröffentlichungen mit dem Diskurs der Lega Nord auseinandersetzt, gute Anregungen.[36] Mehr internationale politikwissenschaftliche Veröffentlichungen gibt es zu Silvio Berlusconi und seiner Partei Forza Italia. Hier haben die Verstrickungen von Politik und Medien offenbar größeres Interesse geweckt und zu einem höheren Forschungsoutput geführt.[37] Eine kommunikationswissenschaftliche Analyse liefert Stefan Krempl mit seiner Monographie "Das Phänomen Berlusconi. Die Verstrickung von Politik, Medien, Wirtschaft und Werbung"[38]. Auch die österreichische Politikwissenschaft hat einige Beiträge über Berlusconi veröffentlicht. Eine gelungene Darstellung der politischen Ereignisse in Italien zwischen 1994 und 1996 bietet die von Stefan Wallisch verfasste Monographie "Aufstieg und Fall der Telekratie. Silvio Berlusconi, Romano Prodi und die Politik im Fernsehzeitalter".[39] Einige englischsprachige Aufsätze aus politik- und kommunikationswissenschaftlichen Zeitschriften beschäftigen sich ebenfalls unter verschiedenen Gesichtspunkten mit Silvio Berlusconi und Forza Italia.[40] Dennoch leistete auch hier die italienische Politikwissenschaft und Soziologie einen ungleich höheren Forschungsoutput.

---

[34] Ilvo Diamanti: La Lega. Geografia, storia e sociologia di un soggetto politico. Nuova edizione riveduta e ampliata, Roma 1995 und ders.: Il male del Nord. Lega, localismo, secessione, Roma 1996^a. Ilvo Diamanti hat auch mehrere Aufsätze zur Lega Nord veröffentlicht (vgl. Literaturverzeichnis).
[35] siehe Literaturverzeichnis.
[36] Robert Tanzmeister: Padanien zwischen Autonomie und Sezession. Kritische Diskursanalyse zum politischen Diskurs der Lega Nord, Wien 2000^a; Robert Tanzmeister: "Sprache und Sprachvariationen im politischen Diskurs der Lega Nord"; in: Quo Vadis Romania? 15-16/2000^b, S. 114-134; vgl. Tanzmeister, Robert: "Mythen im politischen Diskurs der Lega Nord"; in: Burtscher-Bechter, Beate/Eibl, Doris/Eisterer, Elia/Fuchs Gerhild/Mertz-Baumgartner/Oberhuber, Andrea (Hrsg.): Sprache und Mythos. Mythos der Sprache. Beiträge zum 13. Nachwuchskolloquium der Romanistik (Innsbruck, 11.- 14.6.1997). Bonn 1998, S. 239-250.
[37] siehe beispielsweise Claudia-Francesca Ferrari: Wahlkampf, Medien und Demokratie. Der Fall Berlusconi, Stuttgart 1998 und Andrea Wolf: Telekratie oder Tele-Morgana? Politik und Fernsehen in Italien (Italien in Geschichte und Gegenwart, Band 6), Frankfurt am Main 1997.
[38] Stefan Krempl: Das Phänomen Berlusconi. Die Verstrickung von Politik, Medien, Wirtschaft und Werbung, Frankfurt am Main 1996.
[39] Stefan Wallisch: Aufstieg und Fall der Telekratie. Silvio Berlusconi, Romano Prodi und die Politik im Fernsehzeitalter, Wien/ Köln/ Weimar 1997.
[40] siehe Literaturverzeichnis.

3. Thematische Einführung

Umberto Bossi war der erste Politiker, der mit seiner 1991 als Vereinigung von autonomistischen Regionalbewegungen Norditaliens gegründeten Partei Lega Nord von der gesellschaftlichen und politischen Krise Italiens profitierte.[41] In der politikwissenschaftlichen und soziologischen Literatur ist die Lega Nord ein kontrovers diskutiertes Thema. Sie erscheint auf den ersten Blick wie ein "politisches Chamäleon"[42], das ständig seine Farben entsprechend seiner jeweiligen Umgebung wechselt. Es ist schwierig, die Lega Nord unter Rückgriff auf überkommene Schemata zu katalogisieren, da sie ihre Positionen in vielen Bereichen mehrfach änderte.[43] Bekannt wurde die Lega Nord zu Beginn der 1990er Jahre als Regionalpartei, die den Protest der NorditalienerInnen gegen die etablierten Parteien und die eigenen Landsleute im Süden, die angeblich nur auf Kosten des reichen Nordens leben, bündelte und mit einer radikalen Sprache zum Ausdruck brachte. Bei den Parlamentswahlen vom 5. April 1992, bei denen das reine Verhältniswahlrecht galt, erhielt die Lega Nord landesweit 8,6 Prozent der Stimmen. Im Norden Italiens kam sie auf 17,3 Prozent der Stimmen.[44] Nach diesem Wahlerfolg milderte Bossi seine Anti-Süd-Rhetorik, überlagerte diese mit Protest gegenüber außereuropäischen Immigrantinnen und Immigranten, forderte den föderalistischen Umbau Italiens in drei Makroregionen und machte den Antiparteienprotest zum Zentrum seiner Kommunikationsstrategien. Ziel war die nationale Ausdehnung der Lega Nord und die Übernahme von Regierungsverantwortung. Dafür war Bossi gezwungen ein Wahlbündnis einzugehen, da das italienische Wahlrecht

---

[41] Die erste Leghen-Formation war 1980 in Venetien mit der offiziellen Gründung der *Liga Veneta* ("Liga" ist im venezianischen Dialekt der Ausdruck für "Lega") entstanden. Die eigentliche "Keimzelle" der Lega Nord bildete die von Bossi am 12. April 1984 gegründete *Lega Lombarda*. Diese beiden Leghen schlossen sich 1989 mit der piemontesischen Regionalbewegung *Piemont autonomista* zur *Alleanza del Nord* (Allianz des Nordens) zusammen. Im selben Jahr entstanden mit der *Alleanza Toscana* (Allianz Toscana), der *Lega Emiliana-Romagnola* (Regionalbewegung der Emilia-Romagna) und der *Union Ligure* (Union Liguriens) drei weitere Regionalbewegungen. Diese sechs Teil-Leghe vereinigten sich unter der Führung Bossis 1991 zur Lega Nord. Später schlossen sich ihnen noch zwei weitere regionale Leghen, die im Trentino und Friaul entstanden waren, an (Elisabeth Fix: Italiens Parteiensystem im Wandel. Von der Ersten zur Zweiten Republik, Frankfurt/Main; New York 1999, S. 142). Siehe zur Geschichte der verschiedenen Teil-Leghe ebda., S. 115-142 und Diamanti 1995, a.a.O., S. 45-69.

[42] Giovanna Pajetta: Il Grande Camaleonte. Episodi, passioni, avventure del leghismo, Milano 1994.

[43] vgl. u.a. Braun, Michael: "Die Lega Nord – vom Autonomismus zum Sezessionismus"; in: Knapp, Lothar/Tömmel, Ingeborg (Hrsg.): Italien an der Wende zum 21. Jahrhundert. Politik, Wirtschaft, Kultur, zweite Auflage, Osnabrück 2001, S. 27.

seit 1993 vorsieht, dass 75 Prozent der Sitze in der Abgeordnetenkammer und im Senat nach dem relativen Mehrheitswahlrecht vergeben werden und 25 Prozent nach dem Verhältniswahlrecht.[45] Für die Parlamentswahlen im März 1994 schloss er sich mit Berlusconis Forza Italia und einigen kleineren Parteien zu dem Wahlbündnis *Polo delle libertà* (Pol der Freiheiten) zusammen.[46] Die Lega Nord erhielt national 8,4 Prozent der Stimmen (in Norditalien 17 Prozent)[47] und bildete gemeinsam mit den Partnern aus ihrem Wahlbündnis und der postfaschistischen *Alleanza Nazionale* (Nationale Allianz) unter Gianfranco Fini eine Regierungskoalition[48], die aber bereits

---

[44] Biorcio 1997, a.a.O., S. 64.

[45] Das italienische Wahlrecht für die Parlamentswahlen ist sehr kompliziert, da sich die Wahlsysteme für die beiden gleichberechtigten Kammern Senat und Abgeordnetenhaus in drei wichtigen Punkten voneinander unterscheiden. Zum einen haben die WählerInnen bei den Wahlen zum Senat nur eine, bei den Wahlen zur Abgeordnetenkammer jedoch zwei Stimmen, von denen die erste an einen Direktkandidaten im Einmannwahlkreis, die zweite für die Verteilung der Proportionalmandate an eine Parteiliste abgegeben wird, wobei Stimmen-Splitting möglich ist. Zweitens werden die Proportionalmandate bei den Wahlen zur Abgeordnetenkammer zunächst aufgrund des nationalen Gesamtvotums unter den Parteilisten vergeben, wobei eine Sperrklausel von 4 Prozent gilt, und dann in einem zweiten Schritt auf die Wahlbezirkslisten der einzelnen Parteien aufgeteilt. Bei den Senatswahlen hingegen erfolgt die Zuteilung der Proportionalmandate direkt und ohne Sperrklausel auf regionaler Ebene. Drittens werden die Proportionalmandate in Abgeordnetenkammer und Senat unterschiedlich berechnet. Bei den Wahlen zur Abgeordnetenkammer wird das Stimmenabzugsverfahren des sogenannten *scorporo parziale* angewandt, bei dem der Partei eines im Einmannwahlkreis erfolgreichen Kandidaten die Stimmenzahl des zweitplazierten Kandidaten (+1) abgezogen wird. Bei den Senatswahlen verliert die in einem Einmannwahlkreis siegreiche Partei nach dem *scorporo totale* die gesamte Stimmenzahl ihres direkt gewählten Kandidaten. Diese komplizierten Mechanismen sollen eine starke Stellung von Parteien mit hoher territorialer Konzentration, wie beispielsweise der Lega Nord, verhindern und begünstigen Parteien, die national verbreitet sind. Siehe hierzu ausführlich Markus Schäfer: Referenden, Wahlrechtsreformen und politische Akteure im Strukturwandel des italienischen Parteiensystems (Politische Parteien in Europa, Band 3), Münster 1998, S. 65 ff. und Pasquino, Gianfranco: "Die Reform eines Wahlrechtssystems. Der Fall Italien"; in: Nedelmann, Birgitta (Hrsg.): Politische Institutionen im Wandel (Kölner Zeitschrift für Soziologie und Sozialpsychologie, Sonderheft 35), Opladen 1995, S. 296 f.

[46] Die Kombination von Mehrheitswahlsystem und Verhältniswahlsystem erfordert widersprüchliche Wahlkampfstrategien. Während das Mehrheitswahlsystem die Parteien zu einer möglichst breiten Aggregation zwingt, wirkt das Proportionalwahlsystem in die entgegengesetzte Richtung und ermutigt die Parteien zur Profilierung gegenüber den Partnern im eigenen Bündnis (Peter Weber: "Die neue Ära der italienischen Mehrheitsdemokratie: Fragliche Stabilität bei fortdauernder Parteienzersplitterung"; in: Zeitschrift für Parlamentsfragen 1/1997, S. 86.)

[47] Biorcio 1997, a.a.O., S. 81.

[48] Diese Regierungskoalition kam aufgrund des Umstands zustande, dass Berlusconi für die Parlamentswahlen 1994 zwei verschiedene Wahlbündnisse geschlossen hatte: in Norditalien den *Polo delle Libertà* mit der Lega Nord und kleineren Parteien sowie in Mittel- und Süditalien den *Polo del Buongoverno* (Pol der guten Regierung) mit der Alleanza Nazionale. Die beiden Bündnisse zusammen erreichten die absolute Mehrheit der Sitze in der Abgeordnetenkammer (Piero Ignazi: I partiti italiani, Bologna 1997, S. 133 f.)

im Dezember 1994 von Bossi selbst zu Fall gebracht wurde. Bis zum Frühjahr 1996 stützte Bossi an der Seite der Mitte-Links-Parteien eine Technikerregierung. Um sich von Forza Italia abzugrenzen, die der Lega Nord das Monopol des Antiparteienprotestes streitig gemacht hatte, und die eigene Identität zu stärken, kehrte Bossi zu den Wurzeln des Nord-Protestes zurück, proklamierte eine "Nord-Nation" (Padanien) und äußerte offen separatistische Forderungen. Für die Parlamentswahlen 1996 schloss er weder mit dem Mitte-Rechts-Bündnis noch mit dem Mitte-Links-Bündnis ein Bündnis. Obwohl der Lega Nord ohne Bündnispartner kaum Chancen eingeräumt wurden, ihre Positionen zu halten, schnitt sie bei den Wahlen unerwartet gut ab und erzielte das beste Wahlergebnis seit ihrer Gründung.[49] Landesweit erhielt die Lega Nord 10,1 Prozent der Stimmen, im Norden wurde sie mit 20,5 Prozent der Stimmen zur stärksten Partei.[50] Die geringe mediale Akzeptanz seiner Sezessionspläne und der geringe Rückhalt in der Bevölkerung veranlassten Bossi jedoch zu einem erneuten politischen Kurswechsel.[51] Statt der Sezession trat nun wieder der Föderalismus in den Vordergrund. Gleichzeitig erklärte Bossi seine Bereitschaft zu einer zukünftigen Regierungsbeteiligung.[52] Er schloss sich erneut mit Berlusconis Forza Italia, der Alleanza Nazionale unter Fini und einigen kleineren Parteien zu dem Wahlbündnis *Casa delle libertà* (Haus der Freiheiten) zusammen. Dieses Bündnis gewann die Parlamentswahlen vom 13. Mai 2001, bei denen die Lega Nord mit national nur 3,9 Prozent der Stimmen[53] das schlechteste Ergebnis seit ihrer Gründung erzielte. In der neuen Regierungskoalition ist Bossi Minister für Reformen und Dezentralisierung.[54] Das WählerInnenprofil der Lega Nord änderte sich im Laufe der Jahre. Die Lega Nord war zunächst im Kleinbürgertum verankert und wird seit Mitte der 1990er Jahre zunehmend von den norditalienischen Arbeiterinnen und Arbeitern gewählt.[55] Das soziale Profil

---

[49] vgl. Braun 2001, a.a.O., S. 23.
[50] ebda.
[51] Tanzmeister 2000ᵃ, a.a.O., S. 60.
[52] Roberto Biorcio: "Bossi-Berlusconi, la nuova alleanza"; in: il Mulino, n. 388, marzo-aprile 2000, S. 259.
[53] Peter Weber: "Solide Parlamentsmehrheit für Silvio Berlusconi, aber kein Erdrutsch. Ein Wahlkampf der Personalisierung und Polarisierung in Italien und zum Schluss das Chaos an den Urnen"; in: Das Parlament, 18. Mai 2001, S. 5.
[54] Süddeutsche Zeitung, 11. Juni 2001, S. 7.
[55] Während zu Beginn der 1990er Jahre nur einer unter sechs Arbeitern die Lega Nord wählte, votierte 1996 fast ein Drittel der norditalienischen ArbeiterInnen für die Partei von Bossi (vgl. Biorcio 1999, a.a.O., S. 60). Siehe auch Heidi Beirich/Dwayne Woods: "Globalisation, Workers and the Northern League"; in: West European Politics, Vol. 23, No. 1 (January 2000), S. 130-143.

der Lega Nord-Wählerschaft ähnelt damit dem neopopulistischer europäischer Parteien.[56] Viele dieser Formationen waren zunächst im Kleinbürgertum verankert und entwickelten sich dann zunehmend zu Arbeiterparteien.[57] Die Lega Nord wird überwiegend von Männern gewählt.[58] Charakteristisch für die Wählerschaft der Lega ist des Weiteren ein im Vergleich zur Wählerschaft der anderen italienischen Parteien überdurchschnittlich stark ausgeprägtes Misstrauen gegenüber der Politik und ein geringes politisches Interesse.[59] Stimmengewinne verzeichnet die Lega Nord insbesondere unter den WählerInnen und Wählern, die über einen niedrigen oder mittleren Bildungsabschluss verfügen.[60] In der journalistischen, aber auch in der politikwissenschaftlichen Literatur hat es sich inzwischen eingebürgert, vereinfacht von der *Lega* zu sprechen. Wenn im Folgenden der Begriff Lega gebraucht wird, ist damit immer die Lega Nord gemeint.

Der Fernsehmogul und Großunternehmer Silvio Berlusconi betrat im Januar 1994 die politische Bühne. Bei den Parlamentswahlen im März 1994 erhielt seine neu gegründete Partei Forza Italia bereits 21 Prozent der Stimmen und wurde damit zur landesweit stärksten Partei.[61] Den bereits erwähnten Koalitionsbruch von Bossi im Dezember desselben Jahres bezeichnete Berlusconi als "undemokratischen Umsturz" und suggerierte seinen Anhängerinnen und Anhängern damit, er sei Opfer einer Verschwörung geworden. Bei den Parlamentswahlen 1996 erhielt Forza Italia zwar 20,6 Prozent der Stimmen, war aber durch die Niederlage ihres Wahlbündnisses *Polo delle Libertà*, an dem wiederum die Alleanza Nazionale und kleinere Parteien beteiligt waren, jedoch anders als 1994 nicht die Lega Nord, gegen das siegreiche Mitte-Links-Bündnis unter der Führung von Romano Prodi gezwungen, in die Opposition zu ge-

---

[56] vgl. Biorcio 1999, a.a.O., S. 60 f.
[57] Ein Beispiel ist die österreichische FPÖ, bei der sich der Anteil der Arbeiter, die die Partei wählten, zwischen 1986 und 1995 von zehn auf 34 Prozent erhöhte. Ähnliche Tendenzen sind beim französischen Front National festzustellen: während 1988 bei den Präsidentschaftswahlen 19 Prozent der Arbeiter für Le Pen stimmten waren es 1995 30 Prozent. Siehe hierzu ausführlich Hans-Georg Betz: "Rechtspopulismus: Ein internationaler Trend?"; in: Aus Politik und Zeitgeschichte, Beilage 9-10/98, 20. Februar 1998, S. 10.
[58] Einer repräsentativen Umfrage aus dem Monat Januar 1995 zufolge liegt der Männeranteil in der WählerInnenschaft der Lega Nord bei 62 Prozent (Diamanti 1995, a.a.O., S. 163.)
[59] vgl. Biorcio 1999, a.a.O., S. 77 f.
[60] Biorcio 1997, a.a.O., S. 251 f.
[61] Ignazi, a.a.O., S. 133.

hen.[62] Bei den Parlamentswahlen am 13. Mai 2001 erzielte Forza Italia mit 29,4 Prozent der Stimmen[63] das beste Ergebnis seit ihrer Gründung. Berlusconi ist zum zweiten Mal italienischer Ministerpräsident. Die Partei Forza Italia stellt ein Gebilde *sui generis* dar. Sie ist allein auf ihren Gründer und Chef zugeschnitten und ist insbesondere von ihrer Entstehungsgeschichte her bis hin zur inneren Organisation eine in westlichen Demokratien einzigartige Formation.[64] Forza Italia ist die erste politische Partei, an deren Gründung und Entwicklung ein Wirtschaftskonzern, die *Fininvest*-Holding Berlusconis, maßgeblich beteiligt war.[65] Zur *Fininvest*-Holding gehören die drei größten privaten Fernsehkanäle Italiens (*Italia Uno, Rete Quattro, Canale Cinque*)[66], das größte italienische Werbeunternehmen (*Publitalia*), die größte italienische Kaufhauskette (*Standa*) sowie verschiedene Baugesellschaften, Versicherungsunternehmen, Finanzgesellschaften, Tourismusfirmen und Sportvereine.[67] Seit 1991 kontrolliert Berlusconi über den *Mondadori*-Verlag zusätzlich das Nachrichtenmagazin *Panorama*[68]. Die Gründung von Forza Italia wurde in einer Runde von *Fininvest*-Managern vorbereitet und der Aufbau der Organisation erfolgte im Wesentlichen durch die *Publitalia*.[69] Dabei wurden in hohem Maße Marketingmethoden eingesetzt. Der Parteiname, das Parteisymbol und die politische Ausrichtung von Forza Italia

---

[62] vgl. McCarthy, Patrick: "Forza Italia: i vecchi problemi rimangono"; in: D'Alimonte, Roberto/Nelken, David (Hrsg.): Politica in Italia. I fatti dell'anno e le interpretazioni. Edizione 1997, Bologna 1997ª, S. 72.

[63] vgl. Weber 2001, a.a.O., S. 5.

[64] Damian Grasmück: Das Parteiensystem Italiens im Wandel. Die politischen Parteien und Bewegungen seit Anfang der neunziger Jahre unter besonderer Berücksichtigung der Forza Italia, Marburg 2000, S. 10.

[65] Eine entfernt vergleichbare Vorgehensweise ist von dem amerikanischen Präsidentschaftskandidaten Ross Perot bekannt, der zwei der führenden Manager seines Unternehmens in sein Wahlkampfkomitee delegierte. Im Unterschied zu Berlusconi hat Perot jedoch nie eine dauerhafte Parteiorganisation erarbeitet (Seißelberg 1995, a.a.O., S. 210.) Vgl. auch ausführlich: Stefano Rodotà: "Berlusconi e la tecnopolitica"; in: MicroMega, 3/1994, S. 86 f.

[66] Die italienische Medienlandschaft ist gekennzeichnet durch ein ausgeprägtes Duopol von drei öffentlich-rechtlichen Fernsehanstalten (*Rai 1, Rai 2, Rai 3*) auf der einen Seite und den drei Kanälen der *Fininvest*-Holding Berlusconis auf der anderen Seite, die in ihren Anteilen beim Publikum mit jeweils etwa 45 Prozent ungefähr gleichauf liegen. Der 1995 von Vittorio Gori erworbene Kanal Telemontecarlo erreicht nur 1,5 Prozent des Publikums. (Helmut Drüke: Italien. Wirtschaft – Gesellschaft – Politik. Zweite, völlig überarbeitete und aktualisierte Auflage (Grundwissen Länderkunden, Band 4), Opladen 2000, S. 297 f.)

[67] vgl. Seißelberg 1995, a.a.O., S. 210.

[68] The Economist, 28. April 2001, S. 23.

[69] Reimut Zohlnhöfer: "Die Transformation des italienischen Parteiensystems in den 90er Jahren"; in: Zeitschrift für Politikwissenschaft 4 (1998), S. 1832.

wurden in umfangreichen Befragungen erprobt.[70] Bei der "Markteinführung" des "Produktes" Forza Italia soll Berlusconi von seinen Mitarbeitern die Schaffung eines "Coca Cola-Effektes" verlangt haben, das heißt er wollte, dass die ItalienerInnen mit seiner Partei ähnlich positive, jugendliche und dynamische Assoziationen verbinden wie mit dem amerikanischen Kultgetränk.[71] Wie wichtig Berlusconi den Einsatz professioneller Kommunikationsstrategien einschätzt, lässt sich daran ablesen, dass er in seiner Regierungskoalition 1994 die Funktion eines Pressesprechers beziehungsweise eines PR-Managers auf das Niveau eines Ministers hob, was einmalig in Europa war: Giuliano Ferrara, der zuvor als politischer Kommentator bei Berlusconis Fernsehkanälen gearbeitet hatte, war als Minister ausschließlich für die Öffentlichkeitsarbeit der Regierung zuständig.[72] Große Wahlerfolge erzielt Forza Italia bei karriere- und konsumorientierten Erwachsenen zwischen 25 und 34. Die älteren WählerInnen entscheiden sich durchschnittlich weniger für Forza Italia, weil in dieser Gruppe die Milieubindung offensichtlich noch stärker ausgeprägt ist.[73] Erfolgreich ist Forza Italia insbesondere bei Unternehmerinnen und Unternehmern sowie Freiberuflern, die unter ihren WählerInnen überrepräsentiert sind, aber auch bei Jugendlichen, die auf der Suche nach ihrer ersten Anstellung sind. Überdurchschnittlich stark vertreten sind im Vergleich zu allen anderen italienischen Parteien die Frauen und darunter vor allem Hausfrauen. Deutlich unterrepräsentiert sind RentnerInnen und Studierende. Die Resonanz bei den hoch gebildeten WählerInnen ist gering, große Stimmengewinne verzeichnet Forza Italia hingegen unter den Wählerinnen und Wählern, die über einen mittleren Bildungsabschluss verfügen.[74]

---

[70] Jörg Seißelberg: "Forza? Find ich gut... Mit Marketing wie für Konsumprodukte gewinnt Berlusconis Partei Forza Italia Wahlen: Sie setzt Demoskopie in Politik um"; in: Die Woche, 7. Oktober 1994, o.S.
[71] Wallisch, a.a.O., S. 28.
[72] ebda., S. 20. Offiziell lautete die Bezeichnung "Minister für die Beziehungen zum Parlament". De facto war Ferrara jedoch Pressesprecher mit Würden eines Ministers (ebda., S. 148.)
[73] vgl. Seißelberg 1995, a.a.O., S. 229 f.; Ignazi, a.a.O., S. 134.
[74] ebda.

4. Leitfragen und Hypothesen

Der systematische Vergleich der Kommunikationsstrategien von Bossi und Berlusconi orientiert sich an folgenden Leitfragen:

1. *Welche Kommunikationsstrategien verfolgen Umberto Bossi und Silvio Berlusconi?*
2. *Welche Unterschiede und Gemeinsamkeiten weisen die Kommunikationsstrategien der beiden Akteure auf?*
3. *Wer soll durch die Kommunikationsstrategien der beiden Akteure vor allem mobilisiert werden?*

Folgende Hypothesen werden überprüft:

1. *Bossi und Berlusconi passen ihre Kommunikationsstrategien bewusst unterschiedlichen Aspekten der politischen Kultur Italiens an.*

2. *Bossi verfolgt keine Stimmenmaximierungsstrategie, sondern will vor allem die niedrig gebildeten norditalienischen Kleinbürger und Arbeiter mit konservativen Wertvorstellungen dauerhaft an sich binden und ein neues politisches Milieu etablieren.*

3. *Berlusconis Hauptziel ist die Stimmenmaximierung. Er möchte alle potenziellen WählerInnen in Nord- und Süditalien mobilisieren.*

Bossi und Berlusconi wählen unterschiedliche Aspekte der politischen Kultur Italiens als Anknüpfungspunkte für ihre Kommunikationsstrategien. Bossi thematisiert ein *cleavage*, das zuvor von keiner anderen Partei zu einem herausragenden Thema gemacht wurde: der ungelöste Nord-Süd-Konflikt Italiens, der bis auf die italienische Einigung 1870 zurückgeht und tief in der politischen Kultur Italiens verwurzelt ist.[75]

---

[75] siehe zur Geschichte der italienischen Einigung Giuliano Procacci: Geschichte Italiens und der Italiener, München 1983, S. 248-291 und Rudolf Lill: Geschichte Italiens vom 16. Jahrhundert bis zu den Anfängen des Faschismus, Darmstadt 1980, S. 90-196. Zur politischen Kultur Itali-

Auf diesem Thema baut Bossi die Identität der Lega Nord auf. Berlusconi, der WählerInnen in ganz Italien mobilisieren möchte und deshalb die nationale Einheit Italiens betont, nutzt für seine Kommunikationsstrategien die positiven Emotionen des Fußballs, der in Italien, dessen politische Kultur durch ein zerrissenes Nationalbewusstsein gekennzeichnet ist, eine nationale Ersatzidentität darstellt.[76] Des Weiteren vertritt Berlusconi einen dezidierten Anti-Kommunismus, womit er die Strategie der ehemaligen Democrazia Cristiana (DC; italienische Christdemokratie) wiederbelebt, die seit 1948 bis zum Zusammenbruch des etablierten Parteiensystems zu Beginn der 1990er Jahre den "Kampf gegen den Kommunismus" als Legitimationsgrund für die eigene Politik angab.[77]

Die Lega Nord erscheint aufgrund der häufigen Kurswechsel ihres Parteiführers Umberto Bossi auf den ersten Blick als profillose Protestpartei, die um der Stimmenmaximierung willen jedweden Protest aufnimmt und wieder zurückstellt, wenn es politisch opportun erscheint. Der Lega-Forscher Ilvo Diamanti betont zu Recht die Fähigkeit der Lega Nord, sich soziopolitischen Einstellungswechseln in der italienischen Bevölkerung anzupassen, das heißt immer solche Programmpunkte zu propagieren, die bereits mehrheitsfähig sind oder noch mehrheitsfähig werden können.[78] Allerdings vermag eine solche Interpretation nicht ausreichend zu erklären, warum Bossi mit seiner rüden Ausdrucksweise und Beleidigungen seiner jeweiligen "Gegner" potenzielle WählerInnen wie beispielsweise Intellektuelle, emanzipierte Frauen und Homosexuelle vor den Kopf stößt. Versteht man unter Stimmenmaximierung eine Leitlinie politischen Handelns, "die vorrangig oder ausschließlich auf die Erzielung des höchstmöglichen Stimmengewinns gerichtet ist"[79], stellt sich angesichts der

---

ens zur Zeit der Einigung bis in die 1980er Jahre siehe Peter Fritzsche: Die politische Kultur Italiens, Frankfurt/New York 1987.

[76] vgl. Trautmann, Günter: "Politische Kultur und nationale Identität – Italien in den neunziger Jahren"; in: Gruner, Wolf D./Trautmann, Günter: Italien in Geschichte und Gegenwart (Beiträge zur deutschen und europäischen Geschichte, Band 6), Hamburg 1991, S. 304. Siehe zu dem zerrissenen italienischen Nationalbewusstsein in Geschichte und Gegenwart exemplarisch Ernesto Galli della Loggia: La morte della patria. La crisi dell'idea di nazione tra Resistenza, antifascismo e Repubblica, Roma-Bari 1996; ders.: L'identità italiana, Bologna 1998, S. 139-165 und Aldo Schiavone: Italiani senza Italia. Storia e identità, Torino 1998.

[77] Michael Braun: Italiens politische Zukunft, Frankfurt am Main 1994, S. 13; siehe auch Mario G. Losano: Sonne in der Tasche. Italienische Politik seit 1992, München 1995, S. 136.

[78] Diamanti 1995, a.a.O., S. 122 ff.

[79] Manfred G. Schmidt: Wörterbuch zur Politik, Stuttgart 1995, S. 938. Das Prinzip der Stimmenmaximierung ist aus der Ökonomischen Theorie der Politik abgeleitet. Die Stimmenmaximierung in der Politik wird dabei in Analogie zur Gewinnmaximierung eines Unternehmers in

zahlreichen "Feinde" der Lega Nord, die von Bossi definiert werden, die Frage, ob Bossi eine Stimmenmaximierungsstrategie verfolgt oder ob es ihm nicht vielmehr darum geht, mit dem Aufbau einer eigenen "Lega Nord-Identität" ein ausreichend großes Potenzial an Stammwählerinnen und Stammwählern auf Dauer an sich zu binden, um als Koalitionspartner innerhalb eines Parteienbündnisses Regierungsverantwortung übernehmen zu können.

Bei Berlusconi deutet hingegen der starke Einsatz von Marketingmethoden darauf hin, dass er dem Konzept der Stimmenmaximierung folgt und eine rein nachfrageorientierte Politik betreibt. Er verhält sich wie ein gewinnmaximierender Unternehmer und "verkauft" sich und seine Partei als "Produkt", das zuvor am Markt erprobt wurde. Neben dem Parteinamen und dem Parteisymbol war vor der Gründung von Forza Italia auch die zu erwartende Resonanz der WählerInnen, das heißt die Marktchance einer neuen Partei der rechten Mitte, in Umfragen getestet worden.[80] Berlusconi spricht wie Bossi eine einfache und komplexitätsreduzierende Sprache, die jedoch gepflegt ist und alle potenziellen WählerInnen anspricht außer die "Kommunisten", die Berlusconi als Feindbild zur Polarisierung benutzt. Berlusconi geht es nicht darum, ein bestimmtes WählerInnensegment dauerhaft an sich zu binden, sondern ein gruppenübergreifendes Konsenspotenzial zu mobilisieren und den höchstmöglichen Stimmengewinn in Nord- und Süditalien zu erzielen.

---

der Wirtschaft gedacht. Siehe ausführlich Anthony Downs: Ökonomische Theorie der Demokratie (herausgegeben von Rudolf Wildenmann), Tübingen 1968 (engl. 1957).

[80] vgl. Seißelberg 1995, a.a.O., S. 217. Der italienische Wahlforscher Renato Mannheimer ist der Auffassung, dass Berlusconi Forza Italia auch als Partei der linken Mitte präsentiert hätte, wenn die Marktchance für die Gründung einer solchen Partei gesprochen hätte (Renato Mannheimer: "La scelta di Silvio. Dal marketing nasce il polo delle libertà"; in: Politica ed Economia, 3/1994, S. 49.)

II. Theoretische Überlegungen

1. Symbolische Politik als Kommunikationsstrategie

Grundlegend für die Analyse von Kommunikationsstrategien politischer Akteure ist das Konzept der symbolischen Politik, das in den 1960er Jahren von dem amerikanischen Politikwissenschaftler Murray Edelmann entwickelt wurde.[81] Edelmann geht in seinem Ansatz von einer Doppelung der politischen Realität aus. Er unterscheidet bei politischen Handlungen die tatsächlichen Effekte dieser Handlung (instrumentelle Dimension bzw. Nennwert) und die Darstellung der Handlung für die Öffentlichkeit (expressive Dimension bzw. dramaturgischer Symbolwert).[82] Ulrich Sarcinelli entwickelte diesen Ansatz in Deutschland in den 1980er Jahren weiter. Er geht wie Edelmann von einer Realitätsdoppelung aus und unterscheidet einen politischen *Nennwert* und einen politischen *Symbolwert*, beziehungsweise die *Herstellung* und *Darstellung* von Politik.[83] Er definiert symbolische Politik als "den konkreten Gebrauch politischer Symbolik, also prozeßhaftes Handeln und dessen mögliche politisch-strategische Verwendungszwecke im Kommunikationsablauf."[84] Unter politischer Symbolik versteht er die optischen, akustischen oder sprachlichen Stimuli, mit denen Politik vermittelt oder über die Politik vermittelt wahrgenommen wird. Dazu zählen Fahnen, Embleme, Abzeichen und Erkennungsmarken ebenso wie rhetorische Mittel und Strategien, künstlerische Ausdrucksformen und mythische Bilder.[85] In einer neueren Definition fügt er noch "szenische" Stimuli hinzu. Darunter versteht er konkrete symbolische Handlungen wie beispielsweise den medienöffentlichen Hän-

---

[81] Murray Edelmann: Politik als Ritual. Die symbolische Funktion staatlicher Institutionen und politischen Handelns. Neuausgabe, Frankfurt/Main 1990 (1964 erstmals erschienen unter dem Titel "The Symbolic Uses of Politics").
[82] vgl. Tenscher, Jens: "Politik für das Fernsehen – Politik im Fernsehen. Theorien, Trends und Perspektiven"; in: Sarcinelli, Ulrich (Hrsg.): Politikvermittlung und Demokratie in der Mediengesellschaft, Bonn 1998, S. 185.
[83] vgl. Sarcinelli 1994^a; a.a.O., S. 33 ff. und ders.: "Mediale Politikdarstellung und politisches Handeln: analytische Anmerkungen zu einer notwendigerweise spannungsreichen Beziehung"; in: Jarren, Otfried (Hrsg.): Politische Kommunikation in Hörfunk und Fernsehen (Sonderheft Gegenwartskunde, 8), Opladen 1994^b, S. 40-47.
[84] vgl. Sarcinelli 1989, a.a.O., S. 295.
[85] ebda.

dedruck zwischen einstigen Kriegsgegnern.[86] Beispiele für symbolische Handlungen sind der Kniefall Willy Brandts vor dem Ghetto-Denkmal in Warschau 1970 und der medienwirksame Auftritt des ehemaligen rheinland-pfälzischen Umweltministers Klaus Töpfer, der 1988 schwimmend den Rhein durchquerte, um zu demonstrieren, dass es sich um ein sauberes Gewässer handele.[87]

Sarcinelli nennt drei Funktionen symbolischer Politik.[88] Erstens ist symbolische Politik in der Regel *regressiv*, das heißt komplexe Zusammenhänge werden vereinfacht vermittelt. Zweitens ist symbolische Politik *nomisch*. Darunter versteht Sarcinelli, dass symbolische Politik nicht nur politische Sachverhalte bezeichnet, sondern auch eine legitime Sicht von sozialer Welt durchsetzen möchte. Drittens ist symbolische Politik *affektiv,* das heißt sie ist in hohem Maße gefühlsadressiert. Es geht ihr in erster Linie nicht um die kognitive Auseinandersetzung, sondern um die Mobilisierung von Emotionen. Sarcinelli vertritt die These, dass Symbole und symbolische Politik nicht nur ein Abbild einer vorfindlichen Realität sind, sondern eine Wirklichkeit konstruieren, "die brennpunktartig auf eine dahinter stehende Realität verweisen, von ihr ablenken oder aber auch eine eigene, politische, wirklichkeitsresistente Sphäre schaffen kann."[89] Diese These wird insbesondere bei den Symbolisierungsstrategien von Bossi eine Rolle spielen, der mit seinen Symbolen auf eine künstlich geschaffene "Nord-Identität" verweist, die de facto nicht existiert.

Um symbolische Politik erfolgreich zu betreiben, müssen (individuelle) politische Akteure darauf achten, dass ihre Kommunikationsstrategien auf die politische Kultur ihres Landes abgestimmt sind.[90] Der Begriff der politischen Kultur (Political Culture) wurde erstmals 1956 von dem amerikanischen Politikwissenschaftler Gabriel Almond in die politikwissenschaftliche Debatte eingeführt.[91] In der allgemeinsten Form

---

[86] vgl. Sarcinelli, Ulrich: "politische Symbolik"; in: Jarren, Otfried/Sarcinelli, Ulrich/Saxer, Ulrich (Hrsg.): Politische Kommunikation in der demokratischen Gesellschaft. Ein Handbuch mit Lexikonteil, Opladen/Wiesbaden 1998, S. 707.
[87] Thomas Meyer: Die Inszenierung des Scheins. Voraussetzungen und Folgen symbolischer Politik, Frankfurt am Main 1992, S. 62.
[88] vgl. Sarcinelli 1989, a.a.O., S. 296 und Sarcinelli 1987, a.a.O., S. 63f.
[89] vgl. Sarcinelli 1989, a.a.O., S. 295 f.
[90] vgl. Dörner/Vogt, a.a.O., S. 2.
[91] vgl. Fenner, Christian: "Politische Kultur". In: Nohlen, Dieter (Hrsg.): Lexikon der Politik. Band 3. Die westlichen Länder (herausgegeben von Manfred G. Schmidt). München 1992, S. 361. 1963 veröffentlichten Gabriel Almond und Sydney Verba ihre Untersuchung "The Civic Culture. Political Attitudes and Democracy in five Nations", in der sie die politische Kultur von fünf Ländern (USA, Großbritannien, BR Deutschland, Italien und Mexiko) miteinander verglichen.

versteht man unter politischer Kultur "die subjektive Dimension der gesellschaftlichen Grundlagen politischer Systeme".[92] Der Politikwissenschaftler Peter Reichel unterscheidet zwischen einem eng gefassten Begriff von politischer Kultur und einem weit gefassten Begriff.[93] Der eng gefasste Begriff von politischer Kultur ist für ihn im wesentlichen deckungsgleich mit dem Begriff des politischen Bewusstseins. Der Begriff bezieht sich insofern auf politische Einstellungen und Meinungen, im Sinne von relativ instabilen, temporären und in der Zahl tendenziell unbegrenzten Dispositionen für politisches Handeln einerseits und auf Werte oder Ideologien im Sinne von relativ dauerhaften, auf wenige allgemeine und grundlegende Inhalte bezogenen Orientierungen andererseits. Darüber hinaus schließt der weit gefasste Begriff der politischen Kultur auch politisches Verhalten ein, also alle Formen politischer Beteiligung und unkonventioneller und konventioneller Partizipation.[94] In diesem weit gefassten Sinne wird politische Kultur im Folgenden verstanden.

Symbolische Politik ist keine spezifische Erscheinung des Fernsehzeitalters, sondern es gibt sie seit politisch gehandelt wird.[95] Sarcinelli zufolge hat die "Doppelung" des Politischen im Zeitalter des Fernsehens jedoch eine neue Qualitätsstufe erreicht: "Sie ist gleichsam demokratisiert, veralltäglicht, allgegenwärtig und vielfach auch zum integralen Bestandteil des politischen Prozesses ebenso wie der privaten Informations- und Erlebniswelt geworden."[96] Das Fernsehen ist das Medium, das die größte Reichweite und die höchste Glaubwürdigkeit besitzt. Durch das Zusammenwirken von sprachlichen und bildlichen Informationen wird sein Wirkungspotenzial erhöht.[97] In Italien, das als "Fernsehnation" gilt, nimmt das Fernsehen einen sehr hohen, fast

---

[92] vgl. Berg-Schlosser, Dirk: "Politische Kulturforschung". In: Nohlen, Dieter (Hrsg.): Lexikon der Politik. Band 2. Politikwissenschaftliche Methoden (herausgegeben von Jürgen Kriz). München 1994, S. 345.
[93] vgl. Reichel, Peter: "Politische Kultur"; in: Holtmann, Everhard (Hrsg.): Politik-Lexikon. Dritte, völlig überarbeitete und erweiterte Auflage, München/Wien/Oldenbourg 2000, S. 512.
[94] Unter unkonventioneller Partizipation versteht Reichel kontrovers legitimierte Protestaktionen wie beispielsweise legale Demonstrationen, zivilen Ungehorsam und Hausbesetzungen. Konventionelle Partizipation besteht in legalem und positiv legitimiertem politischen Handeln, worunter insbesondere das Wahlverhalten und die Mitgliedschaft beziehungsweise die Tätigkeit in politischen Organisationen zu subsumieren sind.
[95] Sarcinelli führt als Beispiele die Bedeutung der politischen Rhetorik in der Antike, die Inszenierungen von Fürstenmacht im Mittelalter und im Zeitalter des Absolutismus sowie die massenpsychologisch "perfekten" Ästhetisierungen totalitärer Herrschaft in der Zeit des Nationalsozialismus an. Egal wie beeindruckend oder abstoßend diese Beispiele sein mögen, die Doppelung der Realität des Politischen bleibt ein Faktum (vgl. Sarcinelli 1994, a.a.O., S. 34.)
[96] ebda.
[97] vgl. Kepplinger 1998, a.a.O., S. 366.

"amerikanischen" Stellenwert ein.[98] Das Fernsehen bietet wesentlich mehr Raum für Manipulation als Presse und Rundfunk. Es unterliegt nicht nur den Kriterien der Medienökonomie und der Selektion wie andere Massenmedien auch, sondern bietet auch spezifische Möglichkeiten zur Interpretation der Wirklichkeit.[99] Im Folgenden werden vier verschiedene Strategien symbolischer Politik (Personalisierungs-, Thematisierungs-, Sprach- und Symbolisierungsstrategien) herausgearbeitet, anhand derer die politische Kommunikation von Bossi und Berlusconi systematisch verglichen wird. Die einzelnen Strategien sind nicht völlig voneinander zu trennen, sondern hängen vielmehr eng miteinander zusammen.

---

[98] Wallisch, a.a.O., S. 26. Ende der 1980er Jahre stand Italien mit dem Konsum von audiovisuellen Produkten an zweiter Stelle hinter den USA. Mitte der 1990er Jahre sahen 20 Millionen der 44,25 Millionen ItalienerInnen zwischen 14 und 79 Jahren mehr als drei Stunden täglich fern, 21 Millionen zwischen einer und drei Stunden, nur 3 Millionen weniger als eine Stunde und gezielt. Lediglich 2,65 Millionen ItalienerInnen sahen 1994 nicht täglich fern (Rauen, Birgid: "Media: consumo"; in: Brütting, Richard (Hrsg.): Italien-Lexikon. Schlüsselbegriffe zu Geschichte, Gesellschaft, Wirtschaft, Politik, Justiz, Gesundheitswesen, Verkehr, Presse, Rundfunk, Kultur und Bildungseinrichtungen, Berlin 1997, S. 485). Einer demoskopischen Umfrage zufolge halten nur 16 Prozent der ItalienerInnen ihre Zeitungen für glaubwürdig (Henning Klüver: "Gedrucktes Fernsehen. Erst Boulevardisierung, dann Ansehensverlust: Die italienische Presse ist in der Krise"; in: Süddeutsche Zeitung, 28. Januar 1999, o.S.). Siehe zu den Massenmedien und der Mediennutzung in Italien ausführlich Ernst Ulrich Große/Günter Trautmann: Italien verstehen, Darmstadt 1997, S. 153-198.

[99] Krempl, a.a.O., S. 25. Ein Beispiel dafür sind die Inszenierungen des ehemaligen amerikanischen Präsidenten Ronald Reagan, von dem bekannt ist, dass er beim Aussteigen aus dem Hubschrauber und dem Laufen vom Weißen Haus über die eingeschalteten Kameras hinwegschaute und lächelnd in die Ferne winkte. Für die FernsehzuschauerInnen sah das so aus, als habe eine begeisterte Menschenmenge den Präsidenten seit Stunden erwartet, obwohl meistens nur die Kameraleute da waren (Klaus Brill: "Vorbei sind die Zeiten des bloßen Lächelns und Winkens. Die Politiker wissen schon lange um die imagefördernde Macht des Fernsehens. TV-Mogul Silvio Berlusconi setzt nun erstmals gezielt eigene Medien ein"; in: Süddeutsche Zeitung, 5. März 1994, o.S.) Eine ähnliche mediale Inszenierung ist von Chaques Chirac bekannt, der kurz vor seinem Amtsantritt das Grab von Charles de Gaulle besuchte und das Bild eines Präsidenten, der alleine sein will mit der Geschichte, vermittelte. Als ein französischer Kameramann plötzlich die Einstellung änderte, sah man rund um den allein sein wollenden Präsidenten jedoch zahlreiche Kameraleute, die diese Simulation von Einsamkeit und Kontemplation in der Welt verbreiteten. (Fritz Wolf: "Alle Politik ist medienvermittelt. Über das prekäre Verhältnis von Politik und Fernsehen"; in: Aus Politik und Zeitgeschichte, B 32/96, 2. August 1996, S. 31.)

1.1. Personalisierungsstrategien

Personalisierung gilt als ein wesentliches Grundmuster politischer Dramaturgie und Inszenierung.[100] Bei dieser Strategie werden politische Sachfragen bewusst in den Hintergrund gestellt und die Handlungsfähigkeit und der Charakter einzelner PolitikerInnen betont.[101] Im Zeitalter des Fernsehens ist Personalisierung eine unabdingbare Kommunikationsstrategie, da sie einer der sogenannten Nachrichtenfaktoren ist.[102] Massenmedial lassen sich "Köpfe" leichter darstellen als "Inhalte".[103] Personalisierung ist des Weiteren eine notwendige Konsequenz demokratischer Regierungsweise, in der Herrschaft auf Zeit mit der Möglichkeit auch personaler Zuordnung von politischer Verantwortung verbunden wird.[104] Ulrich Sarcinelli arbeitet zwei Personalisierungsstrategien heraus: *Positive Selbstdarstellung* und *Negative-Campaigning*.

Bei der *positiven Selbstdarstellung* wird der eigene Kandidat oder die eigene Kandidatin als Personifizierung der politischen Berechenbarkeit und "Verantwortungsethik" oder als Verkörperung und GarantIn der politischen Grundordnung dargestellt.[105] Dabei wird an die persönliche Problemlösungskompetenz und das Vertrauen in den Kandidaten oder die Kandidatin appelliert. Bei der positiven Selbstdarstellung von PolitikerInnen spielt der Aufbau und die Etablierung eines bestimmten Images eine wichtige Rolle. Allgemein versteht man unter Image

---

[100] vgl. Sarcinelli 1989, a.a.O., S. 303.
[101] Alex Jakubowski: Parteienkommunikation in Wahlwerbespots. Eine systemtheoretische und inhaltsanalytische Untersuchung von Wahlwerbespots zur Bundestagswahl 1994, Opladen/Wiesbaden 1998, S. 120.
[102] Unter Nachrichtenfaktoren versteht man journalistische Kriterien, die darüber entscheiden, ob über ein Ereignis berichtet wird oder nicht. Vgl. hierzu ausführlich: Schenk, Michael: "Nachrichtenfaktoren"; in: Jarren, Otfried/Sarcinelli, Ulrich/Saxer, Ulrich (Hrsg.): Politische Kommunikation in der demokratischen Gesellschaft. Ein Handbuch mit Lexikonteil, Opladen/Wiesbaden 1998, S. 690 f.
[103] vgl. Sarcinelli, Ulrich: "Massenmedien und Politikvermittlung – Eine Problem- und Forschungsskizze"; in: Wittkämper, Gerhard W. (Hrsg.): Medien und Politik, Darmstadt 1992, S. 53.
[104] ebda.
[105] vgl. Sarcinelli 1989, a.a.O., S. 304.

"das vereinfachte, typisierte und in der Regel bewertete *Vorstellungsbild*, das sich über Eindrücke, Wahrnehmungen oder Denkprozesse von irgendetwas (Objekte, Personen, Sachverhalte, Organisationen) bildet."[106]

Bei der Konstruktion von Images ist es wichtig, die fiktiven, öffentlich unterstellten Meinungen über den jeweiligen Image-Träger herauszufiltern und positiv zu unterstützen.[107] Das auf einen Politiker zugeschnittene Image sollte annäherungsweise seiner wahren Identität entsprechen, da ansonsten Glaubwürdigkeitsprobleme entstehen.[108] Besonders werbewirksam sind die Images von Politikern und Politikerinnen, wenn sie dem Klima und dem Zeitgeist einer Gesellschaft entsprechen. Von hoher Bedeutung ist es, die in der Öffentlichkeit hoch geschätzten Werte zu repräsentieren. Diese finden in assoziativen Bildern von PolitikerInnen ihren Ausdruck: Der Politiker, der sich vor einer riesigen Bücherwand ablichten lässt, will beispielsweise im öffentlichen Bewusstsein als Mensch mit großem kulturellem Verständnis wahrgenommen werden. Der Politiker, der sich Händchen haltend mit seiner Gattin zeigt, demonstriert eheliche Gemeinschaft.[109] Der französische Politikwissenschaftler Roger-Gérard Schwartzenberg erarbeitete Ende der 1970er Jahre vier idealtypische Image-Kategorien von Politikern. Der politische Akteur kann dieser Typologie zufolge als "Held" auftreten, als "Herr Jedermann", als "charmanter Führer" und schließlich als "Vater der Nation".[110] Trotz der stark überspitzten und ironischen Darstellung Schwartzenbergs[111] hat diese Typologie grundlegende Anregungen zur Analyse der Image-Kategorien von Umberto Bossi und Silvio Berlusconi gegeben. Der "Held" ist in der Typologie Schwartzenbergs eine äußerst charismatische Persönlichkeit, der sich durch seine Überlegenheit und Ausstrahlung vom gemeinen Volk absetzt. Er strahlt ein Gefühl von Sicherheit aus und hilft dem Volk damit in Umbruchsituatio-

---

[106] vgl. Günter Bentele: "Image"; in: Jarren, Otfried/Sarcinelli, Ulrich/Saxer, Ulrich (Hrsg.): Politische Kommunikation in der demokratischen Gesellschaft. Ein Handbuch mit Lexikonteil, Opladen/Wiesbaden 1998, S. 657, Hervorhebung im Original.
[107] Jakubowski, a.a.O., S. 121.
[108] ebda., S. 123.
[109] Detlef Grieswelle: Politische Rhetorik. Macht der Rede, öffentliche Legitimation, Stiftung von Konsens, Wiesbaden 2000, S. 143.
[110] Roger-Gérard Schwartzenberg: Politik als Showgeschäft. Moderne Strategien im Kampf um die Macht, Düsseldorf/Wien 1980, S. 19-96. Da im Folgenden die Kommunikationsstrategien zweier Politiker analysiert werden, wird auf die Darstellung der von Schwartzenberg ausgearbeiteten verschiedenen Rollen für Politikerinnen verzichtet.
[111] Die Monographie von Schwartzenberg ist essayistisch geschrieben (der französische Originaltitel aus 1977 lautet: "L'État Spectacle, Essai sur et contre le Star System en Politique") und ist als Kritik an dem vom Autor konstatierten "Starsystem" der Politik zu verstehen.

nen Angst zu überwinden. "Herr Jedermann" hingegen verkörpert den Antihelden. Er ist ein gewöhnlicher und bescheidener Mensch, der sich durch einen gesunden Menschenverstand auszeichnet und den Menschen auf der Grundlage populistischer Forderungen ein Identifikationsangebot macht. Eine dritte Kategorie bildet der "charmante Führer". Charakteristisch für den "Leader of charme" ist seine dynamische Ausstrahlung. Er ist ein Anhänger von Meinungsumfragen und möchte Politik als ein Produkt wie jedes andere vermarkten. Der "Vater der Nation" ist ein Mann der Erfahrung, der alles weiß. Er strahlt Autorität aus und kann schwierige Probleme lösen, von denen die "normalen StaatsbürgerInnen" nichts verstehen. Während Bossi, wie die spätere Analyse zeigen wird, sich das Image des "Herrn Jedermann" gibt, füllt Berlusconi Rollenelemente der Idealtypen "charmanter Führer" und "Held" aus.

Während bei der positiven Selbstdarstellung die eigenen Vorzüge im Mittelpunkt stehen, werden beim *Negative-Campaigning* die Nachteile des politischen Gegners in den Vordergrund gerückt.[112] Sarcinelli spricht in Anlehnung an den angelsächsischen Sprachgebrauch von *"packaging the rival candidate"*[113] Die verwendeten Argumentationsmuster dienen der Delegitimation des politischen Gegners.[114] Dabei werden verschiedene Argumentationsmuster angewendet. Erstens kann die persönliche Integrität und die politische Glaubwürdigkeit des Gegners in Frage gestellt werden. Zweitens kann der politische Gegner am Rande des politischen Koordinatensystems fixiert werden. Eine dritte Strategie besteht darin, dem Gegner politische oder persönliche Täuschungsabsichten zu unterstellen.[115] Sarcinelli zufolge gibt es eine Dominanz von negativen Fremddarstellungen gegenüber positiven Selbstdarstellungen. Dafür nennt er drei Gründe. Erstens haben negative Darstellungen des politischen Gegners ganz offensichtlich einen höheren Nachrichtenwert als positive Selbstdarstellungen.[116] Ein zweiter Grund für die Dominanz von Negativfixierungen des politischen Gegners besteht in der Erkenntnis, dass "Negativprofile" von Parteien und Akteuren oft prägnanter und einprägsamer sind als "Positivprofile".[117] Zum Dritten dient

---

[112] Jakubowski, a.a.O., S. 128.
[113] Im angelsächsischen Sprachgebrauch wird die Personalisierung der politischen Kommunikation durch die Unterstützung von Image-BeraterInnen als "packaging the candidate" bezeichnet, was so viel bedeutet wie eine günstige "Verpackung" für den Kandidaten schaffen (Sarcinelli 1987, a.a.O., S. 173.)
[114] ebda., S. 174.
[115] ebda., S. 170 ff.
[116] ebda, S. 174.
[117] Sarcinelli 1987, a.a.O., S. 174.

das Negative-Campaigning der Gruppenintegration. Oft ist das Feindbild von außen der kleinste gemeinsame Nenner auf den sich unterschiedliche Parteiflügel einigen können.[118] Das Hauptziel des Negative-Campaignings besteht in einer Polarisierung. Dadurch wird der politische Gegner in eine bestimmte Ecke gedrängt und man selbst muss seine eigene Position nicht begründen. Wird der politische Gegner beispielsweise als "rechts außen" diskreditiert, ist es leichter sich selbst "rechts von der Mitte" einzuordnen und sich damit eine scheinbare Legitimität zu geben.[119] Der CDU-Wahlkampfmanager Peter Radunski begründet die Notwendigkeit des Negative-Campaignings, das von ihm als "Angriffswahlkampf"[120] bezeichnet wird, damit, dass die Motivation der WählerInnen nicht eindimensional sei: "Es wird nicht nur für etwas, sondern auch gegen eine Partei oder einen Politiker gestimmt."[121] Als Ronald Reagan 1980 gegen Jimmy Carter gewonnen hatte, lautete auf die Nachfrage nach den Hauptgründen, die für Reagan sprachen, eine der Antworten: "He is not Carter".[122]

1.2. Thematisierungsstrategien

Bei den Thematisierungsstrategien geht es darum, Themen und *issues* strategisch unter dem Gesichtspunkt des eigenen Vorteils auszuwählen und zu besetzen.[123] Bei einem politisch relevanten Thema handelt es sich um ein Thema, das in den Regelungsbereich politischer Entscheidungsinstanzen fällt oder fallen soll. Jedes Thema kann somit Gegenstand der politischen Kommunikation werden.[124] Der aus dem Englischen übernommene Begriff *issue* bezeichnet ein Problem beziehungsweise eine politische Streitfrage.[125] Die Beherrschung der Themenagenda gehört zu den wichtig-

---

[118] ebda., S. 174 f.
[119] Jakubowski, a.a.O., S. 128.
[120] Wie an anderer Stelle erwähnt, ist das Negative-Campaigning aber wie die anderen Kommunikationsstrategien nicht nur wahlkampftypisch, sondern gehört zum Standardrepertoire alltäglicher symbolischer Politik (vgl. Sarcinelli 1989, a.a.O., S. 299.)
[121] Radunski, Peter: "Politisches Kommunikationsmanagement. Die Amerikanisierung der Wahlkämpfe"; in: Bertelsmann-Stiftung (Hrsg.): Politik überzeugend vermitteln. Wahlkampfstrategien in Deutschland und den USA. Analysen und Bewertungen von Politikern, Journalisten und Experten, Gütersloh 1996, S. 43.
[122] ebda.
[123] vgl. Sarcinelli 1989, a.a.O., S. 301.
[124] vgl. Kepplinger 1998, a.a.O., S. 363.
[125] Barbara Pfetsch: "Themenkarrieren und politische Kommunikation. Zum Verhältnis von Politik und Medien bei der Entstehung der politischen Agenda"; in: Aus Politik und Zeitgeschich-

sten Kommunikationszielen politischer Akteure, da derjenige Akteur, der bestimmt, was als Problem zu gelten hat, nach den Aufmerksamkeitsregeln des Massenkommunikationssystems die besseren Aussichten auf Erfolg hat.[126] Probleme spiegeln oft Diskrepanzen zwischen Soll-Zuständen und Ist-Zuständen wider.[127] Man will beispielsweise Frieden und sieht Rüstungsexporte in Kriegsgebiete, oder man will die Gleichberechtigung von Mann und Frau und registriert Diskriminierungen von Frauen am Arbeitsplatz.[128] Damit ein Problem erfolgreich thematisiert werden kann, muss es sich verallgemeinern lassen oder zumindest von einer wichtigen Teilöffentlichkeit als relevant angesehen werden.[129] Zwei Strategien dienen dazu, die Öffentlichkeit für ein thematisiertes Problem zu sensibilisieren.[130] Die erste Strategie besteht in der "Konkretisierung des Themas" durch Herstellung von Betroffenheit und eines lebensweltlichen Bezugs. Gelingt es einem Akteur, dem Publikum plausibel zu erklären, dass das thematisierte Problem das eigene Leben unmittelbar tangieren wird, steigt die Betroffenheit.[131] Diese Strategie spielt beim Themenmanagement von Bossi, der in anschaulichen Beispielen erklärt, wie sich die von ihm thematisierte "Probleme" wie beispielsweise die "Gefahren" der Immigration auf das Leben der NorditalienerInnen auswirken, eine wichtige Rolle. Zweitens kann der Akteur das thematisierte Problem abstrakt in einen größeren Wertezusammenhang stellen und damit normativ aufladen. Dadurch entsteht ein Ausstrahlungseffekt auf den mit dem Problem tangierten Wert selbst, wodurch der Eindruck entsteht, dass es sich tatsächlich um ein Problem handelt, das einer Lösung bedarf.[132] Ist ein Thema erfolgreich als Problem definiert worden, besteht der nächste Schritt in der sogenannten Kausalattribution, das heißt es werden Ursachen und Verursacher des Problems etikettiert. Ursa-

---

te, Beilage 39/94, 30. September 1994, S. 11. Siehe zu dem Begriff *issue* ausführlich Schmidt, a.a.O., S. 450 f.

[126] vgl. Sarcinelli 1989, a.a.O., S. 301.

[127] Jürgen Gerhards: "Dimensionen und Strategien öffentlicher Diskurse"; in: Journal für Sozialforschung 32 (1992), H. 3/4, S. 310. Gerhards behandelt in diesem Aufsatz die Strategien kollektiver Akteure. Diese Strategien können größtenteils aber auch auf individuelle Akteure übertragen werden.

[128] vgl. Pfetsch 1994, a.a.O., S. 11 f.

[129] ebda., S. 12.

[130] Das Ziel der sogenannten De-Thematisierungsstrategie besteht hingegen vorwiegend darin, ein Problem "herunterzuspielen" und ihm die öffentliche Aufmerksamkeit zu entziehen. Vorstellungen und Meinungen zu dem Problem sollen sich erst gar nicht bilden können (Otfried Jarren: "Politik und politische Kommunikation in der modernen Gesellschaft"; in: Aus Politik und Zeitgeschichte, B 39/94, 30. September 1994, S. 8.)

[131] vgl. Gerhards, a.a.O., S. 310 f.

chen werden mit wertgeladenen Begriffen wie beispielsweise "Stalinismus" oder "Neofaschismus" kommuniziert.[133] Dies wird in den Kommunikationsstrategien Berlusconis deutlich, der den "Kommunismus" als Ursache für alle Probleme verantwortlich macht. Die Thematisierungsstrategien entscheiden neben Entscheidungen und Sachaussagen eines politischen Akteurs darüber, auf welchem Politikfeld ihm Kompetenz zugestanden wird. Thematisiert ein politischer Akteur beispielsweise Fragen der Wirtschaftspolitik, führt das in der Regel dazu, dass er auf diesem Politikfeld als kompetent gilt.[134]

Um Aufmerksamkeit für ein Thema zu erregen und es erfolgreich über die Medien in der Öffentlichkeit zu lancieren, setzen die politischen Akteure *mediatisierte Ereignisse* und *Pseudoereignisse* ein. Bei mediatisierten Ereignissen handelt es sich um Ereignisse, die auch ohne die zu erwartende Berichterstattung der Medien stattfinden würden, aufgrund der anzunehmenden Berichterstattung aber mediengerecht inszeniert werden, wie beispielsweise Parteitage.[135] Pseudoereignisse sind hingegen Ereignisse und Handlungen, die ausschließlich stattfinden, um die Aufmerksamkeit der Medien auf sich zu ziehen und Berichterstattung zu stimulieren.[136] Unterschieden werden zwei Typen von Pseudoereignissen. Zum ersten Typ gehören Routinetechniken der Presse- und Öffentlichkeitsarbeit wie zum Beispiel Pressekonferenzen und Stellungnahmen vor der Presse. In diesem Sinne stellen Pseudoereignisse ein variabel einsetzbares kommunikationsstrategisches Instrument dar. Das Timing und der Ort des Ereignisses, seine Logistik und Präsentation können so gestaltet werden, dass sie den Journalistinnen und Journalisten die Arbeit erleichtern.[137] Der zweite Typ von Pseudoereignissen sind spektakuläre, aber nicht weniger durchgeplante Inszenierungen. Dabei handelt es sich beispielsweise um Demonstrationen und Kundgebungen,

---

[132] ebda., S. 311.
[133] ebda.
[134] Jakubowski, a.a.O., S. 125.
[135] Hans Mathias Kepplinger: Ereignismanagement. Wirklichkeit und Massenmedien, Zürich 1992, S. 52. Vgl. auch Pfetsch, Barbara/Schmitt-Beck, Rüdiger: "Amerikanisierung von Wahlkämpfen? Kommunikationsstrategien und Massenmedien im politischen Mobilisierungsprozeß"; in: Jäckel, Michael/Winterhoff-Spurk, Peter (Hrsg.): Politik und Medien. Analysen zur Entwicklung der politischen Kommunikation, Berlin 1994, S. 239.
[136] vgl. Pfetsch, Barbara: "Pseudoereignis"; in: Jarren, Otfried/Sarcinelli, Ulrich/Saxer, Ulrich (Hrsg.): Politische Kommunikation in der demokratischen Gesellschaft. Ein Handbuch mit Lexikonteil, Opladen/Wiesbaden 1998, S. 713 f. Der Begriff "Pseudoereignis" wurde bereits in den 1980er Jahren von Daniel Boorstin geprägt. Siehe dazu ausführlich Daniel J. Boorstin: Das Image. Der Amerikanische Traum. Neuausgabe, Hamburg 1987, v.a. S. 31-75.
[137] vgl. Pfetsch 1998, a.a.O., S. 713 f.

die besonders aufgrund ihrer Neuigkeit und Außergewöhnlichkeit, ihres Konfliktgehaltes oder ihres visuellen Schaueffektes Nachrichtenwert besitzen.[138] Pseudoereignisse müssen mit Nachrichtenwert aufgeladen werden beziehungsweise mediengerecht vorstrukturiert sein, damit sie die Selektionsfilter der Medien passieren. Während diese mediengerechte Aufmachung von Pseudoereignissen instrumentellen Charakter hat, besteht der eigentliche Zweck von Pseudoereignissen in der Übertragung der Informationen und/oder der symbolischen Bedeutungsgehalte der jeweiligen Images und Themen, welche die politischen Akteure durch die Medienberichterstattung an das Publikum kommunizieren wollen.[139]

1.3. Sprachstrategien

Sprachstrategien sind eng mit den Thematisierungsstrategien verbunden, da selbsterzeugte Themen nur dann erfolgreich sind, wenn sie mit den richtigen Schlagworten versehen werden.[140] Sprachstrategien dienen den politischen Akteuren in erster Linie dazu, die Zustimmung der für den politischen Erfolg relevanten Adressatinnen und Adressaten zu erlangen. Mittels der Sprachstrategien sollen die Adressaten und Adressatinnen überzeugt werden, dass der jeweilige Kommunikator ihren Präferenzen näher steht und Probleme besser lösen kann als der politische Konkurrent, und dass seine Aussagen -zumindest im Vergleich zu den Äußerungen des politischen Konkurrenten- glaubwürdig, relevant, informativ und klar sind.[141]

Die Sprachstrategien der politischen Akteure richten sich nach den jeweiligen Adressatinnen und Adressaten, die angesprochen und überzeugt werden sollen. Die PolitikerInnen können sich mit ihren Sprachstrategien aus inhaltlicher Sicht entweder auf ein gruppenübergreifendes Konsenspotenzial oder auf Spezifika, über die unterschiedliche Gruppen ihre Identität und/oder ihre Interessen definieren, beziehen. Um ein gruppenübergreifendes Konsenspotenzial anzusprechen, verwenden die politischen Akteure sogenannte "konsensuelle Hochwertbegriffe", die von keiner gesellschaftlichen Gruppe in Frage gestellt werden. Ein Beispiel ist der Begriff "Freiheit".

---

[138] ebda.
[139] ebda.
[140] vgl. Pfetsch 1994, a.a.O., S. 16.
[141] vgl. Klein, Josef: "Politische Kommunikation als Sprachstrategie"; in: Jarren, Otfried/Sarcinelli, Ulrich/Saxer, Ulrich (Hrsg.): Politische Kommunikation in der demokratischen Gesellschaft. Ein Handbuch mit Lexikonteil, Wiesbaden 1998, S. 376.

Bei der Zielgruppenorientierung werden Schlüsselbegriffe und Standardargumente der jeweiligen Gruppe affirmativ verwendet.[142] Bei der Orientierung an einer spezifischen Adressatengruppe spielt die Signalisierung von Gruppenzugehörigkeit eine große Rolle. Dies geschieht durch die gezielte Verwendung des Pronomens "wir", durch nur gruppenintern verständliche Anspielungen oder Wörter (sogenannte *Schibboleth-Wörter*) oder auch durch den Gebrauch von Dialekt, von gruppenspezifischen Anredeformen und Redensarten.[143] Für politische Akteure, die um eine Vielzahl von verschiedenen und zum Teil untereinander rivalisierenden Adressatengruppen werben, ergibt sich dabei das Problem, dass sie ihre adressatenspezifischen Sprachstrategien so koordinieren müssen, dass sie bei keiner Adressatengruppe an Vertrauen einbüßen.[144]

Von zentraler Bedeutung für die Sprachstrategien politischer Akteure ist der Gebrauch von Metaphern.[145] Eine Metapher ist den üblichen Definitionen zufolge ein bildlicher Ausdruck für Gegenstände, Eigenschaften oder Geschehnisse, mittels dessen ein Wort aus seinem ursprünglichen Bedeutungszusammenhang in einen fremden, aber ähnlichen Vorstellungsbereich übertragen wird.[146] Angewandt auf die Politik bedeutet dies

> "eine bildhafte Übertragung aus einem politikfremden Sachbereich in die Sphäre des Politischen, wobei es jedoch nicht so sehr auf die unterschiedlichen Quellen des transferierten Bildmaterials ankommt als auf die jeweils produzierten Denk-Bilder und reproduzierten Vorstellungsmuster."[147]

Bei den politikfremden Sachbereichen handelt es sich um unterschiedliche Wortfelder. Der Begriff *Wortfeld* (gleichbedeutend mit *Bedeutungsfeld*) wird definiert als eine Menge von sinnverwandten Wörtern, "deren Bedeutungen sich gegenseitig begrenzen und die lückenlos (mosaikartig) einen bestimmten begrifflichen oder sachli-

---

[142] Politische Akteure in Deutschland verwendeten beispielsweise im Rahmen der Debatte um den Paragraphen 218 mit Blick auf die katholische Kirche den Begriff "Schutz des ungeborenen Lebens" (ebda., S. 377.)
[143] ebda., S. 378.
[144] ebda.
[145] Grieswelle, a.a.O., S. 65.
[146] Markus Hoinle: Metaphern in der politischen Kommunikation. Eine Untersuchung der Weltbilder und Bilderwelten von CDU und SPD, Konstanz 1999, S. 77.
[147] ebda.

chen Bereich abdecken sollen."[148] Polarisierende politische Metaphern entstammen beispielsweise oft den Wortfeldern "Krieg" und "Sport", um die kompetitive Auseinandersetzung der politischen Akteure zu betonen.[149] Mit Hilfe von Metaphern werden Argumente verdeutlicht, belebt, erklärt und verstärkt, was für die überzeugungskräftige Rechtfertigung politischer Programme und Aktivitäten von hoher Bedeutung ist.[150]

Bei den Sprachstrategien ist zu beachten, dass der Sprecher nicht nur durch das "was" der Aussage wirkt, sondern auch durch das "wie". Seine Darbietung kann "zart", "fein", "taktvoll", "vornehm" und "gesellschaftsfähig" sein, wie es bei Berlusconi der Fall ist; sie kann aber auch "derb" und "ordinär" sein, was auf die Sprachstrategien von Bossi zutrifft.[151]

1.4. Symbolisierungsstrategien

Bei den Symbolisierungsstrategien geht es darum, identitätsstiftende Symbole für die eigene Partei zu finden. Symbole erzeugen Aufmerksamkeit und reduzieren die politische Problemkomplexität. Sie vermitteln eine bestimmte Weltsicht und wecken beim Publikum Emotionen.[152] Deshalb eignen sie sich besonders gut, um den Aufbau und die Etablierung eines Images zu unterstützen.[153] Zu den Symbolisierungsstrategien gehört die Instrumentalisierung von Mythen und Ritualen, die Edelmann als symbolische Formen bezeichnet.[154] Mythen gehören zu den ältesten Mitteln des politischen Emotionsmanagements.[155] Sie nehmen für jede politische Gemeinschaft eine unverzichtbare Orientierungs- und Integrationsfunktion wahr.[156] Sie bringen Ordnung in Gemeinschaften, sanktionieren das Bestehende und liefern Deutungsmuster.[157]

---

[148] Hadumod Bußmann: Lexikon der Sprachwissenschaft. Zweite, völlig neu bearbeitete Auflage, Stuttgart 1990, S. 854.
[149] Hoinle, a.a.O., S. 107 ff.
[150] Grieswelle, a.a.O., S. 66.
[151] vgl. zu den verschiedenen Charakterisierungen der Darbietung ebda., a.a.O., S. 63.
[152] vgl. Tenscher, a.a.O., S. 186.
[153] Krempl, a.a.O., S. 112.
[154] Edelmann, a.a.O., S. 13.
[155] vgl. Dörner, Andreas: Medien und Mythen. Zum politischen Emotionsmanagement in der populären Medienkultur am Beispiel des amerikanischen Films. In: Klein, Ansgar/Nullmeier, Frank (Hrsg.): Masse – Macht - Emotionen. Zu einer politischen Soziologie der Emotionen, Opladen/Wiesbaden 1999, S. 308.
[156] ebda., S. 309.
[157] Krempl, a.a.O., S. 50.

Edelmann definiert den Mythos als "eine von einer großen Gruppe von Menschen geteilte Überzeugung, die nicht hinterfragt wird und Ereignissen und Handlungen einen bestimmten Sinn verleiht."[158] Der politische Mythos gibt eine die Komplexität des Realen reduzierende Antwort auf die Fragen danach, was ist und warum es so ist beziehungsweise was sein soll und warum es sein soll.[159] Wie Ideologien sind somit auch Mythen kollektive identitäts- und sinnstiftende Konstruktionen. Der Unterschied zwischen beiden besteht darin, dass Mythen stärker auf den affektiv-emotionalen Bereich abzielen, während Ideologien rational konstruiert sind, wenn sie auch ebenso wenig auf den emotionalen Bereich verzichten können[160]:

> "Während politische Ideologien rationale Entscheidungshilfen für politisches Handeln liefern, wird mit Hilfe von Mythen, Mythenelementen und Mythenfragmenten versucht, den in komplexen, widersprüchlichen Gesellschaften entstehenden rationalen Legitimationsdefiziten gleichsam auf einer informellen, teilweise auch irrationalen Ebene, emotional-affektive Identifikationsangebote im Sinne von Gegenwelten entgegenzustellen."[161]

Besonders in krisenhaften politisch-sozialen Umbruchsituationen erhalten Mythen verstärkt Bedeutung zur Behebung gesellschaftlicher Sinndefizite.[162] Während das rationale Denken Begriffe als Grundkategorien verwendet, ist für das mythische Denken der Gebrauch von Bildern charakteristisch.[163]

Das Ritual dient ebenfalls dazu, ein vereinfachtes Bild der Wirklichkeit zu schaffen. Sinn wird dabei nicht über das verstandesmäßige Denken, sondern über Gefühle vermittelt.[164] Unter einem Ritual versteht Edelmann im politischen Kontext

> "eine motorische Aktivität, bei der sich die Beteiligten symbolisch zu einer gemeinsamen Unternehmung zusammenfinden. Es lenkt ihre Aufmerksam-

---

[158] Edelmann, a.a.O., S. 110. Siehe zu den Ansätzen der Mythenforschung verschiedener wissenschaftlicher Disziplinen den Überblick in Andreas Dörner: Politischer Mythos und symbolische Politik. Sinnstiftung durch symbolische Formen am Beispiel des Hermannsmythos, Opladen 1995, S. 19-44.
[159] Andreas Dörner: "Die Inszenierung politischer Mythen. Ein Beitrag zur Funktion der symbolischen Formen in der Politik am Beispiel des Hermannsmythos in Deutschland"; in: Politische Vierteljahresschrift 34 (1993), H. 2, S. 202.
[160] vgl. Tanzmeister 1998, a.a.O., S. 240.
[161] ebda., S. 248.
[162] ebda., S. 244.
[163] vgl. Voigt, Rüdiger: "Mythen, Rituale und Symbole in der Politik"; in: ders. (Hrsg.): Politik der Symbole. Symbole der Politik, Opladen 1989, S. 28.
[164] ebda., S. 12.

keit in zwingender Weise auf ihre gemeinsame Verbundenheit und die gemeinsamen Interessen."[165]

Dadurch werden Außenseiter und trennende Tatsachen ausgeblendet.[166] Rituale dienen dazu, ein Gefühl des Zusammengehörens zu bewirken und durch Sinnvermittlung dem Individuum und der Gruppe emotionalen Halt zu geben. Dies dient der Abgrenzung nach außen und der Stabilisierung nach innen, wodurch menschliche Gruppen erst ihre eigene, unverwechselbare Identität gewinnen.[167] Der Einsatz von Ritualen ist insbesondere für die Symbolisierungsstrategien von Bossi charakteristisch.

---

[165] Edelmann 1990, a.a.O., S. 14.
[166] ebda.
[167] vgl. Voigt, a.a.O., S. 14.

III. Zentrale Aspekte der politischen Kultur Italiens

Charakteristisch für Italien ist eine fragmentierte politische Kultur, die durch eine brüchige nationale Identität und ein im Vergleich zu anderen westeuropäischen Ländern stark ausgeprägtes Misstrauen gegenüber staatlichen Institutionen und der politischen Klasse geprägt ist. Kennzeichnend sind des Weiteren zwei *cleavages*: die soziale, ökonomische und kulturelle Kluft zwischen Nord- und Süditalien und die bis Ende der 1990er Jahre bestehende ideologische Spaltung in die hegemonialen "Subkulturen" Katholizismus und Kommunismus, deren parteipolitische Entsprechungen die *Democrazia Cristiana* (DC) und der *Partito Comunista Italiano* (PCI; Kommunistische Partei Italiens) waren.[168] Diese Aspekte der politischen Kultur Italiens werden im Folgenden -sofern es der Analyse der Kommunikationsstrategien von Bossi und Berlusconi dienlich ist- näher untersucht.

1. Misstrauen gegenüber staatlichen Institutionen, Parteien und politischer Klasse

Seit der Gründung der Republik 1946 ist in Italien eine chronische und weitverbreitete Unzufriedenheit mit dem Funktionieren des politischen Systems, nicht jedoch mit den Prinzipien der demokratischen Ordnung, feststellbar.[169] Im täglichen Leben sprechen die ItalienerInnen mit Respektlosigkeit und Verachtung von ihren staatlichen Institutionen. Fast jede Klage endet in dem Seufzer *"Ma cosa vuole, siamo in Italia"* ("Was wollen Sie, wir sind eben in Italien").[170] Ein wichtiger Grund für das geringe Vertauen der ItalienerInnen in die staatlichen Institutionen und den Wunsch nach Staatsferne liegt in der Fremdherrschaft vergangener Jahrhunderte. Die ItalienerInnen

---

[168] Große/Trautmann, a.a.O., S. 29.
[169] Leonardo Morlino/Marco Tarchi: "The dissatisfied society: The roots of political change in Italy"; in: European Journal of Political Research vol. 30, No. 1 (Juli 1996), S. 41-63; vgl. Gabriel, Oscar W.: "Politische Einstellungen und politische Kultur"; in: Brettschneider, Frank (Hrsg.): Die EU-Staaten im Vergleich. Strukturen, Prozesse, Politikinhalte. Zweite, überarbeitete und erweiterte Auflage, Opladen 1994, S. 109. Siehe auch Bettina Strenske: Rundfunk und Parteien in Italien (Beiträge zur Kommunikation in Politik und Gesellschaft, Band 2); Münster/Hamburg 1993, S. 22-30.
[170] Volker Schaub: Nachbar Italien. Schlaglichter auf ein Land voller Widersprüche, Frankfurt am Main 1995, S. 183.

konnten sich mit der staatlichen Gewalt, die durch eine ausländische Macht ausgeübt wurde, nicht identifizieren.[171] Zwischen 1992 und 1993 reduzierte sich als Folge der gesellschaftlichen und politischen Krise Italiens das ohnehin bereits geringe Vertrauen der ItalienerInnen in die Regierung von 14 auf 4,5 Prozent. Der Vertrauenswert des Parlaments sank von 17 auf 6,7 Prozent.[172] Gleichzeitig war eine ausgeprägte Parteienverdrossenheit feststellbar. Laut einer Umfrage aus dem Jahr 1991 hatten 93,2 Prozent der ItalienerInnen wenig beziehungsweise gar kein Vertrauen in die Parteien.[173] Neben der Aufdeckung zahlreicher Korruptionsaffären und illegaler Parteienfinanzierung sahen die ItalienerInnen die in fast alle staatlichen und viele gesellschaftliche Bereiche eindringende Macht der Parteien, die sogenannte *partitocrazia*[174] als eine zentrale Fehlentwicklung des politischen Systems an.[175]

Der politische Zynismus vieler ItalienerInnen ist ein Indikator für die weit verbreitete Politikverdrossenheit. In der politischen Klasse sehen die meisten ItalienerInnen eine "machtbesessene Nomenklatur, die nach eigenen Regeln spielt und das Volk verachtet".[176] Der italienische Schriftsteller Pier Paolo Pasolini griff die politische Elite Italiens in den 1970er Jahren als *palazzo* (Palast) an, zu dem nur wenige Auserwählte Zutritt hätten. In der liberalen Presse gehört der gegen Rom und die Regierenden des Zentralstaats gerichtete Begriff *palazzo* zum festen politischen Vokabular Italiens.[177] Diesem Begriff wird der Begriff *popolo* (Volk) gegenübergestellt. Diese Distanz zwischen BürgerInnen und politischer Elite, zwischen *popolo* und *palazzo*, welche die politische Kultur in Italien weitaus mehr prägt als in anderen westeuropäischen Ländern und weit in die Geschichte des Landes zurückreicht, wird auch als Konflikt zwischen einem *paese reale* und einem *paese legale* bezeichnet. Mit "paese reale", was wörtlich übersetzt "reales Land" bedeutet, sind die BürgerInnen gemeint. Der Begriff "paese legale" bedeutet wörtlich übersetzt "legales Land" und steht für die politische

---

[171] Strenske, a.a.O., S. 22. Siehe auch Jens Petersen: Quo vadis, Italia? Ein Staat in der Krise, München 1995, S. 55.
[172] Frida Bordon: Lega Nord im politischen System Italiens. Produkt und Profiteur der Krise, Wiesbaden 1997, S. 135.
[173] Panorama, 28. April 1991, S. 39.
[174] vgl. zur *partitocrazia* Trautmann, Günter: "Partitocrazia"; in: Brütting, Richard (Hrsg.): Italien-Lexikon. Schlüsselbegriffe zu Geschichte, Gesellschaft, Wirtschaft, Politik, Justiz, Gesundheitswesen, Verkehr, Presse, Rundfunk, Kultur und Bildungseinrichtungen (Grundlagen der Romanistik, Band 20), Berlin 1997, S. 564 f.
[175] vgl. Seißelberg 1995, a.a.O., S. 205.
[176] vgl. Trautmann 1991, a.a.O., S. 288.
[177] ebda.

Klasse.[178] Diese tief liegende Konfliktlinie wird sowohl von Bossi als auch von Berlusconi durch gezielte Kommunikationsstrategien aktiviert.

2. Der Nord-Süd-Konflikt

Da die nationale Identität der ItalienerInnen bis auf den heutigen Tag schwach ausgeprägt ist, bildet der italienische Lokalpatriotismus ein wichtiges Element der politischen Kultur. Den Bezug stellt dabei die engere Heimat, die Region, die Provinz oder der Geburtsort dar.[179] Ein Piemontese oder Lombarde gibt sich eher als Bürger seiner Region aus, denn als Italiener. Er identifiziert sich historisch und ethnisch eher mit seiner vertrauten Umgebung und ihrer Politischen Kultur als mit dem italienischen Einheitsstaat. Italien kann in den Worten des Autorenteams Theodor Wieser und Frederic Spotts als ein "Land von Ländern" bezeichnet werden.[180] Neben diesem "regionalen Sonderbewusstsein" existiert in Italien ein starker Nord-Süd-Konflikt. Zwischen dem Norden und dem Süden Italiens bestehen erhebliche soziale, wirtschaftliche und kulturelle Unterschiede, die bereits auf die italienische Einigung im 19. Jahrhundert zurückgehen. Im Nachkriegsitalien wurde der Nord-Süd-Konflikt als "Südfrage" thematisiert und seitens der Regierung durch finanzielle Unterstützung für den Süden zu lösen versucht, was jedoch in vielen Fällen scheiterte.[181] Auch wenn man heute nicht mehr von *dem* hochindustrialisierten Norden und *dem* unterentwickelten Süden sprechen kann, da es auch im Süden etliche Zonen wirtschaftlichen Fortschritts gibt, bleibt der Nord-Süd-Konflikt, der vor allem in den Köpfen der ItalienerInnen eine nicht zu unterschätzende Rolle spielt, weiterhin bestehen und wurde durch die Gründung der Lega Nord verschärft. Zwei entgegengesetzte Lager interpretieren den Nord-Süd-Konflikt auf sehr unterschiedliche Art und Weise. Die *Meridionalisten* führen das Entwicklungsgefälle zwischen Nord- und Süditalien darauf zurück, dass der Norden den Süden stets ausgebeutet und seinen egoistischen Entwicklungsstrategien unterworfen habe. Die *Nordisten* hingegen sprechen von der "Last

---

[178] siehe zu dieser Konfliktlinie und ihren historischen Entstehungsbedingungen ausführlich Fix, a.a.O., S. 70-80 und S. 258.
[179] Petersen, a.a.O., S. 57.
[180] Theodor Wieser/Frederic Spotts: Der Fall Italien. Dauerkrise einer schwierigen Demokratie, von den Autoren aktualisierte Auflage, München 1988, S. 205. Siehe hierzu auch Joseph LaPalombara: Die Italiener oder Demokratie als Lebenskunst, Wien, Darmstadt 1994, S. 95.
[181] siehe hierzu Petersen, a.a.O., S. 108 ff. und Friederike Hausmann: Kleine Geschichte Italiens von 1943 bis heute. Aktualisierte und erweiterte Neuauflage, Berlin 1997, S. 189 f.

des Südens", welche die italienische Wirtschaft daran hindere, ihre ganze Kraft zu entfalten.[182] Sie wehren sich gegen die sogenannte *meridionalizzazione (Meridionalisierung)*, womit im journalistischen Jargon der hohe Anteil von SüditalienerInnen im öffentlichen Dienst und im Staatsapparat gemeint ist.[183] Die *Meridionalisierung* wird für die klientelaren Beziehungen[184] der politischen Klasse und die Durchsetzung der Korruptionswirtschaft verantwortlich gemacht.[185] Diese beiden Extrempositionen operieren mit unterschiedlichen Schimpfworten. Ein süditalienisches Schimpfwort für die NorditalienerInnen ist *polentone*, was soviel bedeutet wie "Polentaesser" oder "Polentafresser" und sich auf die kulinarische Vorliebe vieler NorditalienerInnen für Polenta (Maisgericht) bezieht. Geläufiger und zugleich weitaus pejorativer ist der Ausdruck *terrone,* mit dem die SüditalienerInnen beschimpft werden. Dieser Ausdruck, für den es verschiedene etymologische Erklärungen gibt[186], verweist auf nega-

---

[182] Hausmann, a.a.O., S. 186.
[183] vgl. Grassi, Mauro: "Meridionalizzazione"; in: Brütting, Richard (Hrsg.): Italien-Lexikon. Schlüsselbegriffe zu Geschichte, Gesellschaft, Wirtschaft, Politik, Justiz, Gesundheitswesen, Verkehr, Presse, Rundfunk, Kultur und Bildungseinrichtungen (Grundlagen der Romanistik, Band 20), Berlin 1997, S. 487.
[184] Strenske, a.a.O., S. 30. Der Klientelismus beruht auf dem Tausch von Vergünstigungen zwischen zwei Personen ungleicher sozialer und ökonomischer Situation (Patron und Klient). Der Patron gewährt dem Klienten eine Gefälligkeit, wofür ihm der Klient seine Dienst- und Hilfeleistungen anbietet. Im Nachkriegsitalien entstand ein süditalienischer Massenklientelismus, der den VertreterInnen der Regierungsparteien praktiziert wurde, indem sie öffentliche Ressourcen und Vergünstigungen wie beispielsweise Arbeitsplätze, Firmenzulassungen und Baugenehmigungen gegen Wahlunterstützung (Wählerstimmen und Dienste im Wahlkampf) tauschten. Besonders die DC schuf ein starkes Netz an Klientelbeziehungen (vgl. Caciagli, Mario: "Ein, zwei, viele Italien"; in: Wehling, Hans-Georg (Hrsg.): Länderprofile: politische Kulturen im In- und Ausland, Stuttgart/Berlin/Köln 1993, S. 78 und Fritzsche, a.a.O., S. 35 ff.). Gegebenenfalls bekamen die PolitikerInnen auch Bestechungsgelder. Die Korruption gehört zwar definitorisch nicht zum Klientelismus, wird durch ihn aber begünstigt. Die Übergänge zwischen Klientelismus und Korruption sind fließend (Große/Trautmann, a.a.O., S. 26). Ein Spezialfall des Klientelismus stellt die Mafia dar, die ursprünglich als Selbsthilfegruppe konzipiert war (siehe zur Geschichte der Mafia ausführlich Peter Müller: Die Mafia in der Politik, München 1990.)
[185] Petersen, a.a.O., S. 107. Verstärkt wurde die Abwehrhaltung gegen die Meridionalisierung durch die Ausbreitung der Mafia-Aktivitäten im Norden, die unter anderem durch die Verbannung von Mafiabossen nach Norditalien begünstigt wurde (vgl. Grassi, a.a.O., S. 487.)
[186] Am akzeptabelsten erscheint der Bedeutungsvorschlag "legato alla terra" (an die Erde gebunden). Andere etymologische Erklärungen interpretieren *terrone* beispielsweise als Anspielung auf die zahlreichen seismischen Erschütterungen in Süditalien als eine Zusammensetzung von *terr(emoto)* = Erdbeben und *(meridi)one* (Süditalien). In Analogie zu "polentone" (Polentaesser; Polentafresser) wird auch "mangiatore di terra" (Erdesser; Erdfresser) vorgeschlagen (Manlio Cortelazzo/Paolo Zolli: Dizionario etimologico della lingua italiana, volume 5/S-Z, Bologna 1988, S. 1332).

tive Eigenschaften wie Trägheit oder Faulheit. Er kann die Bedeutung von Faulenzer, Nichtstuer, Sozialschmarotzer und Steuerhinterzieher haben.[187] Einen Ersatz für die schwach ausgeprägte nationale Identität bildet der Massensport, bei dem der Fußball eine herausgehobene Stellung einnimmt. Der Hamburger Politikwissenschaftler Günter Trautmann spricht in diesem Zusammenhang sogar von einer nationalen "Ersatzreligion" der Italiener.[188] Der Stellenwert des Sports, insbesondere des Fußballs, lässt sich an der Auflagenhöhe führender Tageszeitungen ablesen. Eine internationale Besonderheit sind vier reine Sportzeitungen, die einen Marktanteil von 14,7 Prozent halten.[189] Spitzenpolitiker müssen dem Massenphänomen Sport als *tifosi* (Fans) ihrer Heimatmannschaft oder des nationalen Teams einen hohen Tribut zollen. In ihren Presseorganen und vor laufenden Kameras bekunden fast alle Parteien größtes Interesse an dem kollektiven Ereignis Fußball.[190] Der Fußball spricht in Italien alle sozialen Schichten an und besitzt daher wie kein anderer sozialer Sektor den Charakter einer Volkskultur.[191] Allerdings ist Fußball auch in Italien eine Sportart, die von Männern dominiert wird. Es gibt zwar Meisterschaften im Frauenfußball, die Anhängerschaft ist aber begrenzt und das Interesse der Medien praktisch nicht vorhanden.[192] Wie sehr der Fußball in der Lage ist, zumindest eine "nationale Solidarität auf Zeit"[193] zu bilden, zeigte beispielsweise die Fußballweltmeisterschaft im Juni 1990 in Italien. Obwohl die italienische Nationalmannschaft "nur" den dritten Platz belegte, feierten die ItalienerInnen landesweit mit nächtlichen Umzügen und Hupkonzerten.[194] Allerdings erweist sich die nationale Solidarität, die durch den Fußball

---

[187] Tanzmeister 2000ª, a.a.O., S. 96.
[188] vgl. Trautmann 1991, a.a.O., S. 304.
[189] Es handelt sich um folgende Zeitungen: *Gazetta dello Sport* (Mailand), *Corriere dello Sport* (Rom), *Stadio* (Rom) und *Tuttosport* (Turin) (Wallisch, a.a.O., S. 70.)
[190] vgl Trautmann 1991, a.a.O., S. 305.
[191] vgl. Seißelberg 1995, a.a.O., S. 226.
[192] Elena Semino/Michela Masci: "Politics is football: metaphor in the discourse of Silvio Berlusconi in Italy"; in: Discourse & Society, vol 7 (2) (1996), S. 251.
[193] vgl. Trautmann 1991, a.a.O., S. 308.
[194] ebda., S. 303. Der sizilianische Torjäger Salvatore Schillaci, der Italien zuvor mit vier Toren ins Halbfinale geschossen hatte, wurde für kurze Zeit zum Helden der Nation, der Nord- und Süditalien versöhnte. Noch kurz vor der Eröffnung der Fußballweltmeisterschaften war der aus einem Armenviertel von Palermo stammende Schillaci in Florenz als *terrone* beschimpft und übel behandelt worden (ebda., S. 308.)

und besonders durch die italienische Nationalmannschaft geschaffen wird, bereits bei den Vereinsmeisterschaften als brüchig.[195]

3. Die ideologischen "Subkulturen" des Katholizismus und des Kommunismus

Die politische Kultur der italienischen Nachkriegszeit war lange Zeit geprägt durch die Spaltung in zwei große territoriale "Subkulturen": den Katholizismus, die "weiße Subkultur", und den Kommunismus, die "rote Subkultur". Diese "Subkulturen" traten mit besonderer Deutlichkeit in Nord- und Mittelitalien auf. In der italienischen Politikwissenschaft wurde der Begriff "Subkultur" als Deutungsmuster des Wahlverhaltens verwendet. Untersucht wurde dabei die Kontinuität der Wahlorientierung zugunsten einer der beiden "Hegemonialparteien" DC und PCI in einigen Teilen Italiens.[196] In diesem Sinne entspricht der italienische Begriff "Subkultur" dem in der deutschen sozialwissenschaftlichen Literatur gebräuchlichen Begriff des "Milieus".[197] Wegen der territorialen Verankerung der beiden Lager sprach man in Italien von den "weißen Regionen" (Venetien, Trentino, östliche Lombardei; dazu einzelne Provinzen in Piemont, Ligurien, Toskana) und von den "roten Regionen" (Emilia-Romagna, Toskana, Umbrien).[198] Beide "Subkulturen" besaßen ein dichtes Netzwerk jeweils eigener Organisationen wie beispielsweise Gewerkschaften, Studentengruppen, Konsumgenossenschaften, religiöse Gruppierungen und Freizeitvereine. Diese Organisationen dienten dazu, die WählerInnen an die jeweilige Partei zu binden und somit die Macht der jeweiligen Partei zu sichern.[199] Die konstant hohe Wahlbeteiligung in Italien wurde deshalb weniger als Indiz für eine besonders ausgeprägte partizipatorische Kultur gewertet, sondern als Zeichen für die feste gesellschaftliche Verankerung der "Sub-

---

[195] Als der Hamburger SV im Finale des Europapokals der Landesmeister in Athen überraschend gegen den Favoriten Juventus Turin gewann, feierten die Anhänger von Milan, Rom und Napoli diese Niederlage ihres verhassten Konkurrenten mit Hupkonzerten und stundenlangen Auto-Kreisfahrten in den Zentren der Städte (Schaub, a.a.O., S. 183.)

[196] Mario Caciagli: "Ein 'roter' Bezirk in der 'roten' Toscana: Entstehung und Persistenz politischer Subkulturen"; in: Zeitschrift für Parlamentsfragen, 4 /1987, S. 512. Siehe zu diesen beiden Parteien ausführlich Ignazi, a.a.O., S. 15-33 und S. 81-97.

[197] vgl. Caciagli 1987, a.a.O., S. 512.

[198] vgl. Caciagli 1993, a.a.O., S. 77 und 79 f.

[199] LaPalombara, a.a.O., S. 47.

kulturen".[200] Diese "subkulturelle" Spaltung fand ihren Niederschlag in dem im internationalen Vergleich überdurchschnittlich hohen Grad an Polarisierung des Parteiensystems, in dem sich die DC auf der einen Seite und der PCI auf der anderen Seite gegenüberstanden.[201] Im Laufe der Zeit verloren die "Subkulturen" jedoch an Bindungskraft. Die Industrialisierung, die ökonomische Modernisierung und die dadurch bedingte Erhöhung des Lebensstandards führten zu einem partiellen Wandel der Werte und Gewohnheiten. Die Säkularisierung der italienischen Gesellschaft drängte den Einfluss der Kirche stark zurück und schwächte auch die kommunistische Weltanschauung.[202] Die DC verzeichnete seit 1972 wachsende Stimmeneinbußen in allen "weißen" Regionen, der PCI seit 1985 in den "roten" Regionen.[203] Trotz dieser Erosionserscheinungen hemmten die beiden "Subkulturen" jedoch die Dynamik des politischen Systems Italiens bis in die jüngste Vergangenheit hinein.[204] Heute spielen die subkulturellen Bindungen nahezu keine Rolle mehr. Ihr Bedeutungsverlust spiegelt sich im Wahlergebnis der Kommunalwahlen vom Juni 1999 wider. Erstmals seit Kriegsende verlor die Linke im symbolträchtigen "roten" Bologna, dem ehemaligen Zentrum des sogenannten "roten Gürtels" in Nord- und Mittelitalien, die Mehrheit.[205]

---

[200] Grasmück, a.a.O., S. 21. Offiziell besteht nach Artikel 48 der italienischen Verfassung in Italien die Wahlpflicht. De facto wird ein Fernbleiben von der Wahl aber nicht bestraft, so dass in der Wahlpflicht nicht der Hauptgrund für die hohe Wahlbeteiligung gesehen werden kann.

[201] Die Kommunisten als traditionell zweitstärkste Partei waren aufgrund der *conventio ad excludendum*, einer innerhalb des bürgerlich-sozialdemokratischen Lagers in den 1950er Jahren verabredeten Anti-Koalitionsdoktrin, an der bis zur Auflösung der Kommunistischen Partei 1990 festgehalten wurde, permanent von jeder formalen Regierungsbeteiligung ausgeschlossen. Italien blieb dadurch bis in die 1990er Jahre hinein das einzige westeuropäische Land ohne funktionierenden Alternanzmechanismus zwischen Regierung und Opposition (Ludger Helms: "Pluralismus und Regierbarkeit. Eine Bestandsaufnahme der italienischen Parteiendemokratie aus Anlaß der Parlamentswahlen 1996"; in: Zeitschrift für Politik 44 (1997), H. 1, S. 90). Diese Tatsache wurde unter dem Schlagwort "blockierte Demokratie" diskutiert.

[202] vgl. Caciagli 1993, a.a.O., S. 81.

[203] ebda.

[204] Große/Trautmann, a.a.O., S. 28.

[205] Brill, Klaus: "Bologna – Ende eines Mythos. Historische Niederlage für italienische Linke bei den Kommunalwahlen"; in: Süddeutsche Zeitung, 29. Juni 1999. Vgl. ausführlich Campus, Donatella/Pasquino, Gianfranco: "How to lose a mayor: the case of Bologna"; in: Journal of Modern Italian Studies 5 (1) (2000), S. 22-35.

IV. Die Kommunikationsstrategien von Umberto Bossi

1. Biografischer Hintergrund

Umberto Bossi wurde am 19. September 1941 in Cassano Magnano, einem kleinen Dorf in der Nähe der lombardischen Provinzhauptstadt Varese, geboren.[206] Er stammt aus dem Arbeitermilieu, wobei der Vater katholisch, die Mutter sozialistisch orientiert war. Bossi verließ die Schule nach der mittleren Reife und verdiente seinen Lebensunterhalt mit verschiedenen Jobs. Er arbeitete unter anderem in einer Reinigung und einem Automobilclub. Nebenher spielte er in einer kleinen Band Klavier und versuchte sich als Schlagersänger. Er absolvierte in einem Fernkurs eine Ausbildung zum Elektrotechniker und holte sein Abitur in Abendkursen nach. Mit 25 Jahren begann er an der Universität Pavia Medizin zu studieren. Sein Geld verdiente er sich mit Nachhilfeunterricht in Mathematik und Physik. Bossi interessierte sich wenig für Politik, seine Teilnahme an Demonstrationen gegen das Pinochet-Regime in Chile lässt aber auf eine linksorientierte Einstellung schließen. Seine erste Ehe mit Gigliola Guialdi, mit der er einen Sohn hat, scheiterte. In den 1980er Jahren lernte er Manuela Marrone, die Tochter eines Sizilianers und einer Mailänderin, kennen, mit der er heute noch verheiratet ist und zwei Söhne hat. Bossi überschritt die vorgeschriebene Studienzeit. In Varese gründete er eine Gruppe, die sich für die lokalen Traditionen und die Kultur der Lombardei interessierte. Er begann an einem Lexikon des lombardischen Dialektes zu arbeiten. 1979 lernte er Bruno Salvadori, den Chef der *Union Valdotaîne*, der autonomistischen Partei der Region Valle d'Aosta kennen, der in den Regionen Norditaliens Mitarbeiter für seine Partei suchte. Bossi gab sein Studium auf und engagierte sich im Wahlkampf für Salvadori. Nach dessen Tod bei einem Verkehrsunfall im Jahr darauf entschied sich Bossi die politische Laufbahn weiterzuver-

---

[206] Bossi hat zusammen mit dem Journalisten Daniele Vimercati eine Autobiografie verfasst (Umberto Bossi/Daniele Vimercati: Vento dal Nord, Milano 1992). Kritische, von Bossi nicht autorisierte Biografien, gibt es kaum. Alle Veröffentlichungen sind relativ vage und wenig detailliert, die Zeitangaben widersprechen sich teilweise. Die nachfolgenden Ausführungen beziehen sich auf Valeska v. Roques: Die Stunde der Leoparden. Italien im Umbruch, München 1996, S. 165-167; Indro Montanelli/Mario Cervi: L'Italia del Novecento, Milano

folgen. 1982 gründete er die *Lega Autonomista Lombarda*, die 1984 in *Lega Lombarda* (Lombardische Liga) umbenannt wurde. Seit 1991 ist Bossi Parteiführer der Lega Nord.

2. Die Personalisierungsstrategien von Umberto Bossi

In der Einleitung wurde die Lega Nord als Persönlichkeitspartei charakterisiert. Sie ist durch die absolute Stellung des Parteiführers Umberto Bossi gekennzeichnet, der innerhalb der Lega über eine relativ uneingeschränkte Macht verfügt. Bossi verstand es, seit der Gründung der Lega Nord mehrmals oppositionelle Kräfte und Flügelbildungen zu unterdrücken und die eigene hegemoniale Stellung zu festigen. Wesentliche Entscheidungen werden nur im engsten Führungskreis getroffen.[207] Bossis Führungsrolle wird auf den Parteitagen der Lega Nord lediglich per Akklamation bestätigt.[208] Die absolute Stellung Bossis impliziert, dass bei der Persönlichkeitspartei Lega Nord Personalisierungsstrategien eine weitaus größere Rolle spielen als bei anderen Parteien, die weniger auf eine Person zugeschnitten sind und bei denen der eventuelle Rücktritt des Parteiführers nicht notwendigerweise das politische Überleben der Partei gefährden würde. Parteiveranstaltungen der Lega Nord dienen fast ausschließlich der positiven Selbstdarstellung Bossis. Sie sind darauf angelegt, ihn in Szene zu setzen und zu bejubeln. Von seinen Anhängern wird Bossi in Slogans, auf Plakaten, Spruchbändern, Transparenten und Flugblättern idealisiert dargestellt.[209] Beispielhaft sind folgende Slogans: "Bossi, Gott Padaniens"[210], "Umberto I, König von Padanien"[211], "höchster und einziger Führer"[212], "Bossi liebt man, den bestreitet man nicht"[213].

---

[207] 1999, S. 531-534; und Munzinger-Archiv, Internationales Biographisches Archiv 48/00 (Hrsg.): "Umberto Bossi", P 020300-4 BO-WE, S. 1-4.
Innerparteilich gibt es eine strenge Hierarchie. An deren Spitze stehen die Gründungsmitglieder, gefolgt von den sogenannten "vollen Mitgliedern", die berechtigt sind, auf Versammlungen auf regionaler Ebene abzustimmen. Die meisten Mitglieder der Lega sind die "normalen Mitglieder", die lediglich auf lokaler Ebene aktiv am Entscheidungsprozess teilnehmen dürfen. Der Journalist Daniele Vimercati, der selbst überzeugter Lega-Anhänger ist und mit Bossi zusammen einige Bücher verfasst hat, bezeichnet diesen Führungsstil als "leninistisches Kaderprinzip" (vgl. Schmidtke, Oliver: "Die Lega in Italien"; in: Pfahl-Traughber, Armin (Hrsg.): Volkes Stimme? Rechtspopulismus in Europa, Bonn 1994, S. 86.)
[208] ebda., S. 87.
[209] vgl. Tanzmeister 1998, a.a.O., S. 248.
[210] La Repubblica, 14. September 1996, S. 2. eigene Übersetzung.
[211] Corriere della Sera, 11. April 1994, S. 3, eigene Übersetzung.

Neben der positiven Selbstdarstellung betreibt Bossi seinen politischen Gegnern gegenüber ein hartes Negative-Campaigning. Da Bossi die Lega Nord trotz zeitweiliger Regierungsbeteiligung als Antiparteien-Partei präsentiert, besteht seine Strategie darin, alle anderen Parteien und Parteiführer zu delegitimieren.

2.1. Positive Selbstdarstellung und Image-Kategorien

Über Bossis Strategien der Imagebildung ist wenig bekannt. Dem Leiter der Marketingabteilung der Lega Nord, Mario Cavallin, zufolge hat Bossi keine politischen Berater, sondern überlegt sich seine Strategien im engsten Freundeskreis.[214] In zahlreichen Interviews und seiner Autobiografie, die er gemeinsam mit Journalisten und Lega-Anhänger Daniele Vimercati verfasst hat, stellt sich Bossi idealisiert als bescheidener Mensch und heldenhafter Kämpfer dar. In der Typologie von Schwartzenberg erfüllt Bossi alle Rollenelemente des "Herrn Jedermann". Des Weiteren inszeniert sich Bossi als "heldenhafter Volksanführer", hat jedoch, wie die folgende Analyse zeigen wird, mit dem idealtypischen "Helden" aus Schwartzenbergs Typologie nichts gemeinsam.

2.1.1. "Herr Jedermann"

Folgt man der Typologisierung von Schwartzenberg, so ist Bossi der typische "Herr Jedermann". Der "common man" stammt aus bescheidenen Verhältnissen und hat sich als "Selfmademan" seinen Lebensstandard hart erarbeitet.[215] Bossi beschreibt sich in drastischen Worten als Mann mit bescheidener Herkunft, der sein Leben lang gearbeitet hat: "Ich habe von der Pike auf gedient, ich bin ein Mann der Straße und reise mit dem Pferd wie meine Vorfahren, mit dem rohen Fleisch zwischen Hintern und Pferd."[216] Besonders glaubwürdig und authentisch wirkt diese Selbstdarstellung vor Bossis biographischem Hintergrund. Dieses Image fördert Bossi mit seinem bewusst ungepflegten Auftreten. Zu offiziellen Anlässen trägt er bevorzugt einen

---

[212] Corriere della Sera, 17. Februar 1997, S. 3, eigene Übersetzung.
[213] La Repubblica, 11. Februar 1995, S. 6, eigene Übersetzung.
[214] Diese Daten beruhen auf einem persönlichen Interview mit Mario Cavallin im Parteisitz der Lega Nord in Mailand vom 18. Juli 2000.
[215] Schwartzenberg, a.a.O., S. 52.
[216] L'Espresso, 11.7.1993, o.S., eigene Übersetzung.

schlecht sitzenden und schlecht gebügelten Anzug über einem zerknitterten Hemd mit aufgeknöpftem Kragen, auf dem eine schrille Krawatte im Streifen- oder Rautenmuster mit aufgelöstem Knoten schief herunterhängt.[217] In der Regel passt das Muster der Krawatte nicht zu dem Muster des Hemds. Bossi vermittelt mit diesem Kleidungsstil, der von seinen Anhängern imitiert wird, folgendes Image der Lega-Mitglieder: "Wir sind anständige Leute und deshalb binden wir uns eine Krawatte um, aber wir sind auch Leute die arbeiten und keine Zeit haben, uns im Spiegel zu bewundern und das ist der Grund, warum sie schief sitzt."[218] Bossis zerzauste Haare unterstreichen dieses Image.[219] Auf seinen Wahlkampfveranstaltungen und Lega Nord-Festen präsentiert sich Bossi meist in einer farblich nicht aufeinander abgestimmten Kleider-Kombination, bestehend aus einer Hose, einem kurzärmligem Hemd mit aufgeknöpftem Kragen ohne Krawatte und einer Anzugjacke, die ihm oftmals zwei Nummern zu groß ist[220]. Eine sportlicher wirkende Variante ist die Kombination aus Hose, T-Shirt und Nicki-Tuch oder Schal, auf denen die Parteisymbole aufgedruckt sind. Zu Beginn der 1990er Jahre, als die Lega in den Medien noch wenig präsent war, gab Bossi im Sommer Interviews in der Badehose, um die Öffentlichkeit zu provozieren und mediale Aufmerksamkeit zu erregen.[221] In einem Interview für eine Nachrichtensendung im Fernsehen präsentierte er sich im Unterhemd.[222] Das bewusst unmodische Auftreten Bossis dient ihm dazu, sich von den Berufspolitikern abzugrenzen, die sich in der Öffentlichkeit meist im Maßanzug präsentieren. Des Weiteren unterstreicht er damit den "grundlegenden Calvinismus"[223] der Lega: der Wert des Menschen misst sich an seinen Taten und nicht an seinem äußeren Erscheinungsbild.[224] Damit erfüllt Bossi die Kategorie des idealtypischen "Herrn Jedermann", zu dessen "Kardinaltugenden" die Schlichtheit in Verbindung mit Augenmaß und Fleiß gehört.[225] Die Bescheidenheit, die typisch für den "Herr Jeder-

---

[217] Jean-L. De La Vaissiere: "Der Sieg des Volkstribunen. Markige Worte und harte Attacken sind das Rezept des Umberto Bossi"; in: Die Welt, 23. Dezember 1994, o.S.; Max Ottomani: Brigate Rozze. A Sud e a Nord del Senatore Bossi, Napoli 1992, S. 31.
[218] Ottomani, a.a.O., S. 53, eigene Übersetzung.
[219] ebda., S. 32.
[220] ebda., S. 31.
[221] De La Vaissiere, a.a.O., o.S.
[222] Sarubbi, a.a.O., S. 69.
[223] Ottomani, a.a.O., S. 53.
[224] ebda.
[225] Schwartzenberg, a.a.O., S. 54.

mann" ist, und die sich unter anderem in seinem stillen und einfachen Familienleben niederschlägt[226], wird von Bossi oft unterstrichen:

> "Wir hatten nie viel Geld, Manuela und ich. Aber wir haben es auch nicht vermisst. Es gibt Leute, die sagen, ich solle mich besser anziehen, dass ich auf den Look achten muss, aber ich bin überzeugt, dass das zählt, was man ist, was man kann."[227]

> "Ich pfeife auf das Geld, ich brauche keins zu haben. Ich komme aus einer armen Familie, ich brauche den Mythos des Geldes nicht, ich bevorzuge die Ideen: es sind schwache Personen, die im Geld die eigene Sicherheit suchen."[228]

Die Schulbildung des "Herrn Jedermann" beschränkt sich nach Schwartzenberg in der Regel auf die Volksschule und häufig eine höhere Schule. Eine Universitätsausbildung ist selten.[229] "Herr Jedermann" ist das Gegenteil eines Intellektuellen.[230] Bossi, der sein Medizinstudium abgebrochen hat, beruft sich in seiner Tätigkeit als Politiker stets auf seinen gesunden Menschenverstand und grenzt sich von den Intellektuellen ab, weil sie ihm zu theoretisch seien und keine wirkliche Veränderung der Gesellschaft anstrebten:

> "Der Politiker kann sich im Gegensatz zum Intellektuellen nicht den Luxus leisten, Gefangener einer Hoffnung, einer Illusion, eines Traums zu bleiben. (...) Die intellektuellen Utopien können Regale füllen, aber sie machen keine Geschichte."[231]

Bossi bezeichnet die Intellektuellen als „*strasciarasòn*" (dialektal für *stracciaragione*; stracciare = zerreißen, ragione = Vernunft, Verstand), also als Menschen, die nicht vernünftig handeln und "nur gut dazu sind, Trugschlüsse hervorzubringen".[232] Deshalb kämen die Intellektuellen als Mitglieder der Lega nicht in Frage:

---

[226] ebda.
[227] Bossi/Vimercati 1992, a.a.O., S. 54, eigene Übersetzung.
[228] zitiert nach Ottomani, a.a.O., S. 32 f., eigene Übersetzung.
[229] Schwartzenberg, a.a.O, S. 54.
[230] ebda.
[231] Umberto Bossi: Il mio progetto, Milano 1996, a.a.O., S. 153, eigene Übersetzung.
[232] Paola Desideri: "L'Italiano della Lega/2"; in Italiano & Oltre IXI (1994), S. 27, eigene Übersetzung.

"Sollen sie in den Tunnel von Occhetto (bis 1994 Parteiführer der Demokratischen Partei der Linken, T.S.) kriechen, in den Modergeruch, in dem sie sich getrost wiedererkennen können. Weil sie bei uns keinen Platz haben werden. Nicht solange ich da sein werde."[233]

Dieser dezidierte Anti-Intellektualismus Bossis, der oftmals ein Merkmal populistischer Parteien ist[234], und vor allem der Verweis, dass die Intellektuellen in der Lega nichts zu suchen hätten, deuten darauf hin, dass Bossi keine Stimmenmaximierungsstrategie verfolgt, da er ein potenzielles WählerInnensegment ausschließt.

Bossi inszeniert sich trotz seiner antiintellektuellen Einstellung als gebildeter Mensch, der mit gesundem Menschenverstand und ohne Universitäts-Abschluss in der Lage ist, kulturell relevante Werke zu lesen:

"Ich war im Urlaub am Meer, in Finale Ligure mit meiner Frau und meinem Sohn. Ich hatte mir einige Bücher mitgenommen, nun verschlang ich eins nach dem anderen: Geschichtsbände, politische Philosophie, Soziologie. Marcuse, De Felice, Pareto, Adorno, Weber und dann die Klassiker des Föderalismus: Cattaneo, Gioberti, die Amerikaner wie Hamilton."[235]

"Herr Jedermann" betrachtet sich als "Reflex" des typischen Mittelstandsbürgers, wobei zu beachten ist, dass dieser Mittelstandsbürger nicht überall derselbe ist.[236] Er passt sich der für sein Land eigentümlichen Folklore an und "bildet sich entsprechend den konstituierenden Merkmalen der spezifischen nationalen Psyche aus."[237] Bossis "Nation" ist Norditalien beziehungsweise "Padanien", deshalb stellt er das zentrale "nationale" Merkmal dieser künstlichen norditalienischen Nation heraus: das individualistische Arbeitsethos.[238] "Herr Jedermann" kommt "populistischen Reflexen" entgegen. Er gibt sich als konformer Anhänger des Konventionellen und vermittelt seinem Publikum mit Hilfe von Klischees und Gemeinplätzen ein Gefühl von Sicherheit.[239] Das trifft in besonderem Maße auf Bossi zu, der verschiedene Klischees für seine Kommunikationsstrategien einsetzt. Er polemisiert beispielsweise gegen die

---

[233] Bossi zitiert nach ebda., eigene Übersetzung.
[234] vgl. Friedhelm Lövenich: "Dem Volk aufs Maul. Überlegungen zum Populismus"; in: Politische Vierteljahresschrift, 30 (1989), H. 1, S. 24 f.
[235] Bossi/Vimercati 1992, a.a.O., S. 34.
[236] Schwartzenberg, a.a.O., S. 51 und 53.
[237] ebda., S. 53.
[238] vgl. Schmidtke, a.a.O., S. 89.
[239] Schwartzenberg, a.a.O., S. 52.

"faulen Süditaliener" und die "nicht assimilierbaren Immigranten aus Nicht-EU-Ländern".

2.1.2. "Heldenhafter Volksanführer"

Bossi inszeniert sich als heldenhafter und einsamer Krieger und Kämpfer.[240] Die politischen Aktivitäten der Lega beschreibt er als "Kreuzzug"[241] und sich selbst bezeichnet er als "Barbaren, der in den Kampf zieht."[242] Er gibt sich das Image eines starken Mannes, der weder Gefahren noch Entbehrungen fürchtet. In Interviews und in seiner Autobiografie spricht Bossi von seiner Jugendzeit und von der Gründung der Lega Nord wie von den "Heldentaten eines Kondottiere".[243] Mittels der Inszenierung als "heldenhafter Volksanführer" distanziert sich Bossi wiederum von den Intellektuellen, denen die Bereitschaft zu kämpfen fehle, wie auch von den Berufspolitikern, denen er die nötige "Charakterstärke" abspricht, die nötig sei, um in den "Krieg" zu ziehen:

> "Man weiß, wie sie sind, die Intellektuellen. Kommen sie, um zu kämpfen? Sie machen es sich bequem, es kann auch einmal vorkommen, dass sie für etwas nützlich sind, aber ich bezweifle, dass jemand, der an abstraktes Gerede gewöhnt ist, sich auf einen Schlag in einen Kämpfer verwandelt."[244]

> "Von den Politikern kann man nur Hinterhalte oder kleine Verteilungskämpfe erwarten, aber nicht Männer, die fähig sind, Kriege zu führen. Um Kriege zu führen, reicht nicht nur die technische Vorbereitung, es ist Charakter nötig."[245]

Bossi pflegt einen intensiven "Männlichkeitskult"[246] und präsentiert sich als Frauenheld, was zu dem typischen Profil eines "heldenhaften Volksanführers" gut passt[247]:

---
[240] vgl. Tanzmeister 1998, a.a.O., S. 247.
[241] Bossi/Vimercati 1992, a.a.O., S. 59, eigene Übersetzung.
[242] ebda., S. 58, eigene Übersetzung.
[243] Biorcio 1997, a.a.O., S. 239.
[244] L'Espresso, 11.7.1993, o. S., eigene Übersetzung.
[245] Interview von Luciano Costantini mit Bossi vom 12.6.1992, abgedruckt in Luciano Costantini: Dentro la Lega. Come nasce, come cresce, come comunica, Roma 1994, a.a.O., S. 212 f., eigene Übersetzung.
[246] vgl. Möller, a.a.O., S. 357.
[247] Biorcio 1997, a.a.O., S. 239.

"Gefühlsmäßig habe ich meine Frau nie betrogen. Körperlich? Ich ziehe es vor nicht zu antworten: ich reise viel, ich bin oft weit weg von zu Hause."[248]
Auffällig ist, dass sich Bossi oftmals mit historischen Kämpfern vergleicht. Er identifiziert sich beispielsweise mit König Artus und stellt damit eine Verbindung zur keltischen Mythologie her, die auch bei seinen Symbolisierungsstrategien eine wichtige Rolle spielt. Als Bossi im Dezember 1994 die Regierung Berlusconi, an der er selbst beteiligt war, mit einem Misstrauensantrag zu Fall brachte, beschrieb er sich als König Artus, der gegen den Ritter mit der goldenen Maske kämpfe.[249] König Artus ist der Legende nach ein keltischer Held und edler Ritter, der als Jugendlicher eine Heldentat vollbrachte, indem er als einziger ein magisches Schwert aus einem Stein zu ziehen vermochte, was ihn als rechtmäßigen König legitimierte.[250] Dieser Vergleich dient Bossi dazu, sich als "rechtmäßiger Volksanführer" zu präsentieren, der als einziger in der Lage ist, die Probleme Norditaliens zu lösen. Roberto Maroni (Lega Nord), zur Zeit italienischer Arbeitsminister, untermauerte dieses Image Bossis anlässlich der "padanischen Unabhängigkeitserklärung" und der sie begleitenden Festivitäten der Lega Nord entlang des Po-Ufers vom 13. bis 15. September 1996:

"Es gibt nicht den geringsten Zweifel, dass Umberto sich wie Artus fühlt. Er hat das Schwert aus dem Felsen gezogen, das Schwert der Unabhängigkeit, er war dort erfolgreich, wo alle anderen gescheitert sind. Und jetzt vom 13. bis 15. September trägt er den Gral, das heißt die Ampulle mit dem Wasser aus dem Po von der Quelle bis zur Mündung..."[251]

Im Wahlkampf 1996, zu dem die Lega ohne vorherige Bündnisabsprachen angetreten war, nutzte Bossi einen populären Kinofilm für seine Kommunikationsstrategien: *Braveheart* mit Mel Gibson als Regisseur und Hauptdarsteller aus dem Jahr 1994. Der Film handelt von der schottischen Rebellion, die im Mittelalter von William Wallace (etwa 1270-1305) gegen die englische Monarchie angeführt wurde. Bossi versetzte sich in die Rolle von Mel Gibson, der in dem Film William Wallace verkör-

---

[248] Epoca, 28. Oktober 1992, zitiert nach Giusti, a.a.O., S. 50, eigene Übersetzung.
[249] McCarthy 1997[b], a.a.O., S. 344.
[250] Über König Artus sind nur wenige historische Fakten bekannt. Um ihn ranken sich zahlreiche Mythen und Legenden, die sich bis in die Literatur und die Filme der Gegenwart verfolgen lassen. Bekannt sind vor allem die Erzählungen aus dem Mittelalter über König Artus und seine Ritter der Tafelrunde (siehe ausführlich Sylvia und Paul F. Botheroyd: Lexikon der keltischen Mythologie, München 1992, S. 25 f. und Alexander Demandt: Die Kelten. Zweite Auflage, München 1999, S. 106 ff.)

perte, und wies Romano Prodi (damals parteiloser Führer des Mitte-Links-Bündnisses), Massimo D'Alema (damals Parteiführer der Demokratischen Partei der Linken) und Silvio Berlusconi die Rollen der Krieger des englischen Königs zu.[252] Er verzichtete jedoch darauf, das Ende der realen Rebellion wie auch des Films zu erwähnen, bei dem William Wallace nach grausamen Foltern hingerichtet und geviertelt wurde.

Der Vergleich mit einem populären Helden der keltischen Mythologie und einem bekannten Filmhelden dient Bossi dazu, insbesondere die niedrig gebildeten WählerInnen anzusprechen.[253] Bossi baut sich ein Helden-Image auf, das jedoch mit demjenigen aus der Typologie von Schwartzenberg nichts zu tun hat. Während der Held in Schwartzenbergs Typologie feierlich und erhaben erscheint und eines seiner Hauptmerkmale in der Distanz zum "normalen Volk" besteht[254], inszeniert sich Bossi als "heldenhafter Volksanführer" und Kämpfer, der sein Volk vom "Kolonialjoch der italienischen Republik"[255] befreien möchte.

2.2. Negative-Campaigning

"Ich beschimpfe niemals die Gegner. Ich überlege immer und beweise, was ich sage. Dann lege ich vielleicht die kandierte Kirsche des farbigen Ausdrucks darauf."[256] Diese Aussage Bossis kontrastiert erheblich mit seinen tatsächlichen Kommunikationsstrategien, bei denen die persönliche Attacke der politischen Gegner eine wichtige Rolle spielt und sich durch eine große verbale Härte auszeichnet.[257] Bossi gab der Lega Nord zu Beginn der 1990er Jahre ein radikales Antiparteien-Image. Er kritisierte die *partitocrazia* und inszenierte sich als Opposition zu den bestehenden Parteien. Trotz zeitweiliger Bündnisabsprachen und der Übernahme von Regierungsverantwortung gemeinsam mit anderen Parteien änderte Bossi diese Strategie nicht.

---

[251] L'Espresso, 19. September 1996, S. 51, eigene Übersetzung.
[252] vgl. McCarthy 1997[b], a.a.O., S. 343.
[253] ebda., S. 344.
[254] Schwartzenberg, a.a.O., S. 25.
[255] Bossi zufolge ist der Norden Italiens von den SüditalienerInnen und dem römischen Zentralstaat auf den Status einer Kolonie reduziert worden. Siehe hierzu ausführlich das Kapitel zu den Thematisierungsstrategien von Bossi.
[256] Bossi zitiert nach Tanzmeister 2000[a], a.a.O., S. 26.
[257] ebda., S. 25 f.

2.2.1. Die italienischen Parteien und Parteiführer

Dem radikalen Antiparteien-Image der Lega Nord entsprechend attackiert Bossi alle italienischen Parteien und ihre Parteiführer. Dieses Negative-Campaigning ist nicht an eine bestimmte Phase in der Entwicklung der Lega Nord geknüpft, sondern in der Kommunikation Bossis immer präsent. Eine besonders starke Ausprägung des Negative-Campaignings, das oftmals mit persönlichen Beleidigungen der politischen Gegner einhergeht, ist jedoch zu Beginn der 1990er Jahre feststellbar, als das bestehende Parteiensystem aufgrund zahlreicher Korruptionsaffären zusammenbrach und das Misstrauen der italienischen WählerInnen in die Parteien wuchs. Bossi griff in dieser Phase die Ressentiments der ItalienerInnen auf und schlug daraus politisches Kapital, indem er die Lega Nord als radikale Opposition zu den in die Krise geratenen Parteien präsentierte. Im Parlament zeigten die Abgeordneten der Lega die Schlinge eines Henkerstricks und demonstrierten damit medienwirksam, was sie für die angemessenste Lösung der Krise der politischen Klasse Italiens hielten.[258] Die DC, die von 1948 bis 1994 ohne Unterbrechung an der italienischen Regierung beteiligt war, wurde von Bossi als "Partei der Kanaillen"[259] und "Partei der Mafia"[260] bezeichnet. Ihre Mitglieder charakterisierte er als "HIV-Positive der Parteienherrschaft"[261]. Bossi sprach des Weiteren von "einem Korb voll ekelerregenden Schnecken, die einmal nach links und einmal nach rechts ihre Spuren ziehen."[262] Den langjährigen Parteiführer der DC, Giulio Andreotti, charakterisierte Bossi wie folgt: "Andreotti ist eine Spinne. Man muss zugeben, dass Andreotti ein geschickter Stratege ist. Auch körperlich hat er das Aussehen einer Spinne."[263]. Die Abkürzung PDS, die für *Partito Democratico della Sinistra* (Demokratische Partei der Linken) steht, wurde von Bossi abgewandelt in *"Partito Dei Soldi"* (Partei des Geldes), *"Partito Dei Somari"* (Partei der Esel), *"Partito della Sfiga"* ("Partei der Faulenzer")[264]. Den neofaschistischen MSI (*Movimento Sociale Italiano*; Soziale Bewegung Italiens), aus dem die postfaschistische Alleanza Nazionale (AN) hervorging, bezeichnete Bossi als "Partei, die

---

[258] vgl. Schmidtke, a.a.O., S. 93; Petersen, a.a.O., S. 171.
[259] zitiert nach Ottomani, a.a.O., S. 35, eigene Übersetzung.
[260] zitiert nach ebda., S. 109, eigene Übersetzung.
[261] zitiert nach Giusti, a.a.O., S. 86, eigene Übersetzung.
[262] zitiert nach Desideri 1994, a.a.O., S. 26, eigene Übersetzung.
[263] zitiert nach Ottomani, a.a.O., S. 108, eigene Übersetzung.
[264] zitiert nach Giusti, a.a.O., S. 87, eigene Übersetzung.

gegen den Wind pisst"[265]. Die Alleanza Nazionale charakterisierte er als "faschistischen Saustall".[266] Damit diskreditierte er sie als "rechts außen" und gab der Lega Nord, die wie die AN fremdenfeindliche Themen kommuniziert, eine scheinbare Legitimität. Selbst innerhalb der ersten Regierungskoalition mit Berlusconi (Mai bis Dezember 1994), an der neben einigen kleineren Parteien auch die Alleanza Nazionale unter Fini beteiligt war, milderte Bossi seine Angriffe gegen die Parteien, auch diejenigen, mit denen er selbst koalierte, nicht, sondern präsentierte die Lega Nord als die "Opposition in der Regierung"[267].

Besonders stark ausgeprägt ist Bossis Negative-Campaigning gegenüber Berlusconi, das besonders für den Zeitraum zwischen 1995 und 1998 charakteristisch ist, als sich sowohl die Lega Nord als auch Forza Italia in der Opposition befanden. Bossi wollte damit an eigenem Profil gewinnen und sich von Berlusconi abgrenzen, der ihm das Monopol des Antiparteienprotestes streitig gemacht hatte, ebenso wie er Steuererleichterungen forderte, die Leistungsunfähigkeit der Bürokratie beklagte und die Kleinunternehmer ansprach[268]. Dadurch hatte Bossi zahlreiche gemäßigte WählerInnen an Berlusconi verloren, der telegener und in seiner Sprache weniger rüde war, und deshalb als "gemäßigter Bossi" empfunden wurde.[269] Das zeigte sich insbesondere bei den Europawahlen 1994, die durch einen Stimmeneinbruch der Lega Nord auf 6,6 Prozent (von 8,4 Prozent bei den Parlamentswahlen 1994) vor allem zugunsten von Forza Italia gekennzeichnet waren.[270] Bossi verfolgte deshalb die Strategie, die persönliche Integrität und Glaubwürdigkeit Berlusconis in Frage zu stellen. Er griff den öffentlichen Verdacht gegen Berlusconi, Kontakte zur Mafia zu pflegen, auf und machte ihn zum Zentrum seines Negative-Campaignings gegen den Parteiführer von Forza Italia. Er bezeichnete Berlusconi unter anderem als "Mafioso von Arcore"[271] und sprach ihm das Recht ab, sich weiter in der italienischen Politik zu engagieren:

> "Berlusconi verfolgt die Strategie eines Mafioso. Die Rituale im Hause Berlusconi scheinen dem 'Paten' entnommen, und der benimmt sich wie ein

---

[265] zitiert nach Ottomani, a.a.O., S. 35, eigene Übersetzung.
[266] zitiert nach Ignazi, a.a.O., S. 130.
[267] Diamanti 1995, a.a.O., S. 130.
[268] vgl. Biorcio 2000, a.a.O., S. 254.
[269] Bordon, a.a.O., S. 170. Vgl. auch Brütting, Richard: "Die Lega Nord"; in: Ferraris, Graf Luigi Vittorio/Trautmann, Günter/Ullrich, Hartmut (Hrsg.): Italien auf dem Weg zur "zweiten Republik"? Die politischen Entwicklungen Italiens seit 1992, Frankfurt am Main 1995, S. 216.
[270] Biorcio 1997, a.a.O., S. 80.
[271] zitiert nach Biorcio 2000, a.a.O., S. 255.

alter Boß. Er küßt die Leute ständig auf die Wange, umarmt sie, ist übertrieben herzlich, aber hintenherum läßt er sie kontrollieren. Ihm gelingt es tatsächlich niemals die Wahrheit zu sagen. Er ist ein perfekter Lügner."[272]

"Ins Gefängnis gehörte er! Aber wenn schon nicht dahin, dann jedenfalls nicht in die Politik. Wer eine dunkle Vergangenheit besitzt, über die er sich ausschweigen muß, wer eine Gegenwart mit dunklen Flecken auf der Weste hat, der kann nicht der Bezugspunkt der Erneuerung Italiens sein."[273]

Diese verbalen Angriffe Bossis gegen Berlusconi fanden ihren Niederschlag auf Plakaten der Lega Nord. Auf einem Plakat für die Gemeindewahlen im November 1998 wurde Berlusconi beispielsweise unvorteilhaft von der Seite abgebildet, wodurch sein lichtes Haar, das er auf eigenen Fotos geschickt kaschiert, so ungünstig betont wurde, dass er kahlköpfig erschien. Neben Berlusconis Gesicht stand in fetten Buchstaben:

"Berlusconi bist Du ein Mafioso? Forza Italia, vom Süden gegründet, um zu verhindern, dass die Lega im Norden gewinnt und Rom eine Veränderung auferlegt. Mitglied der P2 (Geheimloge, T.S.) antworte!"[274]

In dieser Plakataufschrift führte Bossi gegen Berlusconi neben dem Vorwurf der Zusammenarbeit mit der Mafia zusätzlich dessen wahrscheinliche Mitgliedschaft in der ehemaligen Geheimloge P2 (*Propaganda 2*)[275] ins Feld. Diese Geheimloge hatte zwischen 1968 und 1976 zunächst einen rechtsautoritären Umsturz geplant und nach dem Scheitern aller Putschpläne bis zu ihrem Verbot 1981 auf eine schrittweise Penetration der zentralen Machtstellen durch ausgewählte Repräsentanten eines autoritärtechnokratischen Ordnungsmodells hingearbeitet.[276] Diese wahrscheinliche Mitgliedschaft Berlusconis in der Geheimloge P2 hatte Bossi bereits im Sommer 1998 für sein

---

[272] Die Woche, 17.3.1995, o.S.
[273] ebda.
[274] Plakat der Lega Nord vom 15. November 1998, Quelle: Parteizentrale der Lega Nord in Mailand.
[275] Berlusconi bestreitet die Mitgliedschaft, stand jedoch auf der Mitgliederliste der P2.
[276] Die Existenz umstürzlerischer Pläne der P2-Loge wurde in der Öffentlichkeit erst im Mai 1981 bekannt. Mitglieder der P2 waren Bankiers, Diplomaten, Militärs, Carabinieri, Mitglieder des Rotary Clubs, Deputierte des Parlaments, Angehörige der Geheimdienste und einige Minister. Vgl. zur Geheimloge P2 ausführlich Trautmann, Günter: "P2/Propaganda 2"; in: Brütting, Richard (Hrsg.): Italien-Lexikon. Schlüsselbegriffe zu Geschichte, Gesellschaft, Wirtschaft, Politik, Justiz, Gesundheitswesen, Verkehr, Presse, Rundfunk, Kultur und Bildungseinrichtungen

Negative-Campaigning benutzt. Auf einem Plakat der Lega vom 16. Juni 1998 ist eine vermummte Person mit einer Kapuze des Ku-Klux-Klan abgebildet, die die linke Hand zum *victory*-Zeichen erhebt. Unter dem Bild ist folgendes zu lesen: "P2 - Ausweis Nr. 1816. Es ist Berlusconi, der zu Euch spricht: Helft uns zurückzukehren!" Darunter folgt die Aufforderung der Lega: "Die Partei des Mafioso, nie!"[277] Bossi spielte zudem mit dem Namen Berlusconis. Er nannte ihn unter anderem *Berluscosa* (cosa = Sache) und verwandelte ihn damit sprachlich in ein Objekt.[278] Er bezeichnete ihn als *Berluskaiser*[279] und stellte ihn in mehreren Bemerkungen als mit der Demokratie inkompatibel dar: "Berlusconi ist wie Goebbels"[280], "Berlusconi ist schlimmer als Pinochet"[281]. Des Weiteren charakterisierte er ihn als "Frankenstein der Politik" und "antidemokratisches Monster".[282]

Bossi zielt mit seinen Personalisierungsstrategien darauf ab, sich durch positive Selbstdarstellung das Image des "volksnahen Politikers", der sich um die Belange der "einfachen Leute" kümmert, zu geben und gleichzeitig alle anderen italienischen Parteien als korrupt und ausschließlich von eigenen Interessen geleitet darzustellen. In der Typologie von Schwartzenberg erfüllt Bossi Rollenelemente des "Herrn Jedermann". Er distanziert sich von den Intellektuellen und Berufspolitikern und macht den norditalienischen Wählerinnen und Wählern durch seinen Bezug auf das "individualistische Arbeitsethos des Nordens" ein Identifikationsangebot. Die zweite Imagekategorie, die Bossi ausfüllt, ist diejenige des "heldenhaften Volksanführers". Durch seinen Bezug auf populäre Helden wie König Artus und William Wallace spricht Bossi insbesondere die niedrig gebildeten und wenig politisierten WählerInnen an. Darauf abgestimmt ist das radikale Antiparteienprofil, das in Bossis ausgeprägtem Negative-Campaigning gegenüber allen anderen italienischen Parteien zum Ausdruck kommt.

(Grundlagen der Romanistik, Band 20), Berlin 1997, S. 551-553. Siehe auch Losano, a.a.O., S. 18-22.
[277] Plakat der Lega Nord vom 16. Juni 1998, Quelle: Parteizentrale der Lega Nord in Mailand.
[278] Patrick McCarthy: Il silenzio e le fiabe: Linguaggio e politica di fine secolo, Torino 1997ᶜ, S. 46.
[279] ebda.
[280] zitiert nach Biorcio 2000, a.a.O., S. 255, eigene Übersetzung.
[281] zitiert nach ebda., eigene Übersetzung.
[282] DPA-Meldung, 12. Februar 1995.

3. Die Thematisierungsstrategien von Umberto Bossi

Auf den ersten Blick scheint Bossi keine Thematisierungsstrategien zu verfolgen, sondern seine Themen völlig beliebig zu wechseln. Diese scheinbar ungeplanten und unkoordinierten Themenwechsel entpuppen sich bei einer näheren Untersuchung jedoch als Volten. Charakteristisch für die Themenwahl Bossis ist eine Kontinuität in der scheinbaren Diskontinuität. Eine nähere Betrachtung der auf den ersten Blick sehr unterschiedlichen Themen zeigt, dass sie alle eines gemeinsam haben: alle dienen dazu, eine künstliche "Nord-Identität" aufzubauen und angebliche Feinde dieser Identität zu definieren. Grundlegend für die Kommunikationsstrategien von Bossi sind vier Themenfelder: der Nord-Süd-Konflikt, die Immigration aus Nicht-EU-Ländern, die föderalistischen und sezessionistischen Forderungen und die Verteidigung konservativer Werte. Diese Themen sind in den Kommunikationsstrategien Bossis von den Anfängen der Lega Nord bis in die Gegenwart präsent. Je nach der politischen Situation werden sie jedoch unterschiedlich gewichtet und mehr oder weniger radikal problematisiert. Bossis Themen sind größtenteils nicht neu, sie wurden zuvor aber noch nicht explizit von einer anderen Partei kommuniziert. Bossi stellt den WählerInnen die Themen nicht abstrakt dar, sondern verdeutlicht sie mittels konkreter Probleme aus dem Alltagsleben. Der Einzelne wird als Mitglied einer Gemeinschaft, die von einem Problem kollektiv betroffen ist, direkt angesprochen und mobilisiert. Bossi verfolgt das Ziel, dem Wähler zu signalisieren, dass die von der Lega thematisierten "Probleme" in Italien unmittelbare Auswirkungen auf dessen eigene Angelegenheiten haben. Dadurch soll persönliche Betroffenheit hergestellt und im Einzelnen das Bedürfnis nach Protest gegen die bestehenden Verhältnisse geweckt werden.[283] Charakteristisch für die Themenvermittlung Bossis ist der direkte Kontakt mit den WählerInnen auf Versammlungen und Festen der Lega Nord sowie der kontinuierlich starke Einsatz von Plakaten, der nicht vorrangig an Wahlkampfzeiten geknüpft ist. Diese Plakate werden Mario Cavallin zufolge von Bossi selbst entworfen und anschließend von der Marketingabteilung der Lega Nord in Mailand graphisch umgesetzt. Die Plakate stellen laut Cavallin das wichtigste Kommunikationsmittel der Lega dar.[284] Zwischen 1990 und 1999 veröffentlichte die Lega Nord über 300 verschiedene Plakat-

---

[283] Fix, a.a.O., S. 138.
[284] Persönliches Interview mit Mario Cavallin im Parteisitz der Lega Nord in Mailand, 18. Juli 2000.

motive.[285] Diese "traditionellen" Kommunikationsformen stammen aus den Anfängen von Bossis politischer Tätigkeit als die autonomistischen Leghe auf sehr geringe Medienresonanz stießen.[286] Obwohl die Lega Nord seit ihren Wahlerfolgen zu Beginn der 1990er Jahre die Medienbarrieren überwunden hat, spielt der direkte Kontakt Bossis mit den Wählerinnen und Wählern auf Versammlungen der Lega Nord nach wie vor eine zentrale Rolle in seinem Kommunikationsmanagement. Bossi ist ein Versammlungsredner und bringt sein rhetorisches Talent am Besten auf solchen Veranstaltungen zur Geltung.[287] Die Berichterstattung der Medien stimuliert Bossi in erster Linie durch Provokationen und kontroverse Pseudoereignisse. Um das Rebellenimage der Lega zu betonen, vermittelt Bossi gleichzeitig den Eindruck, dass er sich von den Medien distanziere, indem er ihnen vorwirft, nur im Interesse der Wirtschaft und der Parteien "des alten Regimes" zu berichten.[288] Bossi passt seine äußere Erscheinung bewusst nicht dem Fernsehen an, wie dies die meisten anderen Berufspolitiker tun, und inszeniert sich bei Fernsehauftritten als Politiker, der gezwungen ist, dieses Medium für seine politische Kommunikation zu benutzen, weil dies zur modernen Politikvermittlung gehört und die anderen Politiker ebenfalls auf diese Weise kommunizieren, sich dabei aber nicht wohlfühlt. Er will den Eindruck vermitteln, dass er mit "diesen Sachen da"[289] nichts zu tun habe.[290]

3.1. Der Nord-Süd-Konflikt

Grundlegend für Bossis Kommunikationsstrategien ist die Thematisierung des Nord-Süd-Konflikts aus der Sicht der reichen Regionen Norditaliens. Auf der Grundlage dieses *cleavages,* das zwar schon seit der italienischen Einigung im 19. Jahrhundert die politische Kultur Italiens prägt, von Bossi jedoch erstmals als Identitätsressource einer politischen Partei instrumentalisiert und in die politische Debatte eingebracht wurde, kann die Lega Nord in Gegnerschaft zu allen übrigen italienischen Parteien WählerInnenstimmen mobilisieren.[291]

---

[285] Plakat-Archiv der Lega Nord-Parteizentrale in Mailand.
[286] Biorcio 1997, a.a.O., S. 197.
[287] Mark Gilbert: "Warriors of the new Pontida: The challenge of the Lega Nord to the Italian party system"; in: The Political Quarterly 64 (1993), No. 1, S. 100.
[288] Bossi 1996, a.a.O., S. IX.
[289] So die Ausdrucksweise Bossis im Bezug auf das Fernsehen und die mediale Inszenierung.
[290] Alberto Sensini: Caro Silvio, caro Massimo. La neolingua della politica, Roma 1997, S. 49.
[291] Fix, a.a.O., S. 146.

Der in der norditalienischen Gesellschaft latent vorhandene *Antimeridionalismus*, das heißt die Ressentiments vieler NorditalienerInnen gegenüber ihren Landsleuten im Süden[292], wurde von Bossi aufgegriffen und mobilisiert, um eine künstliche Identität "des Nordens" zu schaffen, die de facto nicht existiert, weil der Norden weder eine gemeinsame Identitätsbasis noch eine gemeinsame Geschichte aufweist.[293] Bossi verfolgte die klassische Kommunikationsstrategie populistischer Parteien, indem er dem Aufbau eines Feindbildes mehr Bedeutung zumaß als der Bestimmung der Eigenschaften Norditaliens beziehungsweise der "padanischen Völker".[294]

Die Thematisierung des Nord-Süd-Konfliktes hatte zunächst bei der Gründung und Entwicklung der autonomistischen Leghen in den 1980er Jahren eine wichtige Rolle gespielt. In dieser Phase hatte Bossi als Parteiführer der Lega Lombarda die Nord-Süd-Problematik in Italien zum Zentrum seiner politischen Kommunikation gemacht. Anfang der 1990er Jahre trug er damit zu einem Paradigmenwechsel bei. Wurde die Spaltung Italiens traditionell unter dem Schlagwort der *Südfrage* erörtert, bestimmt seit den Wahlerfolgen der Lega Nord die *Nordfrage* die öffentliche Diskussion.[295] In der populistischen Rhetorik Bossis ist der Norden Italiens auf den Status einer Kolonie reduziert, die von den RömerInnen und SüditalienerInnen ausgebeutet wird.[296] Charakteristisch für die Art und Weise, mit der Bossi den Nord-Süd-Konflikt thematisiert, ist das wohl bekannteste Plakat der Lega, mit dem Bossi zum ersten Mal 1988 geworben hatte, und das seitdem immer wieder in abgewandelter Form erschien. Auf ihm ist eine gesunde, kräftige Henne zu sehen, die goldene Eier legt. Die Henne befindet sich in Norditalien beziehungsweise in einer norditalienischen Region wie beispielsweise der Lombardei oder auf späteren Plakaten in Padanien. Vor ihrem Nest steht eine grinsende, dicke Bäuerin aus Rom, die den Korb aufhält und die kostbaren Produkte des Nordens stiehlt.[297] Bossi thematisiert mit dieser populistischen Darstellung die aus seiner Sicht zu hohe Steuerbelastung der reichen Regionen Norditaliens

---

[292] In einer Umfrage des soziologischen Instituts der Universität Mailand aus dem Jahre 1984 erklärte sich beispielsweise mehr als ein Drittel der Befragten aus der Lombardei (35,2 Prozent) einverstanden mit der Aussage "Wenn es in der Lombardei weniger SüditalienerInnen geben würde, ginge es uns besser". Besonders die älteren und weniger gebildeten Befragten äußerten sich gegen die SüditalienerInnen (Biorcio 1997, a.a.O., S. 138 f.)
[293] Tanzmeister 2000ª, a.a.O., S. 43.
[294] Biorcio 1997, a.a.O., S. 135.
[295] ebda., S. 134.
[296] Tanzmeister 2000ª, a.a.O., S. 39.
[297] Das Plakat ist abgedruckt in Mario Cavallin: La Lega Nord attraverso i manifesti, Milano 1996, S. 19; zu neueren Auflagen des Plakates siehe ebda. S. 26, S. 55, S. 85.

und die staatliche soziale Umverteilungspolitik, die dem wirtschaftlich weniger erfolgreichen Süden zugute kommt.[298] Den Protest gegen den steuerpolitischen "Raub der Ressourcen"[299] bringt Bossi auch in dem populistischen Slogan *"Roma ladrona, la Lega non perdona"* ("Diebisches Rom, die Lega verzeiht nicht") zum Ausdruck. Zu Beginn der 1990er Jahre rief Bossi mehrmals zum Steuerstreik auf[300], was besonders medienwirksam war, jedoch ebenso wie seine Aufforderung die Steuern nicht an den Staat, sondern an ein lokales Büro der Lega Nord zu überweisen, ohne konkrete Folgen blieb.[301] Der Steuerprotest dient Bossi dazu, den in (Nord-)Italien weitverbreiteten Unmut über eine ineffiziente Staatsbürokratie und die oftmals willkürliche Praxis der steuerlichen Abgaben in politisches Kapital für die Lega zu verwandeln. Bossi fordert, jede Region Italiens solle nur die selbst erwirtschafteten Gelder ausgeben dürfen.[302] Dies käme insbesondere den reichen Regionen Norditaliens wie beispielsweise der Lombardei zugute. Bossi spricht mit diesen Forderungen vor allem die norditalienischen Kleinunternehmer und Angestellten in der mittelständischen Industrie an, die, im Gegensatz zu vielen ihrer Arbeitskollegen im Süden, nicht von der Staatswirtschaft profitieren.[303] Als gemeinschaftsstiftendes Element der norditalienischen Regionen führt Bossi die individualistische Arbeitsethik der NorditalienerInnen an, durch die diese sich angeblich vom unterentwickelten Süden abgrenzen[304]:

"Auch die Immigration aus dem Süden hat gewisse ethnische Merkmale nicht aufgenagelt; und das was am meisten zählt, sie hat die Arbeitsethik nicht verändert – eine merkwürdige Mischung aus Calvinismus und katholischer Moral –, die meiner Meinung nach zusammen mit dem Individua-

---

[298] Tanzmeister 2000ª, a.a.O., S. 39.
[299] ebda., S. 45.
[300] siehe beispielhaft folgende Aufforderung Bossis auf einem Fest der Lega in Brescia im September 1992: "Ich lade alle Bürger dazu ein, die Haussteuer nicht zu zahlen. Vor mehr als hundert Jahren hatten die Mailänder aufgehört zu rauchen: sie fühlten die moralische Pflicht diese ungerechte von den Österreichern eingeführte Steuer auf Zigarren nicht zu zahlen. Nun gut, heute kann die Lombardei die ziehende Kraft des Landes sein: weil wir diese Steuer hier nicht bezahlen! Es soll sich niemand mehr trauen morgens beim Rasieren in den Spiegel zu schauen, wenn er die Haussteuer bezahlt!"(zitiert nach Giusti, a.a.O., S. 99, eigene Übersetzung.)
[301] Losano, a.a.O., S. 104 f.
[302] vgl. Schmidtke, a.a.O., S. 93.
[303] ebda.
[304] ebda., S. 89.

lismus, dem demokratischen Liberalismus und dem Lokalpatriotismus das charakteristische Gut unserer Völker Norditaliens darstellt."[305]

Wegen des repräsentativ hohen Anteils von süditalienischen Richterinnen und Richtern sowie Lehrerinnen und Lehrern in Norditalien polemisiert Bossi gegen die "Kolonialjustiz" und die "Kolonialschule".[306] Des Weiteren kritisiert er auf populistische Art und Weise die *Meridionalisierung* des öffentlichen Dienstes und Verwaltungsapparates, die er auf eine gezielte Klientelpolitik der gegnerischen Parteien zurückführt, die rein wahltaktisch motiviert sei.[307] Die süditalienischen Verwaltungsangestellten seien nicht leistungsfähig und würden oft von der Arbeit fernbleiben.[308] Das Feindbild des faulen und schmarotzenden Süditalieners findet in der Verwendung des Schimpfworts *terrone* (mit den dialektalen Varianten *teron*, *terùn*) seinen Ausdruck.[309]

Zeitweise milderte Bossi aus wahlkampfstrategischen Gründen seine Anti-Süd-Rhetorik. Da nach der erfolgreichen Konsolidierung der Lega Nord in Norditalien sein Ziel für die Parlamentswahlen 1994 darin bestand, auf nationaler Ebene an politischer Bedeutung zu gewinnen und Regierungspartei zu werden, war er aufgrund des seit 1993 geltenden Wahlsystems mit starker Mehrheitskomponente darauf angewiesen, ein Wahlbündnis zu schließen.[310] Um bündnisfähig zu sein, musste Bossi auf seine ausgeprägte Anti-Süd-Rhetorik verzichten und allen ItalienerInnen ein politisches Angebot machen. Die Medienauftritte Bossis zielten deshalb auf Normalisierung, Entpolarisierung und Abschwächung der antimeridionalistischen Tendenzen.[311] Gleichzeitig rückte er die Thematisierung der Immigration aus Nicht-EU-Ländern ins Zentrum seiner politischen Kommunikation. Die AnhängerInnen der Lega leugneten in dieser Phase Ressentiments gegenüber den SüditalienerInnen, indem sie darauf verwiesen, Freunde oder Verwandte süditalienischer Abstammung zu haben.[312] Bossi führte seine Ehe mit der Tochter eines Sizilianers an, um zu beweisen, dass er im Grunde keine Vorurteile gegenüber SüditalienerInnen habe:

---

[305] Bossi/Vimercati 1992, a.a.O., S. 160, eigene Übersetzung.
[306] Tanzmeister 2000[a], a.a.O., S. 39.
[307] Gian Enrico Rusconi: "Die Nation als Interessengemeinschaft? Zur Herausforderung der Lega in Italien"; in: Merkur 48 (1994), H. 1, S. 22.
[308] Biorcio 1997, a.a.O., S. 138.
[309] Tanzmeister 2000[a], a.a.O., S. 92.
[310] Fix, a.a.O., S. 143.
[311] Bordon, a.a.O, S. 170.
[312] Biorcio 1997, a.a.O., S. 140.

"Ich machte mich ab und zu über sie lustig, ich nannte sie 'terrona', weil sie die Tochter eines Sizilianers ist, aber sie wusste immer, dass ich scherzte. Ja, Manuela hat sofort verstanden, dass es in meiner politischen Auffassung des Föderalismus keine Spur von Rassismus gibt. Im Gegenteil, wenn ich Dummköpfe treffe, die die Frage des nordistischen Hasses gegen den Süden aufwerfen, antworte ich immer: 'Sieh mal, Du sprichst mit einem, der mit einer 'terrona' zusammenlebt!' "[313]

Trotz dieser vorübergehenden Milderung der Anti-Süd-Rhetorik behielt der Antimeridionalismus jedoch seine zentrale Rolle in der Identität der Lega Nord und verhinderte ihre Ausdehnung nach Süditalien.[314] Nach dem Bruch der Regierungskoalition mit Berlusconi verschärfte Bossi seine Anti-Süd-Rhetorik noch einmal, um die spezifische Identität der Lega Nord in Abgrenzung zu den anderen italienischen Parteien herauszustellen und zu festigen. Im November 1995 griff ein Plakat der Lega das Thema der "Kolonialjustiz" erneut auf: *"Colonialismo terrone alt! Al Nord giudici del Nord"* ("Stopp dem Kolonialismus der faulen Süditaliener! Für den Norden Richter aus dem Norden.")[315] Im Oktober 1996 lautete die Forderung: *"Giudici Padani In Padania. Via il Colonialismo e il Razzismo Italiano."* ("Padanische Richter in Padanien. Weg mit dem italienischen Kolonialismus und Rassismus.")[316] Die Polemik gegen die "Kolonialschule" wurde ebenfalls wieder aufgegriffen. Charakteristisch ist folgende Plakataufschrift der Lega Nord:

"Es reicht mit der Kolonialschule!
Damit man in unseren Schulen unsere Sprache spricht und unsere Luft atmet.
Damit unsere Lehrer nicht arbeitslos bleiben, um dem Privileg anderer Platz zu machen.
Damit unsere Kinder gute Verteidiger unserer Freiheiten werden und nicht gute Sklaven."[317]

Diese Polemik gegen die SüditalienerInnen steigerte sich mit den Sezessionsforderungen Bossis, die zwischen 1995 und 1998 im Zentrum seiner politischen Kommu-

---
[313] Bossi/Vimercati 1992, a.a.O., S. 53, eigene Übersetzung.
[314] Biorcio 1997, a.a.O., S. 141 f.
[315] zitiert nach ebda., eigene Übersetzung.
[316] Plakat der Lega Nord vom 14. Oktober 1996, Quelle: Parteizentrale der Lega Nord in Mailand, eigene Übersetzung.

nikation standen. Obwohl er seine Anti-Süd-Rhetorik danach wieder milderte und das Thema der Immigration aus Nicht-EU-Ländern erneut stärker thematisierte, bleibt der Nord-Süd-Konflikt weiterhin eine wichtige Identitätsressource der Lega Nord. Die WählerInnen der Lega Nord schätzen das Nord-Süd-*cleavage* weitaus wichtiger ein als die WählerInnen der anderen italienischen Parteien.[318] Eine besonders herausgehobene Rolle spielt dieses *cleavage* für die Sympathisantinnen und Sympathisanten der Lega Nord, also diejenigen WählerInnen, die sich am meisten mit der Partei identifizieren: 74,7 Prozent messen dem Nord-Süd-Konflikt eine hohe Wichtigkeit bei.[319]

3.2. Die Immigration aus Nicht-EU-Ländern

Mit seinen Ressentiments gegen die Immigration aus Nicht-EU-Ländern besetzt Bossi ein weiteres emotional aufgeladenes Thema, das, wie bereits ausgeführt, zeitweilig seine Anti-Süd-Rhetorik überlagert. Damit verbunden ist das Feindbild der farbigen Einwanderinnen und Einwanderer aus Entwicklungsländern, insbesondere aus Afrika[320], die kulturell nicht assimilierbar seien und den NorditalienerInnen die ohnehin knappen Arbeitsplätze wegnähmen.[321] Die Ressentiments gegen Immigrantinnen und Immigranten aus Nicht-EU-Ländern sind seit der Gründung der Lega Nord fester Bestandteil der Kommunikationsstrategien von Bossi. Bei der Fußballweltmeisterschaft 1990 in Italien hatte er als Parteiführer der Lega Lombarda bereits darauf abgezielt, die Bevölkerung mit ausländerfeindlichen Parolen zu mobilisieren. Die Lega Lom-

---

[317] Plakat der Lega Nord vom 15. Februar 1996, abgedruckt in Cavallin, a.a.O., S. 87, eigene Übersetzung. Das Plakat stammt aus 1986 und wurde als Wahlplakat für die Parlamentswahlen 1996 wortwörtlich übernommen (siehe ebda, S. 14.)

[318] Einer Umfrage des italienischen Meinungsforschungsinstituts *Abacus* in den norditalienischen Regionen aus dem Jahr 1996 zufolge schätzen 65,8 Prozent der Lega-WählerInnen das Nord-Süd-*cleavage* als sehr wichtig ein (Alleanza Nazionale: 48,4 Prozent; Forza Italia: 46,8 Prozent). 47,6 Prozent der in den nördlichen Regionen wohnhaften ItalienerInnen bewerten dieses *cleavage* ebenfalls als sehr wichtig. Siehe zu dieser Umfrage ausführlich Biorcio 1997, a.a.O., S. 143.

[319] ebda.

[320] Fremdenfeindliche Vorschläge von Lega Nord-Mitgliedern deuten darauf hin, dass beispielsweise die Schweiz von der Lega Nord nicht als Nicht-EU-Land eingestuft wird. Drei Senatoren der Lega Nord schlugen 1996 vor, Gefangene aus Italien und der Schweiz von anderen Häftlingen aus den "Nicht-EU-Ländern" getrennt zu inhaftieren, was mit dem Wunsch nach Ordnung, Disziplin und Sicherheit sowie mit der Angst vor einer unkontrollierten Ausbreitung von Aids begründet wurde (Tanzmeister 2000^a, a.a.O., S. 91 f.)

[321] vgl. Schmidtke, a.a.O., S. 91.

barda behauptete, die Kolumbianer würden mit Kokain dealen, wenn sie in Mailand spielten. In Bologna hieß es "Schickt die Kolumbianer einfach nach Palermo, da können sie sich mit den sizilianischen Mafiosi gegenseitig totschießen"[322]. In dieser Bemerkung wird deutlich, dass Bossi die Einwanderinnen und Einwanderer aus Nicht-EU-Ländern und die SüditalienerInnen als "gleichwertige Feinde" der Lega Nord definiert. Ebenso wie die seiner Diktion nach "faulen" und "schmarotzenden" SüditalienerInnen werden die Immigrantinnen und Immigranten als "Gefahr" für die Traditionen und Werte des "arbeitsamen" norditalienischen beziehungsweise padanischen Volkes hochstilisiert. Beispielhaft ist folgende Bemerkung:

"Heute bringt das kapitalistische Wirtschaftssystem die Einwanderer aus Nicht-EU-Ländern zu uns, um die Geburt einer multirassischen Gesellschaft zu fördern mit identischen Menschen mit den gleichen Zielen und keiner Tradition, kurz und gut den großen Konsumenten, fett von Hamburgern und ertränkt in einem Meer von Coca-Cola."[323]

Gleichzeitig überlagert Bossi mit seiner populistischen Thematisierung der Immigration aus Nicht-EU-Ländern aber auch zeitweilig die "ethnische" Trennlinie zwischen Nord- und Süditalien, indem er ein *issue* kommuniziert, das beide Teile Italiens betrifft.[324] Er instrumentalisiert damit die in der gesamten italienischen Bevölkerung latent vorhandenen fremdenfeindlichen Ressentiments und instrumentalisiert ein Feindbild von außen, um eine künstliche Einheit zwischen Nord- und Süditalien herzustellen.[325] Diese Thematisierungsstrategie spielt insbesondere dann eine herausgehobene Rolle, wenn Bossi eine Regierungsbeteiligung anstrebt und deshalb wegen einer potenziellen Bündnisfähigkeit gezwungen ist, ein national relevantes Thema zu besetzen und den Konflikt zwischen Nord- und Süditalien zurückzustellen. Dies wurde im Wahlkampf 1994 deutlich, als Bossi mit seiner Polemik gegen die Immigrantinnen und Immigranten aus Nicht-EU-Ländern zeitweilig von seiner Anti-Süd-Rhetorik ablenkte. Auch im Wahlkampf für die Parlamentswahlen im Mai 2001 war diese Strategie deutlich erkennbar.

---

[322] vgl. Trautmann 1991, a.a.O., S. 301 f.
[323] Umberto Bossi/Daniele Vimercati: Processo alla Lega, Milano 1998, a.a.O., S. 13, eigene Übersetzung.
[324] Biorcio 1997, a.a.O., S. 146.
[325] ebda.

Bossi verbindet die Ressentiments gegen die Immigration aus Nicht-EU-Ländern mit Themen aus dem Bereich der Wirtschaftspolitik. Er bringt die in Norditalien vorhandene Befürchtung, im Rahmen der Globalisierung zu einer "Wirtschaftskolonie" degradiert zu werden[326] in Zusammenhang mit den "Gefahren" der Einwanderung, welche die Globalisierung beschleunige. Beispielhaft ist eine Plakataufschrift der Lega Nord aus dem Jahr 1999, die eine "brüderliche Verbundenheit" der Lega Nord mit den Immigrantinnen und Immigranten gegen die "Mächte der Wirtschaft" suggerieren soll:

> "Eingewanderter Bruder kehr in Dein Land zurück! Das hier ist unser Zuhause.
> Wenn Du hierher kommst, hilfst Du den Bankiers der USA, die Wirtschaft der anderen an sich zu reißen mit der Globalisierung, welche die Völker in Brei verwandelt. Wenn in der Gesellschaft nur noch Geld eine Rolle spielt, wird alles verloren sein: Familien, Kinder, Glauben, Werte.
> Für uns sofort.
> Für Dein Volk ab morgen.
> Ja zu einem Hilfeplan für die Entwicklungsländer.
> Nein zur Immigration ohne Arbeitsplätze. Sie taugt nur dazu, die gesellschaftliche Identität zu zerstören, die sich dem Raub der Globalisierung entgegenstellt."[327]

Solche Aussagen dienen Bossi dazu, die Lega Nord als antirassistisch zu definieren. Bossi spricht den Lega-Anhängern die Fähigkeit zum Rassismus ab und betont, dass für ihn alle Menschen gleich seien. Diese Verallgemeinerung hebt er jedoch selbst wieder auf, indem er für eine strikte territoriale Trennung von Ethnien eintritt[328], wie folgende Bemerkung zeigt:

> "Achtung: ich bin wie auch alle anderen Leghisten, die diesen Namens würdig sind, nicht zu Rassenhass fähig. Für mich sind alle Menschen gleich, in dem Sinne, dass sie alle die gleiche Würde haben. Der Schwärzeste aller Schwarzen hat dieselben Rechte wie mein Nachbar. Aber bei sich zu Hause."[329]

---

[326] Tanzmeister 2000ª, a.a.O., S. 45.
[327] Plakat der Lega Nord aus 1999, Quelle: Parteizentrale der Lega Nord in Mailand; eigene Übersetzung.
[328] Tanzmeister 2000ª, a.a.O., S. 88.
[329] Bossi/Vimercati 1998, a.a.O., S. 14, eigene Übersetzung.

Auf den Vorwurf des Rassismus antwortet Bossi des Weiteren nach dem Muster der "Opfer-Täter-Umkehr". Er geht von dem Recht auf Verteidigung der eigenen Identität aus und definiert denjenigen als Rassisten, der in eine "homogene" ethnische Traditionsgemeinschaft eindringt.[330] Bei der Bekämpfung der "wilden Einwanderung" handelt es sich demzufolge in der populistischen Rhetorik Bossis um eine "kulturelle Selbstverteidigung" der norditalienischen beziehungsweise padanischen Gesellschaft.[331] Charakteristisch ist folgende Bemerkung:

> "Viele Padanier haben heute Angst, ihre Kinder einer Gesellschaft anzuvertrauen, die ohne Wurzeln und arm an Werten ist. Eine Gesellschaft, die untergraben ist von Intoleranz und Rassismus, deren Opfer sie sind, sicher nicht deren Urheber."[332]

Die Ressentiments gegenüber Immigrantinnen und Immigranten aus Nicht-EU-Ländern, die Bossis populistischer Rhetorik zufolge die Traditionen der norditalienischen beziehungsweise padanischen Gesellschaft gefährden, sind repräsentativen Umfragen zufolge bei den WählerInnen der Lega Nord stärker ausgeprägt als bei den WählerInnen der anderen italienischen Parteien mit Ausnahme der postfaschistischen Alleanza Nazionale, bei der die Ressentiments gegenüber Immigrantinnen und Immigranten ähnlich hohe Werte erreichen.[333] Am stärksten ausgeprägt sind die Ressentiments gegenüber den Einwanderinnen und Einwanderern aus Nicht-EU-Ländern bei den Sympathisantinnen und Sympathisanten der Lega Nord.[334] Dies zeigt, dass auch

---

[330] Tanzmeister 2000ᵃ, a.a.O., S. 89.
[331] Bossi/Vimercati 1998, a.a.O., S. 15.
[332] ebda., S. 18, eigene Übersetzung.
[333] Sowohl 58,1 Prozent der Lega-WählerInnen als auch der WählerInnen der Alleanza Nazionale gaben bei einer Meinungsumfrage 1996 in Norditalien beispielsweise an, dass zu viele Immigrantinnen und Immigranten stören. 52,6 Prozent der Lega-WählerInnen meinten es sei besser, die Einwanderinnen und Einwanderer kehrten zurück gegenüber 54,7 Prozent der WählerInnen der Alleanza Nazionale. 66,9 Prozent der Lega-WählerInnen waren der Meinung, dass die Immigration aus der Dritten Welt die Kriminalität erhöhe gegenüber 63,1 Prozent der WählerInnen der Alleanza Nazionale. Siehe hierzu ausführlich die Umfrage des italienischen Meinungsforschungsinstituts *Abacus* in Biorcio 1997, a.a.O., S. 158.
[334] Bei derselben Umfrage des Meinungsforschungsinstituts *Abacus* aus dem Jahr 1996 gaben 66 Prozent der Sympathisantinnen und Sympathisanten der Lega an, zu viele Immigrantinnen und Immigranten würden stören; 60,5 Prozent waren der Meinung, es sei besser, wenn die Einwanderinnen und Einwanderer zurückkehrten und 70,7 Prozent gaben an, die Immigration aus der Dritten Welt würde die Kriminalität erhöhen (siehe Biorcio 1997, a.a.O., S. 158.)

die Ressentiments gegen die Immigration aus Nicht-EU-Ländern eine Identitätsressource der Lega Nord darstellen.[335]

3.3. Die föderalistischen und sezessionistischen Forderungen

Ein weiterer Grundpfeiler der Lega-Thematik, der eng mit der Thematisierung des Nord-Süd-Konflikts aus der Sicht der reichen Regionen Norditaliens verbunden ist, sind die föderalistischen und sezessionistischen Forderungen Bossis, die er je nach politischer Situation mehr oder weniger radikal kommuniziert. Nach dem Zusammenschluss der einzelnen autonomistischen norditalienischen Leghe zur Lega Nord setzte Bossi die geeinten Interessen des Nordens dem Süden entgegen und proklamierte statt Autonomie für einzelne Regionen den föderalen Umbau Italiens in drei Makroregionen, wobei die "Republik des Nordens" die erste der drei Regionen bilden sollte.[336] Dieses Angebot einer gesamtitalienischen Perspektive, das Bossi im Dezember 1993 auf einem Kongress der Lega Nord in Assago bekundete, war ein taktischer Schritt zur Erreichung seines Ziels, Regierungsverantwortung zu übernehmen. Um Bündnispartner für die Parlamentswahlen 1994 zu gewinnen, musste er auf radikale Forderungen verzichten und eine für alle ItalienerInnen annehmbare institutionelle Lösung anbieten.[337] In der Regierungskoalition mit Forza Italia, der Alleanza Nazionale und kleineren Parteien konnte Bossi seine föderalen Forderungen jedoch nicht durchsetzen, da Forza Italia dieser Lösung nur geringes Gewicht beimaß und die Alleanza Nazionale den Föderalismus strikt ablehnte.[338] Bossi bezeichnete Berlusconi und Fini deshalb als "Erben des alten Systems", die nicht an der Einführung einer föderalistischen Staatsordnung, durch die allein die Strukturdefekte des politischen Systems Italien beseitigt werden könnten, interessiert seien.[339] Nach dem Bruch der Regierungskoalition ersetzte Bossi die föderalistischen Forderungen durch Sezes-

---

[335] Biorcio 1997, a.a.O., S. 158.
[336] vgl. Braun, a.a.O., S. 23; Fix, a.a.O., S. 142. Da Bossi nach der erfolgreichen Konsolidierung der Lega Nord in Norditalien zu Beginn der 1990er Jahre versuchte, auch in Süditalien Fuß zu fassen, was jedoch aufgrund der langjährigen Polemik gegen die SüditalienerInnen zum Scheitern verurteilt war, baute er mit der *Lega Sud* und der *Lega Centro* zwei weitere Leghenbünde auf, welche die entsprechenden regionenübergreifenden Leghenföderationen der beiden noch zu gründenden Makroregionen, der *Republik des Zentrums* und der *Republik Südens* darstellen sollten (Fix, a.a.O., S. 143.)
[337] ebda.
[338] ebda., S. 144.
[339] ebda., S. 145.

sionspläne und die symbolische Gründung des künstlichen Staates Padanien. Diesen Schritt erklärte er auf populistische Art und Weise mit folgender Bemerkung:

> "Der Föderalismus nutzt nichts mehr. Padanien will nichts mehr mit dem Süden zu tun haben. Die terroni haben sich entschieden unter der Unterdrückung einer Führungsschicht zu leben, die rein politisch ist, der Mafia. Sie haben dieses Regime gewählt, dann sollen sie es haben. Padanien hier, der Süden und die Mafia dort."[340]

Die Forderung nach Unabhängigkeit diente Bossi dazu, die Distanz der Lega gegenüber den anderen italienischen Parteien zu markieren, in den Massenmedien wieder eine zentrale Stellung zu erlangen, erneut Fragen der territorialen Organisation und Identität in den Mittelpunkt zu rücken und vor allem das "Vaterland" zu bezeichnen, das die Lega zu konstruieren und repräsentieren beabsichtigte: den Norden Italiens.[341] Um von den WählerInnen wieder als "Partei des Nordens" wahrgenommen zu werden, distanzierte sich Bossi von allen anderen Parteien, indem er sich bei den Parlamentswahlen am 21. April 1996 sowohl dem Mitte-Rechts-Bündnis als auch dem Mitte-Links-Bündnis entgegensetzte und damit die Eigenständigkeit der Lega Nord betonte. Er präsentierte sich mit klaren Sezessionsforderungen und stilisierte die Wahlen zu einer Abstimmung über die Unabhängigkeit des Nordens hoch, bei der die Stimme für die Lega ein "Nein" zu den nationalen Parteien und politischen Lagern bedeute und ein "Ja" zur Autonomie des Nordens.[342] Um die Sezessionsforderungen in der Öffentlichkeit zu lancieren, setzte Bossi ein kontroverses Pseudoereignis ein, mit dessen Ankündigung er im Sommer 1996 eine über zwei Monate andauernde mediale Aufmerksamkeit erreichte: die symbolische Unabhängigkeitserklärung Padaniens und die sie begleitenden Festivitäten am Po-Ufer vom 13. bis 15. September 1996. Dieses Pseudoereignis wurde von Bossi mit mehreren Nachrichtenfaktoren aufgeladen. Zunächst erfüllte es den sogenannten *Schwellenfaktor*, das heißt, es war durch das Mindestmaß an Außergewöhnlichkeit gekennzeichnet, das nötig ist, damit

---

[340] Corriere della Sera, 7. Dezember 1996, o.S., eigene Übersetzung.
[341] Ilvo Diamanti: Il male del Nord. Lega, localismo, secessione, Roma 1996ª, S. 75 f. Vgl. zu Bossis strategischem Einsatz der Sezessionsforderungen ausführlich Ilvo Diamanti: "L'improbabile ma rischiosa secessione"; in: il Mulino, n. 361, settembre-ottobre 1995ª, S. 811-820.
[342] vgl. Diamanti, Ilvo: "La Lega. Dal federalismo alla secessione"; in: D'Alimonte, Roberto/Nelken, David (Hrsg.): Politica in Italia. I fatti dell'anno e le interpretazioni. Edizione 1997, Bologna 1997, S. 86.

ein Ereignis zur Nachricht ausgewählt wird. Zudem erfüllte es die Kriterien der *Bedeutsamkeit*, da die Sezessionsforderungen von größerer Tragweite für Gesamtitalien waren, und der *Überraschung*, weil die Gründung eines künstlichen norditalienischen Staates durch Bossi nicht unmittelbar vorhersehbar war. Ein weiterer Nachrichtenfaktor bestand in der *Personalisierung* in Verbindung mit dem Kriterium *Bezug auf Elite-Person*, da sich das Ereignis als das Handeln einer prominenten Person, nämlich Bossi, beschreiben ließ.[343] Zusätzlich hatte Bossi mit dem "Sommerloch" einen günstigen Zeitpunkt für die Thematisierung seiner Sezessionspläne gewählt. Zwei Monate vor dem Ereignis nahm die geplante Unabhängigkeitserklärung im Vergleich zu allen anderen nationalen und internationalen politischen Fragen einen kontinuierlich überdurchschnittlichen Raum in der Berichterstattung der Medien ein.[344] Das Ereignis selbst war ebenfalls durch eine überdurchschnittliche Medienpräsenz gekennzeichnet.[345] Dieser erfolgreichen Thematisierungsstrategie Bossis stand jedoch ein relativ geringer Rückhalt der Unabhängigkeitserklärung und der sie begleitenden Festivitäten in der norditalienischen Bevölkerung gegenüber. Etwa 200 000 bis 250 000 Personen waren am Ufer des Po versammelt, 30 000 bis 35 000 Menschen begleiteten die Unabhängigkeitserklärung in Venedig. Bossi hatte zuvor von über einer Million Menschen gesprochen, die mobilisiert werden sollten, und einer ununterbrochenen Menschenkette entlang des gesamten Flusslaufes. Die BerichterstatterInnen sprachen jedoch davon, dass sich nur der "harte Kern" der Lega an der Aktion beteiligt hatte.[346] Die Sezessionspläne Bossis sowie insbesondere die symbolische Unabhängigkeitserklärung Padaniens waren zwar ständig überdurchschnittlich stark präsent in den Medien, fanden jedoch nur geringe Akzeptanz.[347] Zudem befürworteten nur wenig mehr als ein Zehntel der Lega Nord-WählerInnen die Sezessionspläne.[348] Aus diesen Gründen vollzog Bossi einen erneuten Kurswechsel: Seit 1998 stehen wieder föderalistische Forderungen im Vordergrund.[349] Die Aufgabe der Sezessionspläne ist auch im Zusammenhang mit Bossis Ziel einer erneuten Regierungsbeteiligung, das er nach den Parlamentswahlen vom 13. Mai 2001 erreichte, zu sehen.

---

[343] vgl. zu diesen Nachrichtenfaktoren Schenk, a.a.O., S. 691.
[344] vgl. Diamanti 1997, a.a.O., S. 98.
[345] Ilvo Diamanti: "Dietro il fantasma della Lega"; in: il Mulino, n. 367, settembre-ottobre 1996[b], S. 879 f.
[346] vgl. Diamanti 1997, a.a.O, S. 99.
[347] Tanzmeister 2000[a], a.a.O., S. 60.
[348] Biorcio 1997, a.a.O., S. 257.
[349] Tanzmeister 2000[a], a.a.O., S. 57.

3.4. Die Verteidigung konservativer Werte

Bossi thematisiert auf populistische Art und Weise den Verfall konservativer Werte und stellt die NorditalienerInnen aus moralischer Sicht als ModernisierungsverliererInnen dar. Dieses Thema ist nicht an eine bestimmte Phase der Lega-Entwicklung geknüpft, sondern immer präsent. Gesellschaftliche Entwicklungen wie der Verfall der Familie, der Geburtenrückgang, steigende Abtreibungsraten, die steigende Zahl von Singles, kinderlosen Lebensgemeinschaften und homosexuellen Partnerschaften werden von Bossi zu einer fundamentalen Bedrohung für den weiteren Bestand der norditalienischen beziehungsweise der "padanischen" Gesellschaft hochstilisiert. Bossi betont die Familie als zentralen Wert der norditalienischen Gesellschaft, was einhergeht mit der mehr oder weniger offen geäußerten Forderung nach einer Zementierung der traditionellen Rollenverteilung zwischen Frauen und Männern. Bossi beendete beispielsweise eine Versammlung der Lega Nord mit den Worten: "Ich gehe. Die Frauen müssen nach Hause gehen, um Beefsteak zuzubereiten, es ist schon Mittag."[350] Bossi betont zwar, dass er für die Gleichberechtigung von Frauen und Männern im Berufsleben eintritt, relativiert diesen Anspruch jedoch selbst, indem er implizit sagt, Frauen, die Kinder haben, sollten ihr Berufsleben aufgeben und sich ausschließlich um die Kindererziehung kümmern, da dies die Aufgabe der Mutter sei. Er fordert eine Erhöhung des Kindergeldes und eine finanzielle Besserstellung der Familien gegenüber Singles:

> "Die Steuergesetzgebung wird die Familien gegenüber den Singles begünstigen müssen. Das ist das genaue Gegenteil von dem, was die Parteienherrschaft gemacht hat, indem sie das Kindergeld auf ein Minimum reduziert hat und damit die Frauen ansportnte, arbeiten zu gehen, anstatt sie dazu anzuregen, sich den Kindern zu widmen. Ich glaube nicht, das dies machohaftes Verhalten ist. Jeder ist frei zu tun, was er will, die Frauen, die arbeiten, müssen mit den Männern absolut gleichberechtigt sein. Aber die Kinder brauchen die Mutter, Kindergärten und Babysitter können die Stimme, die Hand und die Intuition einer Mutter nicht ersetzen."[351]

Deutlicher wird diese implizit geäußerte Forderung nach der Zementierung der traditionellen Rollenverteilung und männlicher Vormachtstellung innerhalb der Gesellschaft in folgender Bemerkung Bossis: "Wir sind dafür, die *patriarchalische Familie*

---
[350] L'Europeo, 27. März 1992, zitiert nach Giusti, a.a.O., S. 77, eigene Übersetzung.

wieder zu erschaffen, wo unsere Traditionen eine garantierte Fortsetzung finden durch eine Verbreitung zwischen Großeltern und Enkeln."[352] Menschen, die keine Kinder haben, werden von Bossi als "unnatürlich" stigmatisiert. Deshalb verweigert er kinderlosen Männern in der Regel eine politische Karriere in der Lega Nord:

> "Ich gebe in der Lega ungern Männern mittleren Alters eine führende Verantwortung, die keine Familie, keine Kinder haben. Ich denke, sie haben etwas falsches, entstelltes, nicht natürliches an sich. Ja, wir von der Lega glauben an die Familie."[353]

Besonders "unnatürlich" verhalten sich laut Bossi die Homosexuellen. Homosexualität wird von Bossi als "krankhaftes Verhalten" bezeichnet, das mit Drogenabhängigkeit vergleichbar sei.[354] Gleichzeitig stilisiert er Homosexuelle als fundamentale Bedrohung der traditionellen Familie hoch. Das "krankhafte Verhalten" der Homosexuellen hat in der populistischen Rhetorik Bossis europäische Ursprünge, gefährdet angeblich die Familien, und wird von ihm verknüpft mit Ressentiments gegen die Europäische Union:

> "In Europa ist eine schwierige Situation entstanden, die sich auf uns auswirkt. Ich mache ein Beispiel. Am letzten Sonntag war der Gay Pride (Demonstration von Homosexuellen in Rom, T.S.) (...) und ich muss Euch sagen, dass diese Sache europäische Ursprünge hat. (...) Vor zwei oder drei Monaten hat die Europäische Kommission, eine Kommission, die nicht gewählt wird, die wählen sich untereinander, das ist eine absolut undemokratische Sache, nun gut, die Kommission hat beschlossen, dass wir homosexuelle Familien anerkennen müssen. Das bedeutet die praktische Unmöglichkeit den Familien zu helfen, die Familien finanziell zu unterstützen, weil in die Familien auch die homosexuellen Familien hineinkommen würden."[355]

Mit dieser populistischen Thematisierung konservativer Wertvorstellungen schließt Bossi vier potenzielle WählerInnengruppen aus: karriereorientierte Frauen, die sich nicht ausschließlich um die Kindererziehung kümmern; kinderlose Frauen; kinderlose

---

[351] Bossi/Vimercati 1992, a.a.O., S. 58, eigene Übersetzung.
[352] zitiert nach Ottomani, a.a.O., S. 110, eigene Hervorhebung und Übersetzung.
[353] Bossi/Vimercati 1992, a.a.O., S. 58, eigene Übersetzung.
[354] Ottomani, a.a.O., S. 112.
[355] Rede Bossis vom 13. Juli 2000 in Almè, eigene Aufzeichnung und Übersetzung.

Männer und Homosexuelle. Das ist ein deutlicher Indikator dafür, dass Bossi keine Stimmenmaximierungsstrategie verfolgt.

Bossis Thematisierungsstrategien sind durch ein hohes Maß an Emotionalisierung gekennzeichnet. Bossi besetzt vier Themenfelder, die er entsprechend der jeweiligen politischen Situation mehr oder weniger radikal kommuniziert: den Nord-Süd-Konflikt, die Immigration aus Nicht-EU-Ländern, föderalistische und sezessionistische Forderungen sowie die Verteidigung konservativer Werte. Charakteristisch für seine Thematisierungsstrategien ist die Reduktion komplexer politischer Sachverhalte auf eine einfache populistische Darstellung. Dies ermöglicht es ihm, klar umrissene Feindbilder zu definieren und ein "Wir-Gefühl" zu schaffen. Bossis Thematisierungsstrategien deuten stark darauf hin, dass er keine Stimmenmaximierungsstrategie verfolgt, da er mehrere WählerInnengruppen ausschließt. Stattdessen besteht seine Strategie offensichtlich darin, ein neues politisches Milieu zu etablieren, das sich vorwiegend aus niedrig gebildeten norditalienischen Arbeitern und Kleinbürgern mit konservativen Wertvorstellungen zusammensetzt.

4. Die Sprachstrategien von Umberto Bossi

Charakteristisch für die Sprachstrategien von Umberto Bossi ist der Bruch mit der etablierten Politikersprache. Statt des komplizierten *politichese* spricht Bossi einen sogenannten *linguaggio popolare*, eine "populäre", "gemeinverständliche" Sprache. Bezogen auf den politischen Diskurs bedeutet *popolare* "Sprechen wie das Volk".[356] Gemeint ist damit:

> "direktes, spontanes, unzensiertes Sprechen, Aussprechen der sogenannten 'nackten, ungeschminkten Wahrheit' mit einer deftigen, derben Ausdrucksweise ('rozzezza'), was den Aussagen neben gruppenkohäsivem Identifikationsangebot stärkere Glaubwürdigkeit verleiht, aber auch Information mit Unterhaltung kombiniert (...). Inhaltlich werden im politischen Spiel mit

---

[356] vgl. Tanzmeister 2000[b], a.a.O., S. 125.

Emotionen und Aggressionen oft 'dumpfe' Vorurteile und Stereotype aktiviert."[357]

Bossi brachte Ausdrücke in die Politik, die man zuvor allenfalls im Freundeskreis oder in der Bar benutzt hatte.[358] Seine Aussagen sind durch eine einfache Syntax, große Anschaulichkeit, starke Bilder und zahlreiche Komplexitätsreduktionen gekennzeichnet.[359] Mittels dieser "volksnahen" Ausdrucksweise aktiviert Bossi die Konfliktlinie zwischen *paese reale* und *paese legale*, zwischen BürgerInnen und politischer Klasse, und signalisiert, dass er den Präferenzen der "einfachen Leute" näher stehe und ihre Probleme besser lösen könne als die "politische Klasse", von der er sich selbst ausnimmt. Diese Sprachstrategie wirkt authentisch, weil sie auf die Imagestrategie Bossis abgestimmt ist. Bossi spricht so, wie man es von einem "Herrn Jedermann" und einem "heldenhaften Volksanführer" erwarten würde. Diesem Image entsprechend grenzt er sich mit seiner rüden Ausdrucksweise von der intellektuellen und kulturellen Elite ab und spricht niedrig gebildete und wenig politisierte WählerInnen an. Er orientiert sich somit an einer bestimmten Zielgruppe und spricht kein gruppenübergreifendes Konsenspotenzial an. Bossis Zielgruppe wird näher spezifiziert durch das Einbeziehen von dialektalen Elementen in die politische Sprache, womit er signalisiert, dass er sich für die Belange der NorditalienerInnen einsetzen möchte und gleichzeitig dezidiert auf seine eigene lombardische beziehungsweise norditalienische Herkunft verweist.[360] Mit seiner gezielten Verwendung des Pronomens "wir" signalisiert er Gruppenzugehörigkeit. Diese verstärkt er zusätzlich durch das "wie" seiner Aussage: Er spricht mit heiserer Stimme, wie dies für die Arbeiter

---

[357] ebda. Siehe auch Diamanti 1995, a.a.O., S. 73. Diamanti bezeichnet die Sprache Bossis als *linguaggio dell'innovazione e della distinzione* (Sprache der Erneuerung und Unterscheidung).
[358] vgl. Möller, a.a.O., S. 365.
[359] vgl. Tanzmeister 2000^b, a.a.O., S. 116; Bordon, a.a.O., S. 160.
[360] Biorcio 1997, a.a.O., S. 195. Bis 1989 hatte Bossi als Parteiführer der Lega Lombarda versucht, die lombardische Identität über die sprachlichen Eigenarten der Region zu konstruieren, da keine spezifischen ethnischen Charakteristika der "lombardischen Nation" vorhanden waren. Diese Strategie erwies sich jedoch als wenig erfolgversprechend, da der Gebrauch und die Bedeutung des Dialektes besonders in den urbanen Zentren immer weiter abnehmen und aufgrund der Vielzahl lokaler Varianten kaum von "dem Lombardischen" gesprochen werden kann (vgl. Möller, a.a.O., S. 354). Besonders nach dem Zusammenschluss der Teil-Leghe erwies sich der Dialekt als ungünstig, da jede Kommunikation scheitern würde, wenn alle NorditalienerInnen in ihrem Dialekt sprechen würden. So verstehen sich beispielsweise BergamaskerInnen und SprecherInnen aus Cuneo, zwei Hochburgen der Lega Nord, untereinander auf dialektaler Ebene nicht (Tanzmeister 2000^a, a.a.O., S. 70). Bossi riskierte zudem die jun-

der nördlichen Lombardei charakteristisch ist.[361] Durch den provokanten und einprägsamen Sprachstil Bossis hat sich eine Art "legistischer Soziolekt" gebildet, mit dem sich viele norditalienische BürgerInnen identifizieren.[362] Tiefeninterviews des italienischen Wahlforschers und Lega-Spezialisten Roberto Biorcio belegen die Bedeutung des *linguaggio popolare* als Quelle der Identifikation mit der Lega Nord. Charakteristisch sind folgende Aussagen: "Bossi sagt den Politikern ins Gesicht, was wir unter uns sagen"; "Die Lega sagt und denkt das, was die Lombarden sagen und denken"; "Wenn Bossi redet, ist es so, als spräche ich selbst."[363]
Bossis rhetorisches Talent kommt besonders bei Großveranstaltungen voll zur Geltung. Es entfaltet sich immer nach einem ähnlichen Muster. Zunächst zeigt er sich verhalten und zögernd, um Aufmerksamkeit zu gewinnen. Danach folgen verbale Attacken im "hysterischen crescendo"[364] gegen die von ihm definierten "Feinde" der Lega Nord. Nach frenetischem Beifall und Jubelrufen beschwichtigt und beruhigt Bossi seine ZuhörerInnen, um dann wieder neue Reizworte aufzunehmen und zum Höhepunkt seiner Rede hinzuführen.[365]
Charakteristisch für die Sprache Bossis ist eine wenigen Wortfeldern angehörige Fülle von Bildern, die durch rhetorische Figuren in Szene gesetzt werden.[366] Grundlegend für das politische Vokabular Bossis sind drei Wortfelder, die eine stark emotionale Komponente besitzen: "Krieg/Kampf", "Gewalt", "machismo/Sexualität".

4.1. Das Wortfeld "Krieg/Kampf"

Grundlegend für Bossis Sprachstrategien ist das Wortfeld "Krieg/Kampf".[367] Kriegerisch-militärische Ausdrücke und Metaphern sind in der bildlichen Darstellung politischer Vorgänge üblich und dienen in erster Linie der Polarisierung.[368] Die Parteien

---

gen Bevölkerungsanteile, welche die lokalen Dialekte häufig nicht beherrschen, zu verlieren (vgl. Schmidtke, a.a.O., S. 89).
[361] Calabrese, a.a.O., S. 37.
[362] vgl. Möller, a.a.O., S. 355.
[363] Biorcio 1997, a.a.O., S. 195, eigene Übersetzung.
[364] Bordon, a.a.O., S. S. 159.
[365] ebda., S. 159 f.; verdeckte, nicht-teilnehmende Beobachtung der Autorin: Rede von Umberto Bossi in Almè, 13. Juli 2000.
[366] vgl. Möller, a.a.O, S. 355.
[367] siehe zur Verwendung des Wortfelds "Krieg/Kampf" durch Bossi und den kriegerischen Symbolen der Lega Nord Umberto Curi: "La Lega e l'eversione"; in: MicroMega 4/1997, S. 46 ff.
[368] Hoinle, a.a.O., S. 107.

bauen beispielsweise "Fronten" auf, sie können einen oder mehrere "Flügel" haben und "Allianzen" untereinander eingehen. Die politischen Akteure folgen "Taktiken" und "Strategien". Sie "mobilisieren" und führen "Angriffe".[369] Diese Begriffe aus dem kriegerisch-militärischen Bereich sind in der politischen Sprache so gängig, dass sie als "normal" empfunden und nicht sofort mit dem Wortfeld "Krieg/Kampf" in Verbindung gebracht werden. Bossi benutzt Begriffe aus dem kriegerisch-militärischen Bereich jedoch über dieses "normale" Maß hinaus und spricht dezidiert von "kriegerischen Aktionen". Entsprechend seinem Negative-Campaigning richtet er eine "Kriegserklärung" an die anderen italienischen Parteien:

> "Wir sind hier, um den HIV-Positiven der Parteienherrschaft den Krieg zu erklären."[370]

> "Wenn sie nein sagen würden zu den Reformen, die wir wollen, würde es eine allgemeine Schießerei geben. (...) Wir ölen die Kalaschnikows. (...) Wir gehören zu einem Volk, das nie einen Krieg verloren hat."[371]

> "Die Parteien sollen wachsam sein, denn wenn sie ihre Panzer in unsere Gegend schicken, wie ihre jugoslawischen Kollegen, werden sie 30 Millionen kampfbereite Personen vorfinden, die bereits das Bajonett aufgesetzt haben."[372]

Die Parallele zu den kriegerischen Ereignissen im ehemaligen Jugoslawien entspricht der Auffassung Bossis, dass Italien zu den durch Zwang zusammengehaltenen Vielvölkerstaaten gehört.[373] Im Zusammenhang mit seinen Sezessionsforderungen, die zwischen 1995 und 1998 im Zentrum seiner politischen Kommunikation standen, sprach Bossi dementsprechend von einem "nationalen Befreiungskrieg", in den die Padanier ziehen müssten, um für ihre Rechte zu kämpfen:

---

[369] Francesca Rigotti: Die Macht und ihre Metaphern. Über die sprachlichen Bilder der Politik, Frankfurt/Main 1994, S. 48.
[370] La Stampa, 4. Mai 1993, o.S., eigene Übersetzung.
[371] zitiert nach Sarubbi, a.a.O., S. 37, eigene Übersetzung.
[372] L'Unità, 11.7.1992, zitiert nach Giusti, a.a.O., S. 80, eigene Übersetzung.
[373] Tanzmeister 2000^a, a.a.O., S. 68.

"Söhne Padaniens (...), wenn wir jetzt nicht kämpfen, werden wir riskieren, das für immer zu bereuen. Der Tyrann wird uns nicht bezwingen, wenn es (unser) Schicksal ist, sterben zu müssen, werden wir im Stehen sterben."[374]

Die "mutigen" und "kampfbereiten" Padanier wurden dabei polarisierend dem italienischen Volk gegenübergestellt, dass zu "feige" sei, um in den Kampf zu ziehen:

> "Wir Padanier sind sehr verschieden vom italienischen Volk, einem Volk von Scharlatanen und Mafiosi. Wir haben bei unserer Ehre geschworen. Unabhängigkeit, Freiheit und Gerechtigkeit. Und Unabhängigkeit wird es geben. Millionen von Menschen sind bereit zum Kampf. Ich schwöre Euch, dass wir uns amüsieren werden. Wir sind mutige Leute. (...) Wer nicht mutig ist, ist ein Italiener."[375]

Die kriegerische Sprache Bossis unterstreicht das Rebellen-Image der Lega Nord. Sie ist abgestimmt auf Bossis positive Selbstdarstellung als "heldenhafter Volksanführer", der für das norditalienische Volk in den Befreiungskrieg zieht.

4.2. Das Wortfeld "Gewalt"

"Die Politik braucht Drohungen, um sich zu verändern."[376] Diese Bemerkung Bossis ist charakteristisch für seine politische Sprache, die durch eine "verbale Gewaltbereitschaft"[377] gekennzeichnet ist, was in den Sprachbildern aus dem kriegerisch-militärischen Komplex bereits angeklungen ist. Charakteristisch ist die verbale Androhung physischer Gewalt gegenüber einem der Gegner der Lega Nord, um mediale Aufmerksamkeit zu erregen. Nach dem Wahlerfolg der Lega Nord bei den Parlamentswahlen 1992 antwortete Bossi auf die Frage, was er mit den Stimmen machen wolle: "Die nehme ich, um den Parteien die Knochen zu brechen. Klar, oder?"[378] Als die Untersuchungsrichter des Pools *Mani pulite* (Saubere Hände)[379] wegen eines vermuteten Korruptionsfalles[380] gegen die Lega ermittelten, drohte Bossi:

---

[374] La Stampa, 17. Februar 1997, o.S., eigene Übersetzung.
[375] Corriere della Sera, 27. Oktober 1996, o.S., eigene Übersetzung.
[376] Bossi zitiert nach Ottomani, a.a.O., S. 99, eigene Übersetzung.
[377] Petersen 1995, a.a.O., S. 171.
[378] Il Giornale, 8. April 1992, zitiert nach Möller, a.a.O., S. 356.
[379] *Mani pultite* ist die Bezeichnung für die Untersuchungsaktion mailändischer und anderer Staatsanwaltschaften, die zu Beginn der 1990er Jahre zahlreiche Fälle von Korruption der höchsten Repräsentantinnen und Repräsentanten des öffentlichen Lebens Italiens und illegaler

"Wenn es jemanden gibt, sei es ruhig ein Richter, der die Lega in die Geschichte der Schmiergelder hineinziehen will, dann soll er wissen, das wir sehr schnell mit den Händen sind, aber auch mit den Pistolenkugeln. Bei mir in der Gegend kostet eine Pistolenkugel nur 300 Lire, und wenn ein Richter uns in die Schmiergelder verwickeln will, so soll er wissen, dass sein Leben 300 Lire wert ist."[381]

Damit griff Bossi eine Institution an, deren berühmtester Vertreter, Ex-Staatsanwalt Antonio Di Pietro, in Italien zu Beginn der 1990er Jahre ein sehr hohes gesellschaftliches Ansehen genoss.[382] Als KritikerInnen aus dem Lager der traditionellen Parteien Bossi deswegen versuchte Einschüchterung der Justiz vorwarfen, erklärte er seine Aussage als Scherz, den tendenziöse Journalisten offensichtlich missverstanden hätten.[383] Dieses Beispiel ist charakteristisch für die Kommunikationsstrategien von Bossi, die durch ein Wechselspiel von Angriff und Rückzug, von Gewaltandrohung und ihrer abschwächenden Rücknahme gekennzeichnet sind.[384] Befindet sich Bossi in Schwierigkeiten, dementiert er zunächst, sucht dann einen (politischen) "Feind" und startet mit einem neuen Angriff eine Entlastungsoffensive.[385] Ziel dieser Gegenangriffe sind oftmals wie in dem genannten Beispiel die Journalistinnen und Journalisten.

Des Weiteren veranschaulicht Bossi die politischen Vorgänge in Italien mit "blutigen" Vergleichen. Den Zusammenbruch der DC kommentierte Bossi folgendermaßen: "Die DC ist tot. Ich habe ihr die Kehle durchgeschnitten."[386] Solche Bemerkungen setzt Bossi ein, um mediale Aufmerksamkeit zu erregen und -wie mit seinen Sprachbildern aus dem Wortfeld "Krieg/Kampf"- sein Rebellen-Image des "heldenhaften Volksanführers" zu betonen.

---

[380] Parteienfinanzierung aufdeckten (vgl. Brütting, Richard: "Mani pulite"; in: ders. (Hrsg.): Italien-Lexikon. Schlüsselbegriffe zu Geschichte, Gesellschaft, Wirtschaft, Politik, Justiz, Gesundheitswesen, Verkehr, Presse, Rundfunk, Kultur und Bildungseinrichtungen (Grundlagen der Romanistik, Band 20), Berlin 1997, S. 470-73.)
Die Lega wurde beschuldigt, von dem Chemieunternehmen Enimont 200 Millionen Lire zur Finanzierung ihrer Kampagne für die Parlamentswahlen 1992 erhalten zu haben (vgl. Möller, a.a.O., S. 356.)
[381] Corriere della Sera, 24. September 1993, eigene Übersetzung.
[382] vgl. Möller, a.a.O., S. 356.
[383] Bordon, a.a.O., S. 160.
[384] Tanzmeister 2000ª, a.a.O., S. 83.
[385] ebda., S. 76.
[386] Il Tempo, 4. Juli 1993, zitiert nach Giusti, a.a.O., S. 29, eigene Übersetzung.

4.3. Das Wortfeld "machismo/Sexualität"

Besonders deutlich werden die "verbalen Exzesse"[387] Bossis in den Ausdrücken, mit denen der *machismo* der Lega Nord abgebildet wird. Auf dem ersten Parteitag der Lega Nord (Pieve Emanuele, 8.-10. Februar 1991) schuf Bossi den wohl vulgärsten, aber zugleich erfolgreichsten Slogan, der bis dahin in Italien von einer Partei gebraucht wurde.[388] Seine sprichwörtlich gewordene Bemerkung *"La Lega ce l'ha duro"* ("Die Lega hat ihn hart"), führte zu dem Neologismus *celodurismo*. Er bezeichnet die Kraft der Männlichkeit, aber auch den Anspruch männlicher Vormachtstellung, der von der Lega reklamiert wird.[389] Charakteristisch ist folgende Bemerkung Bossis:

> "Es ('Die Lega hat ihn hart', T.S.) ist eine poetische Redewendung für jemanden, der gewisse Dinge zu schätzen weiß. Es war eine ziemlich deutliche Metapher für den Charakter der Lega. Aber ich möchte nicht, dass nun alle italienischen Frauen der Lega beitreten..."[390]

Als die sozialistische Politikerin Margherita Boniver den Verdacht äußerte, die Lega Nord-Ortsgruppen würden sich bewaffnen, antwortete Umberto Bossi auf einer Massenversammlung bei Brianza im September 1993: "Keine Angst meine Gute, wir sind immer bewaffnet, denn wir tragen einen dicken Knüppel zwischen den Beinen."[391] Neben der Aufwertung der eigenen Potenz dienen die sexistischen Parolen der Abwertung von männlichen Kontrahenten aus anderen Parteien.[392] Giulio Andreotti (Democrazia Cristiana) wird von Bossi als Beispiel einer Politikerklasse genannt, die "schmale Schultern hat und deshalb keine Eier".[393] Der ehemalige Justizminister Claudio Martelli[394] (Sozialistische Partei Italiens) erscheint "wenig männlich, weil er

---

[387] vgl. Möller, a.a.O., S. 357.
[388] ebda.; vgl. Desideri 1994, S. 24.
[389] vgl. Cortelazzo 1994, a.a.O., S. 75.
[390] "Nella tana della Lega", Rai 3, 16. März 1991, zitiert nach Giusti, a.a.O., S. 14.
[391] zitiert nach Bordon, a.a.O., S. 160.
[392] ebda.
[393] zitiert nach Biorcio 1997, a.a.O., S. 194, eigene Übersetzung.
[394] Nach dem ehemaligen Justizminister Martelli ist das Gesetz "Martelli" 39/1990 benannt, das die Situation aller in Italien untergetauchten Immigrantinnen und Immigranten zu legalisieren versuchte, was aber nur teilweise gelang (vgl. Brizzi, Renzo: "Immigrazione"; in: Brütting, Richard (Hrsg.): Italien-Lexikon. Schlüsselbegriffe zu Geschichte, Gesellschaft, Wirtschaft, Politik, Justiz, Gesundheitswesen, Verkehr, Presse, Rundfunk, Kultur und Bildungseinrichtungen (Grundlagen der Romanistik, Band 20), Berlin 1997, S. 404f.)

wie ein Homosexueller aussieht".[395] Gianfranco Fini (Alleanza Nazionale) könne der Lega Nord mit seinem Nachnamen (fine = dünn, fein) keine Konkurrenz machen, weil sie im Gegensatz zu ihm immer einen "Harten" habe.[396]

Bossi wendet sich von der komplizierten Politikersprache ab und spricht eine gemeinverständliche Sprache, die durch zahlreiche Komplexitätsreduktionen und starke Bilder gekennzeichnet ist. Ungehobelte Ausdrücke, Flüche und sexistisch gefärbte Wendungen verleihen seiner Ausdrucksweise einen aggressiven, derben Grundton und garantieren ihm ständige Medienpräsenz. Grundlegend für seine Sprachstrategien sind die emotional aufgeladenen Wortfelder "Krieg/Kampf", "Gewalt" und "machismo/Sexualität". Bossis Sprachbilder aus diesen Wortfeldern fördern sein Image des "heldenhaften Volksanführers". Bossi macht mit seinen Sprachstrategien einer spezifischen Adressatengruppe, den niedrig gebildeten und wenig politisierten Norditalienern, ein Identifikationsangebot und nimmt bewusst den Ausschluss anderer Adressatengruppen in Kauf. Das deutet darauf hin, dass er darauf abzielt, ein neues politisches Milieu zu etablieren und keine Stimmenmaximierungsstrategie verfolgt.

5. Die Symbolisierungsstrategien von Umberto Bossi

Der Einsatz von identitätsstiftenden Symbolen nimmt bei der Lega Nord einen im Vergleich zu den anderen italienischen Parteien ungewöhnlich hohen Stellenwert ein.[397] Charakteristisch für die Lega Nord sind Symbole mit historischem Bezug.[398] Bossi kreiert zwei Abstammungsmythen, indem er die Lega Nord auf norditalienische Kämpfer des Mittelalters und das norditalienische beziehungsweise padanische Volk auf die Kelten zurückführt. Die Symbole, Mythen und Rituale der Lega Nord verdichten die kriegerische Sprache Bossis und sein Image des "heldenhaften Volksanführers". Die wichtigsten Symbole der Lega Nord sind der mittelalterliche Ritter von Giussano und das keltische Sonnenrad, das als Symbol für Padanien fungiert. Diese beiden Symbole sind auf zahlreichen Merchandising-Artikeln der Lega

---

[395] zitiert nach Biorcio 1997, a.a.O., S. 194, eigene Übersetzung.
[396] La Stampa, 4. Mai 1993, o.S.
[397] Fix, a.a.O., S. 138.
[398] ebda.

Nord wie beispielsweise Schals, Tüchern, T-Shirts, Fahnen, Feuerzeugen, Anstecknadeln, Tischtennisbällen, Kosmetikartikeln, Uhren und Handtüchern abgedruckt.[399] Es gibt kaum ein Produkt, das nicht von Bossi für das Merchandising der Lega Nord eingesetzt wird. Zusätzlich werden T-Shirts mit dem Konterfei Bossis und Videokassetten von den Parteitagen und Versammlungen der Lega Nord vermarktet. Die *gadget*-Industrie ist eine von der politischen Führung kontrollierte Einnahmequelle.[400]

5.1. Die mittelalterlichen Mythen, Rituale und Symbole

Der Parteiname der *Lega Lombarda*, der "Keimzelle" der Lega Nord, weist bereits auf eine Mythen-Bildung hin. Bossi knüpft damit bewusst an die mittelalterliche Lega Lombarda, den lombardischen Städtebund, an. Dieses historische Bündnis der norditalienischen, nämlich lombardischen, venetischen, piemontesischen und emilianischen Städte hatte im Mittelalter gegen das Vormachtstreben des römisch-deutschen Kaisers Friedrich Barbarossa gekämpft, dessen Reichspolitik von Bossi als Vorform des geschmähten römischen Zentralismus bezeichnet wird.[401] Durch diesen Mythos werden die politischen Ziele der "Befreiung" von zentralstaatlicher Herrschaft durch die Gründung einer "norditalienischen Interessengemeinschaft" versinnbildlicht.[402] Der lombardische Städtebund war im April 1167 durch den *Schwur von Pontida* besiegelt worden. Bei *Legnano* errang der lombardische Städtebund 1176 einen Sieg gegen Kaiser Barbarossa.[403] Jedes Frühjahr lädt Bossi die AnhängerInnen der Lega Nord zu feierlichen Parteiversammlungen nach Pontida ein, um den Jahrestag des Sieges zu feiern. Die Leghisten schwören sich Treue und stellen in mittelalterlichen Ritterhemden, mit hölzernen Schwertern, flatternden Fahnen und Pferden das Kampfgetümmel der Schlacht von Legnano nach.[404] Diese gemeinsamen Treue-

---

[399] siehe zum Merchandising der Lega Nord ausführlich Roberto Iacopini/Stefania Bianchi: La Lega ce l'ha crudo! Il linguaggio del Carroccio nei suoi slogan, comizi e manifesti, Milano 1994, S. 53 ff.; Lorella Cedroni: "Il linguaggio 'politico' della Lega"; in: Democrazia e diritto, 1/1994, S. 475.
[400] Bordon, a.a.O., S. 161. Dem Hauptsitz der Lega Nord in Mailand ist ein kleines Geschäft angegliedert, das diese Artikel vertreibt. In den regionalen Parteizentralen der einzelnen Teil-Leghe sind die Merchandisingartikel ebenfalls erhältlich. Des Weiteren können sie auf den zahlreichen Versammlungen der Lega Nord erworben werden.
[401] Bordon, a.a.O., S. 138 f.; Roques, a.a.O., S. 166.
[402] Fix, a.a.O., S. 139.
[403] Roques, a.a.O., S. 166.
[404] ebda., S. 167; Braun, a.a.O., S. 33.

schwüre haben den Charakter eines Vereinigungsrituals zwischen Führer und Massen.[405] Pontida ist auch der Ort, an dem Bossi mit seinen Anhängerinnen und Anhängern Wahlsiege der Lega Nord feiert und Wendepunkte seiner politischen Strategie bekannt gibt.[406] Die Versammlungen dienen Bossi neben der Identitätsstiftung und der Mobilisierung seiner AnhängerInnen dazu, die Aufmerksamkeit der Medien zu erregen. Sie sichern ihm vor allem in den wichtigsten nationalen Tageszeitungen eine konstante Präsenz.[407] Als historische Integrationsfigur der Lega Nord dient der Ritter Alberto da Giussano, von dem die Legende erzählt, dass er mit seiner *Compagnia del Carroccio*[408] dem kaiserlichen Heer bei Legnano den entscheidenden Schlag versetzt hatte. Ob dieser Ritter wirklich gelebt hat, lässt sich nicht endgültig feststellen. Ein weiteres Symbol der Lega Nord ist eine weiße Fahne mit einem roten Kreuz. Dabei handelt es sich um die Fahne des Heiligen Georg, dem Patron der Ritter, Reiter und Pferde sowie der Soldaten und Wanderer, die im Mittelalter ebenfalls vom lombardischen Städtebund eingesetzt wurde.[409] Auf dieser Fahne wird oftmals in blauer Farbe der Ritter von Giussano abgebildet.

5.2. Die keltischen und padanischen Mythen, Rituale und Symbole

Einen weiteren Abstammungsmythos schafft Bossi durch seinen Bezug auf die Kelten und die keltische Mythologie. Dieser Abstammungsmythos spielt seit der "Gründung" des künstlichen Staates Padanien eine wichtige Rolle und wird von Bossi dazu benutzt, eine nicht-italienische Komponente in das "padanische Nationalbewusstsein" einzubringen. Die Kelten, die um 550 v. Chr. Norditalien besiedelt hatten, werden von Bossi als Ahnen der Padanier angeführt.[410] Seit der "Unabhängigkeitserklärung"

---

[405] Bordon, a.a.O., S. 159.
[406] Biorcio 1997, a.a.O., S. 200.
[407] ebda.
[408] Bei dem *Carroccio* handelt es sich um einen "Streitwagen". Im journalistischen Diskurs wird der Begriff "Carroccio" als Synonym für den Parteinamen Lega Nord verwendet.
[409] Gilberto Oneto: Bandiere di libertà. Simboli e vessili dei popoli dell'Italia settentrionale, Milano 1992, S. 12-23. In diesem Buch, das von der Lega Nord vertrieben wird, finden sich auch Erklärungen zu den Fahnen der einzelnen Teil-Leghe, die für deren Identität eine herausgehobene Rolle spielen und auf historische Traditionen verweisen.
[410] vgl. Tanzmeister 1998, a.a.O., S. 246. Die Kelten hatten mehrfach die Etrusker besiegt und 387 v. Chr. Rom geplündert und sieben Monate lang besetzt gehalten. Danach folgten Raubzüge der Kelten bis nach Apulien und weitere Zusammenstöße mit Rom. Nach 203 v. Chr. nahmen die Römer Rache und gliederten die keltisch besiedelten Gebiete Norditaliens in ihr Reich ein (siehe ausführlich Demandt, a.a.O., S. 19 ff.) Folgende noch heute bestehenden ita-

Padaniens vom 15. September 1996 ist *Il Sole delle Alpi* ("Die Sonne der Alpen"), das keltische Sonnenrad, das wichtigste Symbol des künstlichen Staates. Einem Werbefilm der Lega[411] zufolge handelt es sich bei der "Sonne der Alpen" um eine alte Zeichnung, die in früheren Zeiten in die Felsen Norditaliens eingeritzt worden sei. Dieses Sonnenrad wird als authentisches und starkes Symbol beschrieben, das die folgenden Bedeutungen haben kann: Sonne, Rad, Kreis, Blume, religiöses Sinnbild.[412]

Da sich Bossi bei der padanischen "Staatsgründung" weder auf eine deutlich umrissene territoriale Einheit[413] noch auf ein padanisches Volk berufen konnte und nicht wie andere europäische Regionalparteien die Interessen einer ethnischen, sprachlichen oder religiösen Minderheit vertrat[414], spielte der Einsatz von identitätsstiftenden Symbolen eine zentrale Rolle. Durch sie sollte ein "nationales" Bewusstsein für die "Nation" Padanien geschaffen werden.[415] Die Idee Padaniens wurde deshalb zeitwei-

---

lienischen Städte stammen aus keltischer Zeit, manche tragen sogar noch den keltischen Namen: *Mutina* – Modena, *Parma* – Parma, *Bergomum* – Bergamo, *Ticinum* – Pavia am Ticino-Tessin, *Mediolanum* – Milano/Mailand, *Comum* - Como, *Verona* – Verona, *Tridentum* – Trient, *Vicetia* – Vicenza (Demandt, a.a.O., S. 72.)

[411] Lega Nord (Hrsg.): Padania. Verso l'indipendenza. Towards independence. Vers l'independance. Nach der Unabhängigkeit. Hacia la independencia, ohne Orts- und Datumsangabe. Bei dem Film handelt es sich um einen Zusammenschnitt von Amateurvideos, die während der "padanischen Unabhängigkeitserklärung" im September 1996 von Lega-Anhängern gedreht wurden. Dieser Film wurde in Italienisch, Englisch, Französisch, Deutsch und Spanisch vertont und als Werbefilm für die Lega Nord an die Parlamente in Europa verschickt. Die bewusst laienhafte Aufmachung soll wohl das Image einer "volksnahen Bewegung", die keine finanziellen Mittel für die professionelle Aufmachung von Filmen zur Verfügung hat, fördern und steht im krassen Gegensatz zu den professionellen filmischen Inszenierungen von Silvio Berlusconi.

[412] ebda. In der keltischen Mythologie ist das Sonnenrad das Symbol des Himmels- und Wettergottes *Taranis*. Daneben hat das keltische Rad-Symbol vermutlich das Konzept der Bewegung, des ewigen Wechsels und des Lebenszyklus' in sich aufgenommen und dürfte ähnlich wie das christliche Kreuz ein vielschichtiges Zeichen für höchsten göttlichen Schutz und ewiges Leben gewesen sein (Botheroyd, a.a.O., S. 274 f., S. 322 f.; Helmut Birkhan: Kelten. Versuch einer Gesamtdarstellung ihrer Kultur, Wien 1997, S. 576 ff.)

[413] Die Grenzen des "norditalienischen Staates" schwanken erheblich. Die ursprünglich konzipierte *Republik des Nordens* sollte ganz Norditalien mit Ausnahme der Gebiete mit Sprachminderheiten (Aosta-Tal, Trentino-Südtirol, Friaul-Julisch-Venetien) und der Toskana umfassen. *Padanien* umschloss auf fiktionalen Karten zunächst ganz Norditalien einschließlich der Toskana, Umbrien und den Marken und bezog damit Teile Mittelitaliens mit ein. Auf einer Karte vom April 1998 besteht Padanien hingegen nur noch aus Norditalien inklusive der Emilia-Romagna bis Pesaro in den Marken unter Verzicht auf die Toskana, Umbrien und einen Großteil der Marken (Tanzmeister 2000ª, a.a.O., S. 67.)

[414] vgl. Braun, a.a.O., S. 27.

[415] vgl. Tanzmeister 1998, a.a.O., S. 244.

lig durch das Schaffen von Symbolen eines echten Staates, wie beispielsweise Fahne und Nationalhymne und die Doppelung staatsnationaler Institutionen, allerdings noch innerhalb des italienischen Staates visuell veranschaulicht. Bossi gründete ein eigenes Parlament mit der provisorischen Regierung Padaniens und eigene Befreiungskomitees (*Comitati di Liberazione*).[416] Innerhalb Padaniens sollte es eine einzige Partei geben: die Lega Nord. Die dadurch entstehende lediglich "innerparteiliche Demokratie" sollte durch ein breites Spektrum von unterschiedlichen ideologisch zwischen links und rechts angesiedelten Richtungen abgesichert werden.[417] Bossi zielte des Weiteren auf eine Reinterpretation traditioneller italienischer Nationalsymbole ab.[418] Ein Beispiel dafür ist die padanische "Nationalhymne". Diese Hymne stammt aus der Oper *Nabucco* von Giuseppe Verdi. Es handelt sich um das Lied des Gefangenenchores *Va' pensiero* ("Steig auf Gedanke auf goldenen Schwingen"). Auf den ersten Blick erscheint die Wahl dieser Hymne als padanische "Nationalhymne" unlogisch, da das Lied von *ganz* Italien als "Hymne an die Freiheit" verstanden wird und als "heimliche Nationalhymne" Italiens gilt. Die Regierung Craxi (1983-87) hatte in den 1980er Jahren den Vorschlag gemacht, die von den ItalienerInnen wenig geliebte und wiederholt als nationalistisch kritisierte Hymne *Fratelli d'Italia* ("Brüder Italiens") des genuesischen Dichters Goffredo Mameli durch *Va pensiero* zu ersetzen, blieb damit aber erfolglos.[419] Unlogisch erscheint der Einsatz dieser Hymne auf den ersten Blick auch deshalb, weil Giuseppe Verdi und seine Musik von den ItalienerInnen als Symbol des *Risorgimento*, der italienischen Einigungsbewegung im 19. Jahrhundert,

---

[416] Tanzmeister 2000ᵃ, a.a.O., S. 41.
[417] Bei den ersten Wahlen für das Parlament Padaniens im Oktober 1997 traten 49 Listen an, darunter unter anderem Padanische Katholiken (*Cattolici Padani*), Padanische Löwen (*Leoni Padani*), Europäische Demokraten (*Democratici Europei*), Liberale Demokraten (*Liberal Democratici*) und Padanische Rechte (*Destra Padana*) (vgl. Tanzmeister 2000ᵃ, a.a.O., S. 41.) Das Ergebnis dieser Wahlen stellte jedoch einen bedeutenden Dämpfer für Bossis Sezessionsbestrebungen dar. Statt der von der Lega Nord in den Medien verbreiteten Wahlbeteiligung von 6 Millionen, beteiligten sich nur 600.000 Wahlberechtigte (M. Chiara Barlucchi/Volker Dreier: "Der Schlaf gebiert Ungeheuer. Zu den Sezessionsbestrebungen der Lega Nord, ihren Ursachen und möglichen Erfolgsaussichten; in: Zeitschrift für Politikwissenschaft 8 (1998), H.2, S. 571 f.)
[418] Tanzmeister 2000ᵃ, a.a.O., S. 41.
[419] Petersen, a.a.O., S. 61; vgl. Roman del Prete, Laura: "Mameli (Inno di Mameli)"; in: Brütting, Richard (Hrsg.): Italien-Lexikon. Schlüsselbegriffe zu Geschichte, Gesellschaft, Wirtschaft, Politik, Justiz, Gesundheitswesen, Verkehr, Presse, Rundfunk, Kultur und Bildungseinrichtungen, Berlin 1997ᵃ, S. 465.

gesehen werden.[420] Dennoch steht hinter der Wahl von *Va pensiero* eine durchdachte Symbolisierungsstrategie. Mit den positiven Emotionen, die mit der Hymne verbunden sind, wertete Bossi die Idee Padaniens auf und machte zugleich dem Nationalstaat ein wichtiges Identifikationssymbol streitig.[421] Des Weiteren passt die "Hymne an die Freiheit" gut zu den Image-, Thematisierungs- und Sprachstrategien Bossis. Sie verweist auf das Bild des "heldenhaften Volksanführers", der für sein Land kämpft und sein Volk in die Freiheit führt. Ein weiteres "nationales" Symbol Padaniens ist der padanische Personalausweis. Zudem führte Bossi für Padanien symbolisch eine eigene Währung und eigene Briefmarken ein.

Nach dem Scheitern von Bossis Sezessionsplänen und seiner Rückkehr zu föderalen Forderungen wurde die symbolische Doppelung von staatsnationalen Institutionen weitgehend aufgegeben. Im Sommer 1998 löste Bossi das Parlament für Padanien auf und entließ die 200 Abgeordneten, die im Oktober 1997 gewählt worden waren.[422] Die "nationalen" Symbole Padaniens wie die Fahne mit dem keltischen Sonnenrad und die padanische "Nationalhymne" wurden jedoch beibehalten und spielen weiterhin eine wichtige Rolle für das Emotionsmanagement von Bossi. Dies gilt insbesondere für die Hymne, die auf den Versammlungen der Lega Nord von Bossi, der dazu in einer feierlichen Geste die rechte Hand aufs Herz legt, gemeinsam mit seinen AnhängerInnen gesungen wird.[423]

---

[420] Zur Zeit des Risorgimento wurde Verdi von den italienischen Patrioten und dem Volk verherrlicht. Bekannt sind der Ausruf und die Wandschrift "Evviva VERDI" ("Es lebe VERDI"), die sich allerdings nicht an Verdi selbst richten, sondern als verschlüsselter patriotischer Kampfruf für die Einheit Italiens zu deuten sind: "Evviva **V**ittorio **E**manuele **R**e **D'I**talia" ("Es lebe Vittorio Emanuele, König Italiens"). (Vgl. Roman del Prete, Laura: "Verdi, Giuseppe"; in: Brütting, Richard (Hrsg.): Italien-Lexikon. Schlüsselbegriffe zu Geschichte, Gesellschaft, Wirtschaft, Politik, Justiz, Gesundheitswesen, Verkehr, Presse, Rundfunk, Kultur und Bildungseinrichtungen, Berlin 1997[b], S. 866.

[421] So die Interpretation des Romanisten Robert Tanzmeister, der sich mit den Mythen der Lega Nord beschäftigt. Die Daten beruhen auf einer schriftlichen Anfrage der Autorin per E-Mail vom 25. Juni 2001.

[422] Rose-Marie Borngässer: "Der Süden ist gar nicht mehr so schlimm. Jahrelang forderte Umberto Bossi ein unabhängiges Norditalien – Jetzt ist alles anders"; in: Die Welt, 12. August 1998, o.S.

[423] Verdeckte, nicht-teilnehmende Beobachtung der Autorin: Versammlung der Lega Nord in Almè, 13. Juli 2000.

Die Symbole, Mythen und Rituale der Lega Nord sind durch einen historischen Bezug gekennzeichnet. Bossi konstruiert zwei Abstammungsmythen der Lega Nord beziehungsweise der padanischen "Nation": den Lombardischen Städtebund des Mittelalters und die Kelten. In den Symbolen, Mythen und Ritualen, die sich auf den Lombardischen Städtebund beziehen, erfahren Bossis kriegerische Sprache und sein Image des "heldenhaften Volkanführers" Verdichtung. Die keltischen Symbole, Mythen und Rituale dienen Bossi dazu, eine "nicht-italienische" Komponente in das padanische "Nationalbewusstsein" einzubringen. Für die Ausbildung einer padanischen Identität spielte der Einsatz von "nationalen" Symbolen und die symbolische Doppelung staatsnationaler Institutionen eine wichtige Rolle. Mit seinen Symbolisierungsstrategien zielt Bossi darauf ab, eine künstliche "Nord-Identität" zu schaffen, die de facto nicht existiert. Er will damit die norditalienischen WählerInnen an sich binden und schließt die süditalienischen WählerInnen bewusst aus, was gegen eine Stimmenmaximierungsstrategie spricht, die darauf angelegt ist, alle WählerInnen zu mobilisieren.

V. Die Kommunikationsstrategien von Silvio Berlusconi

1. Biografischer Hintergrund

Silvio Berlusconi wurde am 29. September 1936 in einem Randbezirk Mailands geboren.[424] Sein Vater arbeitete als Prokurist bei der *Banca Rasini*, einer Privatbank, seine Mutter war Hausfrau. Nach dem Abitur an einem humanistischen Internat katholischer Prägung begann Berlusconi ein Jurastudium an der staatlichen Universität in Mailand, das er 1961 mit Auszeichnung abschloss. Im Alter von 25 Jahren machte er sich selbstständig und gründete eine Bauholding, mit der er schnell erste unternehmerische Erfolge verzeichnen konnte. Woher Berlusconi sein Startkapital nahm, ist bis heute nicht ganz klar. Er selbst behauptet, es habe sich um Ersparnisse von seinen Ferienjobs aus der Studentenzeit gehandelt, in der er als Staubsaugervertreter und Entertainer auf Kreuzfahrtschiffen gearbeitet hatte. Recherchen der Journalisten Giovanni Ruggeri und Mario Guarino zufolge stammte das Geld von seinem Vater und der *Banca Rasini*, die wenige Jahre später offen verdächtigt wurde, das bevorzugte Kreditinstitut der sogenannten "Finanzmafia" zu sein. 1965 heiratete Berlusconi seine erste Frau, Carla Elvira Dall'Oglio, mit der er eine Tochter und einen Sohn hat. Mit dem Bau von drei mailändischen Satellitenstädten und verschiedenen Kongress-, Hotel- und Handelszentren wurde Berlusconi in ganz Italien bekannt. 1977 erhielt er

---

[424] Die Biografie Berlusconis, wie sie von seinen Freunden, Freundinnen und Verwandten erzählt wird, ist voller Anekdoten und Mythen. Sie handeln von einem Mann, der schon als Kind wusste, dass er später einmal reich sein würde und von einem Jugendlichen, der aus dem Geld, das er sich mit Ferienjobs verdient hatte, binnen kürzester Zeit Millionen beziehungsweise Milliarden machte. Nicht autorisierte Biografien von Kritikerinnen und Kritikern sind hingegen voller Anschuldigungen. Einige BeobachterInnen begründen den Einstieg Berlusconis in die Politik mit dem persönlichen Ziel des Machterhalts, da ein Sieg der Links-Parteien, der in der zweiten Jahreshälfte 1993 als wahrscheinlich galt, die Zukunft von Berlusconis Mediengroßunternehmen beispielsweise durch eine Novellierung des Mediengesetzes, eine Nichtverlängerung der Lizenzen oder eine drastische Erhöhung der Konzessionsgebühren gefährdet hätte (Petersen, a.a.O., S. 180 f.). Die Ausführungen zur Biografie von Berlusconi beziehen sich auf folgende nicht autorisierte Biografien: Giovanni Ruggeri/Mario Guarino: Berlusconi. Showmaster der Macht, Berlin 1994 (Berlusconi hatte gegen dieses Buch, das im Stil des Enthüllungsjournalismus geschrieben ist, geklagt und in allen drei Instanzen verloren); Claudio Fracassi/Michele Gambino: Berlusconi. Una biografia non autorizzata. La vita, le amicizie, gli

für seine Erfolge in der Baubranche den Ehrentitel *Cavaliere del lavoro* ("Ritter der Arbeit").[425] Mitte der 1970er Jahre begann Berlusconi ein Mediengroßunternehmen aufzubauen. 1978 erwarb er den Mailänder Privatsender *Telemilano* und wurde in den 1980er Jahren Marktführer des italienischen Privatfernsehens mit drei nationalen privaten Fernsehsendernetzen (*Canale Cinque, Italia Uno, Rete Quattro*) und einer dominanten Position auf dem Werbemarkt. Bei dem Aufbau seines Mediengroßunternehmens wurde Berlusconi von dem Parteiführer der Sozialistischen Partei Bettino Craxi unterstützt, dessen Mitwirkung an der italienischen Mediengesetzgebung Berlusconis Firmeninteressen entgegenkam. Journalistischen Enthüllungen zufolge soll auch die Geheimloge *Propaganda 2* unter Licio Gelli Berlusconi bei dem Aufbau seines Medienkonzerns geholfen haben. Anfang der 1980er Jahre begann Berlusconi mit der Schauspielerin Veronica Lario eine Affäre, die er mehrere Jahre lang geheim hielt. Nachdem Veronica Lario 1984 in der Schweiz heimlich die erste gemeinsame Tochter zur Welt gebracht hatte, ließ sich Berlusconi 1985 von seiner ersten Frau scheiden und heiratete seine Geliebte, mit der er eine weitere Tochter und einen Sohn hat. 1986 übernahm Berlusconi die Präsidentschaft des Fußballclubs AC Milan. Seit 1994 ist Berlusconi Parteiführer von Forza Italia.

2. Die Personalisierungsstrategien von Silvio Berlusconi

Berlusconis Forza Italia kann als Prototyp der Persönlichkeitspartei bezeichnet werden. Berlusconis Stellung innerhalb von Forza Italia ist absolut. Ein eventueller Abtritt Berlusconis würde grundsätzlich das politische Überleben von Forza Italia gefährden. Über seine Persönlichkeit definieren sich die Entstehungsmotivation, die organisatorische Etablierung und insbesondere das politische Angebot von Forza Italia. Die Partei ist in ihrer gesamten Struktur darauf ausgerichtet, Berlusconi in eine führende politische Machtposition, nämlich die des italienischen Ministerpräsidenten zu bringen. Berlusconi ist seit der Gründung von Forza Italia der unbestrittene Parteiführer. Er wählt das Führungspersonal aus und bestimmt allein die Richtlinien der Partei. In der Anfangsphase von Forza Italia waren die Hauptrepräsentanten Angestellte der

---

affari, Roma 1994 und Munzinger-Archiv/Internationales Biographisches Archiv 48/98 (Hrsg.): "Silvio Berlusconi", P 018325-6 Be-WE, S. 1-7.

[425] Deshalb wird Berlusconi in der journalistischen Sprache oft als *Il cavaliere* bezeichnet. Ein weiterer Beiname Berlusconis ist *Sua Emittenza*, ein Wortspiel aus *Sua Eminenza*, dem Titel der Kardinäle, und *emittente* (Sender), das auf seinen Medienbesitz anspielt.

Fininvest und damit unmittelbar von Berlusconi abhängig.[426] Er braucht kaum Legitimation von der Basis. Auf dem ersten nationalen Parteitag von Forza Italia, der im April 1998 und damit erst vier Jahre nach der Gründung der Partei stattfand, wurde Berlusconi lediglich per Akklamation als Parteichef bestätigt.[427] Die Parteitage von Forza Italia haben keinen Einfluss auf den politischen Entscheidungsprozess, sondern dienen ausschließlich der medialen Präsentation Berlusconis und der Motivationsvermittlung.[428] Insofern handelt es sich nicht um mediatisierte Ereignisse, wie dies in der Regel für Parteitage typisch ist, sondern um reine Pseudoereignisse. Die TeilnehmerInnen werden von der Parteiführung bestimmt und der Ablauf der Veranstaltung wird vorher festgelegt und teilweise eingeübt.[429] Die herausgehobene Stellung Berlusconis impliziert, dass Personalisierungsstrategien eine grundlegende Rolle bei seinem Kommunikationsmanagement spielen.

2.1. Positive Selbstdarstellung und Image-Kategorien

Berlusconis Imagebildung, an der zahlreiche BeraterInnen beteiligt sind, hat eine sehr nachhaltige Wirkung auf die WählerInnen.[430] Obwohl Berlusconi mehrmals wegen Meineid, Bilanzfälschung, Steuerbetrug, Bestechung und sogar Zusammenarbeit mit der Mafia angeklagt war[431], schadeten diese "Verfehlungen", die sich bei vielen Politikern negativ auf ihre Karrierefortsetzung auswirken würden, seinem Image nur begrenzt.[432] Wie die Ergebnisse der Parlamentswahlen vom 13. Mai 2001 zeigen, hat Berlusconi gegenüber seinem ersten Wahlerfolg 1994 8,4 Prozent der Stimmen hinzugewonnen und damit das beste Ergebnis seit der Gründung von Forza Italia er-

---

[426] Drüke, a.a.O., S. 241.
[427] vgl. Jun, Uwe: "Forza Italia – der Prototyp einer Medienkommunikationspartei?"; in: Dürr, Tobias/Walter, Franz (Hrsg.): Solidargemeinschaft und fragmentierte Gesellschaft: Parteien, Milieus und Verbände im Vergleich. Festschrift zum 60. Geburtstag von Peter Lösche, Opladen 1999, S. 480 f.
[428] ebda., S. 481 f.
[429] vgl. Seißelberg 1996, a.a.O., S. 730.
[430] vgl. Jun, a.a.O., S. 487 f.
[431] Berlusconi wurde bis dato viermal in erster Instanz zu insgesamt sechs Jahren und drei Monaten Gefängnis verurteilt. Diese Urteile wurden jedoch in der Berufungsinstanz aus Mangel an Beweisen oder Verjährungsgründen wieder aufgehoben. Siehe zu den verschiedenen Strafverfahren ausführlich Christiane Kohl: "Ein Fall für den Staatsanwalt. Oppositionsführer Silvio Berlusconi ist in mehrere Strafverfahren verwickelt"; in: Süddeutsche Zeitung, 12./13. Mai 2001, S. 2.
[432] vgl. Jun, a.a.O., S. 487 f.

reicht, obwohl das Image des "politischen Saubermanns", als den er sich 1994 unter anderem inszeniert hatte, nicht mehr aufrecht zu erhalten war.

Die positive Selbstdarstellung von Berlusconi zielt darauf ab, sein positives Image, das er sich als Unternehmer durch *public relations* aufgebaut hat, auf seine politische Tätigkeit zu übertragen.[433] Er profitiert davon, dass Großunternehmer in der italienischen Gesellschaft ein hohes Ansehen genießen. Berlusconis Ansehen wird zusätzlich dadurch gesteigert, dass er von den ItalienerInnen mit den populären Industriezweigen Fußball und Fernsehen in Verbindung gebracht wird.[434] In Sympathieumfragen gehörte Berlusconi zu Beginn der 1990er Jahre als Chef der *Fininvest* zu den populärsten Italienern, vor allen anderen Unternehmern und insbesondere weit vor allen Berufspolitkern.[435] Solche Meinungsumfragen wurden von Berlusconi 1993/94 intensiv genutzt, um einen günstigen Termin für seinen offiziellen Eintritt in die Politik zu ermitteln. Die hohen Sympathiewerte sprachen für ein möglichst spätes Datum für die Bekanntgabe seiner Kandidatur. Da Berlusconi offiziell noch außerhalb der tagespolitischen Auseinandersetzung stand, konnte er lange Zeit eine Position der formalen Überparteilichkeit nutzen. Bis Ende Januar 1994 konnte er die Politik kritisieren, ohne selbst als Politiker eine Angriffsfläche zu bieten. Als Berlusconi seinen Eintritt in die Politik offiziell erklärte, war er laut Meinungsumfragen bereits die Person, die sich die meisten ItalienerInnen als Ministerpräsidenten wünschten, obwohl er keinerlei politische Erfahrung vorweisen konnte.[436] Seine Unerfahrenheit in der Politik thematisierte er offensiv als positive Eigenschaft: "Ich bin unerfahren in der Politik, ich komme aus einem anderen Beruf, aber ich besitze einen gesunden Menschenverstand und die Technik die Probleme anzupacken."[437] Implizit warf er damit den bei den ItalienerInnen in Misskredit geratenen Berufspolitikern vor, keinen gesunden Menschenverstand und keine Problemlösungsstrategien zu besitzen. Er verfolgte das Ziel, sich von der politischen Klasse abzugrenzen und inszenierte sich selbst als Anti-

---

[433] vgl. Grandi, Roberto/Cavicchioli, Sandra/Franceschetti, Massimo: "Elezioni politiche nazionali 1994. Strategie a confronto"; in: Rivolsi, Marino/Volli, Ugo (Hrsg.): La comunicazione politica tra prima e seconda repubblica, Milano 1995, S. 169. Vgl. auch Paolo Mancini: "Italy's Berlusconi Factor"; in: Press/Politics, Vol. 2, No. 1 (1997), S. 117.
[434] vgl. McCarthy, Patrick: "Forza Italia: nascita e sviluppo di un partito virtuale"; in: Ignazi, Piero/Katz Richard S. (Hrsg.): Politica in Italia. I fatti dell'anno e le interpretazioni. Edizione 1995, Bologna 1995, S. 53.
[435] vgl. Seißelberg 1995, a.a.O., S. 226.
[436] ebda., S. 219.
[437] La Repubblica, 2. April 1994, o.S., eigene Übersetzung.

Berufspolitiker.[438] In einem Fernsehinterview äußerte er sich dazu wie folgt: "Ich möchte mich nicht der Politik widmen, besonders nicht dieser, ich möchte mich meinem Land widmen. Das ist etwas Anderes."[439] Das Image des Anti-Berufspolitikers ist für die positive Selbstdarstellung Berlusconis trotz seiner mittlerweile 7-jährigen politischen Tätigkeit nach wie vor charakteristisch:

> "Ich arbeite konkret und pragmatisch. Hingegen hat sich hier in Italien in den mehr als 50 Regierungen, die wir seit dem Krieg hatten, bei den Berufspolitikern eine totale Ankündigungskultur entwickelt. Hier ist ein Politiker ja schon zufrieden, wenn er eine Sache angekündigt hat. Um die Realisierung braucht er sich ja nicht mehr zu kümmern, bis dahin hat die Regierung ja längst gewechselt."[440]

Mit dieser Kommunikationsstrategie knüpft Berlusconi an die politische Kultur Italiens an, die durch ein großes Misstrauen in die politische Klasse geprägt ist. Besonderen Wert legte Berlusconi bei der "Vermarktung" seiner Person darauf, dass die Medien nur Bilder von ihm veröffentlichten, die ihn jung, dynamisch und kompetent erscheinen ließen. Bereits vor der offiziellen Gründung von Forza Italia wurden an die Redaktionen zahlreiche Pressefotos Berlusconis in seiner Eigenschaft als Unternehmer versandt. Der *Corriere della Sera* schrieb zu der bis dato in Italien einmaligen Imagekampagne Berlusconis:

> "Es ist nichts Neues, daß Persönlichkeiten der hohen Wirtschaftsspitze und der Finanzwelt dem Beispiel der Filmstars folgen und Fotoaufnahmen von sich herumschicken, auf denen sie jung und schön erscheinen und dichtes Haar haben. Aber Berlusconi schlägt alles bisher Dagewesene. Sein Dossier übertrifft sicherlich die der großen Hollywoodstars. Man sieht Ihn mit dem Papst, mit Gorbatschow, mit Künstlern in offizieller, protokollarischer Pose. Ihn in der seriösen Haltung des Wirtschaftsbosses, Ihn im Stadion als bangenden Ersten Fußballfan von *AC Milan* während eines gefährlichen Angriffs, Ihn als lächelnden, glücklichen Ersten Fußballfan nach einem Tor des AC Milan. Ihn als zärtlichen Vater, der die beiden kleinsten Mädchen an der Hand führt, Ihn als *Great Communicator*, der ein Plädoyer für die

---

[438] vgl. Roberto Bertinetti/Roberto Weber: "Parole in cerca di consenso. Un confronto fra Prodi e Berlusconi"; in: il Mulino 361, settembre-ottobre 1995, S. 892.
[439] zitiert nach Augusta Forconi: Parola da Cavaliere. Il linguaggio di Berlusconi dal tempo del potere al tempo dell'opposizione, Roma 1997, S. 149.
[440] Berlusconi im Interview mit der Süddeutschen Zeitung, 14. Dezember 2000, S. 12.

Macht des Verkaufens hält. Ihn in mondäner Umgebung... und so weiter."[441]

Bei seinen Großauftritten lässt Berlusconi nur eine kleine, auserwählte Zahl von Fotografen und Kameraleuten in seine Nähe kommen, damit er nicht in Gefahr gerät, von einem missliebigen Kameramann in einem ungünstigen Moment ertappt zu werden.[442] Berlusconis positive Selbstdarstellung ist durch eine starke Einbeziehung von Aspekten des *human touch* gekennzeichnet. Im Wahlkampf 1994 ließ er sich sowohl im Fernsehen inszenieren, als auch mittels reich bebilderter Publikationen mit Titeln wie "Berlusconi-Story. Leben und Arbeit, Freunde und Feinde, Liebe und Leidenschaften, Sport und Politik", die an jedem Kiosk auslagen.[443] Zahlreiche Interviews in Zeitschriften und Magazinen informierten über Berlusconis Kindheit und Jugend als Vorbereitungsphase für seinen unternehmerischen und politischen Erfolg. Auch zahlreiche Familienfotos, die Berlusconi als Vorzeige-Ehemann und fürsorglichen Familienvater zeigen, wurden veröffentlicht.[444] Damit präsentierte Berlusconi primär Persönlichkeitsmerkmale, private Lebensumstände und Verhaltensweisen sowie insbesondere unternehmerische Erfolge als Legitimationsgrund für seine angestrebte politische Tätigkeit als italienischer Ministerpräsident. Seine Strategie bestand darin, vorwiegend affektive Handlungsmotive zu mobilisieren, bei denen die Sympathie zum Akteur als Privatmann dann von der Zustimmung zum Akteur als Politiker überlagert wird.[445]

In der idealtypischen Typologie von Schwartzenberg füllt Berlusconi gleichzeitig Rollenelemente des "charmanten Führers" und des "Helden" aus.

---

[441] Corriere della Sera, 18. Oktober 1993, zitiert nach Ruggeri/Guarino, a.a.O., S. 231 f., Hervorhebung im Original. Bereits 1986, als Berlusconi Präsident des AC Milan wurde, beauftragte er einen Mitarbeiter damit, bei allen mailändischen Zeitungsredaktionen Fotos von ihm zurückzunehmen und gegen solche auszutauschen, auf denen er hübsch, braungebrannt und mit vollem Haar erschien. (Massimo Gramellini: "Berlusconi, ovvero la Repubblica del pallone"; in: MicroMega, 1/1994, S. 132.)
[442] Wallisch, a.a.O., S. 29.
[443] Hausmann, a.a.O., S. 167.
[444] Ferrari, a.a.O., S. 57 f.
[445] siehe zu dieser Strategie Sarcinelli 1987, a.a.O., S. 177.

2.1.1. "Charmanter Führer"

Der "charmante Führer" betrachtet die Politik als "Kunst der Verführung" beziehungsweise als "professionellen schauspielerischen Akt".[446] Er ist ein Star, der sich am liebsten cool und locker in Szene setzt.[447] Diese Art der Inszenierung ist typisch für Berlusconi. Bei den Veranstaltungen von Forza Italia schlendert er wie ein Showmaster souverän und lässig über die Bühne. In der einen Hand hält er das Mikrofon, die andere hat er meist in die Hosentasche gesteckt und holt sie nur zur Betonung besonderer Worte hervor.[448] Diese scheinbare Lässigkeit ist in Wirklichkeit einstudiert. Jede Bewegung wird vor dem Auftritt geprobt.[449] Die eingeübte lockere Gestik findet ihre Entsprechung in einer betont freundlichen Mimik, die durch ein unermüdliches Lächeln gekennzeichnet ist.[450]

Bei der Auswahl seiner Kleidung ist der "charmante Führer" auf Stil bedacht.[451] Berlusconi trägt bevorzugt ein hellblaues oder weißes Hemd und einen dunklen zweireihigen Anzug, der besonders gut für die Auftritte im Fernsehen geeignet ist. Abgerundet wird seine Kleidung durch englische Schuhe und eine schwarze oder dunkelblaue Krawatte mit kleinen, weißen Punkten.[452] Das gesamte Outfit, das Berlusconi wie eine Uniform bei fast allen seinen öffentlichen Auftritten trägt, verleiht seiner Erscheinung etwas Nobles und Seriöses. Berlusconi erweckt den Eindruck eines "höflichen, seriösen und gebildeten Gentlemans"[453]. Dieser Kleidungsstil hat auch den Vorteil, dass die kleine, aber sportliche Figur Berlusconis etwas gehoben wird. Berlusconi ist etwa 1,64 m groß und trägt deshalb bevorzugt Schuhe mit hohen Absätzen.[454] Bei Anlässen, die ein sportlicheres Auftreten verlangen, wie beispielsweise die Kreuzfahrt rund um Italien mit dem "Schiff der Freiheit", ein Pseudoereignis, das Berlusconi im Wahlkampf für die Regionalwahlen 2000 organisiert hatte, kombiniert Ber-

---

[446] Schwartzenberg, a.a.O., S. 69.
[447] ebda., S. 74 ff.
[448] Krempl, a.a.O., S. 144.
[449] Jens Renner: Der Fall Berlusconi. Rechte Politik und Mediendiktatur, Göttingen 1994, S. 118 f.
[450] Krempl, a.a.O., S. 144.
[451] Schwartzenberg, a.a.O., S. 72.
[452] Krempl, a.a.O., S. 143.
[453] ebda.
[454] Roques, a.a.O., S. 195.

lusconi eine feine Hose mit einem dunkelblauen Designerpullover, der gleichzeitig sportlich und edel wirkt.[455]

Der "charmante Führer" ist ein Anhänger von Marktstudien und Meinungsumfragen.[456] Dies trifft in besonderem Maße auf Berlusconi zu. Charakteristisch ist folgende Bemerkung: "Ihr könnt Euch über mich lustig machen, weil ich die Umfragen liebe, aber ich sage Euch: Die Umfragen sind ein wichtiges Instrument der Demokratie, sie drücken das aus, was die Leute denken."[457] Für den "charmanten Führer" gibt es keinen Unterschied zwischen dem Verkauf einer Ware und dem eines politischen Kandidaten.[458] Diese Ansicht ist ebenfalls charakteristisch für Berlusconi. Die römische Zeitung *La Repubblica* zählte während Berlusconis 45-minütiger Rede vor dem Senat am 18. Mai 1994 vor der Vertrauensabstimmung seiner Regierung 24 "Produktbeschreibungen"[459] Berlusconis, der sich selbst unter anderem mit folgenden Sätzen charakterisierte:

"Ich bin ein praktischer Mensch"; "Ich bin ein Träumer mit offenen Augen"; "Ich bin ein kluger Mensch"; "Ich bin ein Bürger"; "Ich werde die Fähigkeiten gebrauchen, über die ich verfüge"; "Ich bin bereit zu jeder Anstrengung"; "Ich mache gerade eine Lehre"; "Alles, was ich gemacht habe, ist transparent"; "Ich bin ein Unternehmer, der in die Politik eintritt"; "Der gesunde Menschenverstand ist für mich eine Hilfe"; "Ich bin offen und aufrichtig, während ich sie um das Vertrauen bitte".[460]

Der "charmante Führer" ist in Folge von stetem Zeitdruck ständig in Bewegung und verwandelt sich für den Staat in einen "Bulldozer von überbordender Energie"[461]. Berlusconi verweist oftmals auf seinen vollen Terminkalender: "Ich hoffe, dass mei-

---

[455] In dieser Kleiderkombination trat Berlusconi auch im Wahlkampf für die Parlamentswahlen am 13. Mai 2001 öfter auf. Am Wahltag gab er in diesem Outfit seine Stimme ab. Vermutlich wollte er sich damit von seinem jüngeren Konkurrenten Francesco Rutelli abgrenzen, der im Maßanzug den Wahlkampf bestritt und smarter wirkte als Berlusconi. Die Medien hatten wochenlang von einem Wahlkampf des "Reichen", Silvio Berlusconi, gegen den "Schönen", Francesco Rutelli, gesprochen (Kompass, Fernsehreportage des Bayrischen Rundfunks vom 8. Mai 2001). Bei der Fernsehansprache nach der gewonnen Wahl war aber wieder das gewohnte Bild von Berlusconi zu sehen, der in einem schwarzen Anzug hinter seinem Schreibtisch seiner Villa saß und eine "Rede an die Nation" hielt.
[456] Schwartzenberg, a.a.O., S. 71.
[457] La Repubblica, 8. Juni 1994, o.S., eigene Übersetzung.
[458] Schwartzenberg, a.a.O., S. 71.
[459] vgl. Möller, a.a.O., S. 362
[460] La Repubblica, 19. Mai 1994, o.S., zitiert nach Möller, a.a.O., S. 362 f.
[461] Schwartzenberg, a.a.O., S. 71.

ne Arbeitszeit sich in Zukunft verkürzen lässt, weil ich mich fast nicht traue, es zu sagen: (ich arbeite) von halb acht morgens bis um halb drei, drei in der Nacht."[462] Er betont, dass er in seinem Leben nie so viel gearbeitet habe wie als Politiker, womit er seine Opferbereitschaft für sein Land unterstreicht.[463]

Der "charmante Führer" liebt den Sport.[464] Berlusconi präsentiert sich als sportlicher Siegertyp. Er unterstützt verschiedene Volleyball-, Rugby-, Eishockey-, und Baseballmannschaften finanziell und kümmert sich um die Organisation des wichtigsten italienischen Radrennens, den *Giro d'Italia*.[465] Die Präsidentschaft des Fußballclubs AC Milan, die im fußballbegeisterten Italien in der Hierarchie mit dem Staatsoberhaupt oder Regierungschef fast gleichzusetzen ist, erweist sich für die Selbstdarstellung als sportlicher Siegertyp als besonders günstig.[466] Insbesondere im Wahlkampf 1994 profitierte Berlusconi vom Siegeszug des AC Mailand mit italienischen Meistertiteln, Europapokal-Erfolgen und internationaler Reputation, der auf die erfolgreichen Investitionen Berlusconis zurückgeführt wurde, was seine Popularität insgesamt erhöhte.[467] Zusätzlich färbte die Beliebtheit der Fußballstars des AC Milan wie Paolo Maldini und Franco Baresi auf ihn ab.[468] Dadurch gewann Berlusconi vor allem unter den niedrig gebildeten ItalienerInnen an Popularität.[469] Berlusconis Image des sportlichen Siegertyps wurde im Wahlkampf 1994 von Forza Italia offensiv instrumentalisiert.[470] In einer Diskussion mit seinem Wahlkreiskonkurrenten, dem Wirtschaftsprofessor Luigi Spaventa vom Mitte-Links-Bündnis, erwiderte Berlusconi seinem politischen Gegner: "Gewinnen Sie erst mal wie ich mehrere Europapokale."[471] Einer Regelung für den Wahlkampf, die vorsah, dass alle Parteien auf allen Sendern den gleichen Raum eingeräumt bekamen, entgingen die Privatsender Berlusconis dadurch,

---

[462] zitiert nach Forconi, a.a.O., S. 143, eigene Übersetzung.
[463] ebda., S. 143 ff.
[464] Schwartzenberg, a.a.O., S. 76.
[465] Wallisch, a.a.O., S. 116;Roques, a.a.O., S. 197 f.
[466] Wallisch, a.a.O., S. 116. Nach seiner Wahl zum Präsidenten des AC Milan präsentierte Berlusconi den Fans im Juli 1986 ein gewaltiges Spektakel, das an seine späteren Politikinszenierungen erinnert: Im Stadion landeten drei Hubschrauber, denen unter musikalischer Untermalung durch Richard Wagners "Ritt der Wallküren" die Spieler und das Leitungspersonal des Vereins entstiegen (Nicola Porro: "L'innovazione conservatrice. Fininvest, Milan club e Forza Italia"; in: quaderni di sociologia, 9/1994-95, S. 14.)
[467] vgl. Jun, a.a.O, S. 488 f.
[468] vgl. McCarthy 1995, a.a.O., S. 53 f.
[469] vgl. Seißelberg 1995, a.a.O., S. 227.
[470] ebda.
[471] zitiert nach ebda.

dass sie Berlusconi nicht als Kandidaten im Wahlkampf, sondern als "Präsidenten des AC Milan" interviewten, auf dessen Präsenz keine Sportsendung verzichten konnte.[472] Diese Imagestrategie sicherte Berlusconi auch eine hohe Präsenz in den nichtelitären Printmedien. Da es in Italien keine reinen Boulevardzeitungen gibt, die mit der deutschen Bild-Zeitung vergleichbar wären, bestand Berlusconis Strategie darin, in den täglich erscheinenden vier Sportzeitungen Italiens positiv dargestellt zu werden.[473] Berlusconi beschränkt sich nicht darauf, sein Fußballinteresse allein im Zusammenhang mit "seinem" AC Milan zu demonstrieren, sondern meldet sich auch anlässlich von Europa- und Weltmeisterschaften, an denen die italienische Nationalmannschaft teilnimmt, zu Wort. In der Parlamentsdebatte zur Vertrauensabstimmung über seine Regierung am 18. Mai 1994 erklärte Berlusconi die Fußballweltmeisterschaft 1994 zu einer "Frage von nationalem Interesse"[474]. Als Italien im Endspiel der Fußballeuropameisterschaft 2000 Frankreich unterlag, kritisierte und beleidigte Silvio Berlusconi den Trainer der italienischen Nationalmannschaft Dino Zoff so vehement, dass dieser daraufhin von seinem Amt zurücktrat. Als die öffentliche Meinung auf die Aussagen Berlusconis vorwiegend negativ reagierte, relativierte er seine Kritik, beanspruchte aber aufgrund seiner Erfahrungen als Präsident des AC Milan das Recht, sich in die fußballerischen Angelegenheiten seines Landes einzumischen: "Nun beanspruche ich nicht, dass man mir Recht gibt. Aber ich habe das Recht, meine Meinung zu sagen mit allem, was ich bereits gewonnen habe."[475]

Der "charmante Führer" hat eine berühmte Universität besucht und ist ein "Playboy mit bewegter Vergangenheit".[476] Auch Berlusconi, der während seiner Studentenzeit an der staatlichen Universität in Mailand als Entertainer auf Kreuzfahrtschiffen arbeitete, hatte den Ruf eines "Playboys". Während seiner beruflichen Laufbahn als Unternehmer zog es Berlusconi jedoch vor, sich das Image des untadeligen Ehemanns zu geben, weshalb er seine Affäre mit seiner späteren zweiten Ehefrau mehrere Jahre lang geheim hielt. Als Politiker dient ihm das Image des liebenden und treu-

---

[472] Wallisch, a.a.O., S. 137.
[473] Renner, a.a.O., S. 132.
[474] siehe folgende Bemerkung Berlusconis: "In einigen Wochen und das ist keine Koketterie des Präsidenten von Milan, sondern eine Frage von nationalem Interesse, wird in den USA die Weltmeisterschaft im Fußball stattfinden... Ich möchte vor allem einen schlichten, aber herzlichen Gruß an unsere Athleten richten." (zitiert nach Forconi, a.a.O., S. 51, eigene Übersetzung.)
[475] Corriere della Sera, 5. Juli 2000, o.S., eigene Übersetzung.
[476] Schwartzenberg, a.a.O., S. 75 f.

en Ehemanns insbesondere dazu, die bürgerlichen und katholischen WählerInnen anzusprechen.[477] In der Öffentlichkeit demonstriert Berlusconi durch Händchenhalten mit seiner zweiten Gattin eheliche Gemeinschaft. Der "charmante Führer" liebt das Familienleben.[478] Berlusconi inszeniert sich als fürsorglicher Familienvater, der sich trotz seiner enormen beruflichen Belastung rührend um seine Kinder kümmert. Charakteristisch ist folgende Bemerkung: "Heute Nacht habe ich kein Auge zugetan, meiner Tochter war unwohl, ich musste ihr feuchte Tücher auf die Stirn legen."[479] Ein glückliches Familienleben wird von Berlusconi als Voraussetzung für eine erfolgreiche Tätigkeit als Politiker dargestellt: "Die Familie ist der höchste Wert. Wer seine Familie vernachlässigt, könnte kein guter Regierender sein."[480] Das Bild des "charmanten Führers" nährt sich Schwartzenberg zufolge aus dem "Charme der Jugend, und sei dieselbe auch noch so relativ (...)."[481] Berlusconi pflegt ebenfalls einen "Kult der Jugendlichkeit". In der Öffentlichkeit zeigt er sich bevorzugt mit seinen drei Kindern aus zweiter Ehe, geht mit ihnen zum Sport oder auf die *Piazza*.[482] Die Gegenwart der erwachsenen Kinder aus erster Ehe würde nach Meinung von Berlusconis Image-Experten seinem jugendlichen Auftreten schaden.[483] Forza Italia-Werbevideos werden mit einem speziellen Filter gedreht, der die Falten Berlusconis übertönt. Berlusconi hat stets ein gebräuntes Gesicht, das er selbst schminkt.[484] Um von seinem im Laufe der Jahre licht gewordenem Haar abzulenken, lässt sich Berlusconi so fotografieren, dass der obere Teil des Kopfes nicht oder nur am Rande zu sehen ist und die Aufmerksamkeit auf sein nachdenkliches oder strahlendes Gesicht gelenkt wird, was an den Wahlplakaten der letzten zwei Jahre deutlich zu erkennen ist.

Im Gegensatz zum idealtypischen "charmanten Führer", der aus einer reichen Familie stammt[485], präsentiert sich Berlusconi als "Selfmademan", der sich nach oben gearbeitet hat. Seine "Bilderbuchkarriere", die er jedoch offensichtlich nicht immer mit legalen Mitteln realisierte, erinnert an den *American Dream* vom Tellerwäscher, der

---

[477] Krempl, a.a.O., S. 119.
[478] Schwartzenberg, a.a.O., S. 76.
[479] La Voce, 29. November 1995, o.S., zitiert nach Forconi, a.a.O., S. 131, eigene Übersetzung.
[480] La Repubblica, 30. März 1994, o.S., eigene Übersetzung.
[481] Schwartzenberg, a.a.O., S. 70.
[482] Krempl, a.a.O., S. 120.
[483] Wallisch, a.a.O., S. 140.
[484] Krempl, a.a.O., S. 144.
[485] Schwartzenberg, a.a.O., S. 75 f.

sich zum Millionär hocharbeitet.[486] Wie der "Herr Jedermann" zeichnet sich der "charmante Führer" Schwartzenberg zufolge durch Schlichtheit aus, womit er seinem Publikum Identifikationsangebote macht.[487] Gleichzeitig hat er aber einen Lebensstil von dem jeder träumt, ohne ihn erreichen zu können. Dadurch weckt er Sympathie und Bewunderung.[488] Berlusconi entspricht auch in dieser Hinsicht dem idealtypischen "charmanten Führer". Charakteristisch ist folgende Bemerkung: "Keiner verfolgt seine Ziele hartnäckiger als ich; der große Unterschied zwischen den anderen und mir ist, daß die Träume der anderen Träume bleiben, während ich meine Träume in die Wirklichkeit umsetze."[489]

2.1.2. "Held"

Der "Held" muss drei Funktionen erfüllen: er ist "Schausteller", "Traumerzeuger" und "Tranquilizer" in Personalunion.[490] Beim idealtypischen "Helden" verschmelzen nach Schwartzenberg *leadership* und *showmanship*.[491] Auf die Inszenierung Berlusconis als "Showman" wurde bereits im Zusammenhang mit der Image-Kategorie des "charmanten Führers" eingegangen. An dieser Stelle besteht ein Berührungspunkt zwischen den beiden Idealtypen. Der "Held" hebt sich aus dem grauen Alltag heraus und löst Träume aus. Er ist ein "Vermittler des Wunderbaren und Irrationalen", ein "Prophet" und "Visionär".[492] Berlusconi vermittelt den ItalienerInnen ebenfalls Träume und "prophetische Weissagungen":

> "Ich sage Euch, dass es möglich ist, zusammen einen *großen Traum* zu realisieren: denjenigen eines Italiens, das gerechter ist, großzügiger gegenüber dem, der es braucht, blühender und heiterer, moderner und leistungsfähiger, Protagonist in Europa und in der Welt. Ich sage Euch, dass wir zu-

---

[486] Krempl, a.a.O., S. 116; vgl. McCarthy 1995, a.a.O., S. 53.
[487] Schwartzenberg, a.a.O., S. 75.
[488] ebda., S. 74.
[489] zitiert nach Ruggeri/Guarino, a.a.O., S. 30.
[490] Schwartzenberg, a.a.O., S. 24.
[491] ebda.
[492] ebda.

sammen für uns und unsere Kinder ein *neues italienisches Wunder* schaffen können, schaffen müssen."[493]

Der "Held" ist in der Typologie Schwartzenbergs der "Erlöser" und fast der "Messias". Er ist der "gottgesandte geniale Führer".[494] Berlusconi, der sich als praktizierender Katholik bezeichnet[495], inszeniert sich ebenfalls in der Rolle des "Messias". Charakteristisch ist folgende Bemerkung: "Wer von den Leuten gewählt wird ist wie vom Herrn gesalbt."[496] Berlusconi verweist kontinuierlich auf seine herausgehobene Rolle als "gottgesandter Führer", indem er die "Wunder" aufzählt, die er bereits vollbracht habe, und seine AnhängerInnen auffordert, zu "Aposteln" zu werden:

"Ich habe in meinem Leben schon drei Wunder vollbracht. Als Bauherr, als Sportsmann, als Verleger... Nun müssen wir alle zusammen das neue italienische Wunder vollbringen."[497]

"Ihr müsst Missionare werden, besser noch Apostel, ich werde Euch das Evangelium von Forza Italia erklären, das Evangelium nach Silvio."[498]

Dieser Selbstdarstellung als "gottgesandter Führer" entsprechend bezeichnete Berlusconi den Koalitionsbruch Bossis im Dezember 1994 als "Verrat"[499] und Bossi als "Judas"[500]. Berlusconi inszenierte sich auf diese Art und Weise als "Märtyrer" und "unschuldiges Opfer". Das Image des "unschuldigen Opfers" wird von Berlusconi in der Opposition und im Wahlkampf besonders stark eingesetzt. Charakteristisch ist folgende Bemerkung:

---

[493] Berlusconi in seiner Fernsehansprache vom 26. Januar 1994, in der er seinen Eintritt in die Politik bekannt gab. Die Rede ist abrufbar unter "La discesa in campo" auf der Homepage von Forza Italia, URL: http://www.forza-italia.it, eigene Hervorhebung und Übersetzung.
[494] Schwartzenberg, a.a.O, S. 21.
[495] siehe beispielsweise folgende Bemerkung: "Ich bin religiös, praktizierender Katholik. Ich habe fünf Tanten, die Nonnen sind, und sonntags kommt einer meiner Cousins, der Priester ist, nach Arcore, um die Messe in meiner Privatkappelle zu feiern. Das Abendmahl? Ja, ich gehe oft zum Abendmahl."(La Repubblica, 30. März 1994, o.S., eigene Übersetzung.)
[496] La Repubblica, 27. November 1994, o.S., eigene Übersetzung.
[497] La Repubblica, 31. März 1994, o.S., eigene Übersetzung.
[498] Il Messaggero 4. April 1995, o.S., eigene Übersetzung.
[499] zitiert nach Losano, a.a.O., S. 109.
[500] zitiert nach McCarthy 1995, a.a.O., S. 56, eigene Übersetzung.

"Bis 1993, als ich beschloss mich in der Politik zu engagieren, hatten sich die Gerichte noch nie mit mir oder meinen Firmen beschäftigt. Aber, sobald ich beschlossen hatte, Forza Italia zu gründen, wurde ich in einen juristischen Strudel hineingezogen. Das Ziel war und ist mich durch eine Diffamierungskampagne aus dem politischen Leben in Italien und im Ausland zu entfernen. (...)"[501]

Berlusconi bezog bei seiner Opfer-Rolle immer wieder seine Familie mit ein, die unter seiner "Verfolgung" zu leiden hätte: "Denkt Ihr nicht, dass ich es satt habe, meine Kinder weinen zu sehen wegen dem wie ich beschrieben werde, wegen dem, was man über mich auf den Plätzen sagt?"[502]

Der "Held" verbreitet nicht nur "Glanz und Traum", sondern auch das Gefühl der Sicherheit. Er hilft als "Meister der Sicherheit", Angst zu überwinden und die Unsicherheit, die in einer Zeitenwende entsteht, zu beseitigen.[503] Berlusconi, der zu einem Zeitpunkt die politische Bühne betrat, als sich das politische System Italiens in einer wirtschaftlichen, politischen und gesellschaftlichen Krise befand und die meisten ItalienerInnen das Vertrauen in die Parteien und PolitikerInnen verloren hatten, stellte sich im Wahlkampf 1994 als einzige Alternative zum "politischen Chaos" dar, als "Retter der Nation".[504] Dazu wies er kontinuierlich auf seine unternehmerischen Erfahrungen hin, die zur "Erneuerung" Italiens von herausragender Bedeutung seien. Charakteristisch ist folgende Bemerkung: "Ehrlich gesagt bin ich der einzige, der in der Lage ist, die Dinge zu ändern, weil die anderen nicht meine unternehmerischen Erfahrungen haben."[505] Mit dieser positiven Selbstdarstellung präsentierte sich Berlusconi auch im Wahlkampf für die Parlamentswahlen 2001: "Ich bin der einzige, der Italien verändern kann."[506]

Charakteristisch für den "Helden" sind zwei Eigenschaften: Distanz und Stolz. Der "Held" distanziert sich von seinem Volk und mischt sich nur zu besonderen Anlässen unter die "gemeinen Leute". Dann gibt er sich aus unmittelbarer Nähe ihrer "Anbetung" preis und nimmt ein "Bad in der Menge".[507] Ein solch "besonderer Anlass" war für Berlusconi beispielsweise die Kreuzfahrt mit dem "Schiff der Freiheit", ein Pseu-

---

[501] EVP-News, 01-2000, o.S.
[502] Il Messaggero, 17. November 1994, o.S., eigene Übersetzung.
[503] Schwartzenberg, a.a.O., S. 25.
[504] Ferrari, a.a.O., S. 55; vgl. McCarthy 1995, a.a.O., S. 55.
[505] La Repubblica, 30. Juli 1994, o.S., eigene Übersetzung.
[506] Berlusconi im Interview mit der Süddeutschen Zeitung, 14. Dezember 2000, S. 12.
[507] Schwartzenberg, a.a.O., S. 25 f.

doereignis im Wahlkampf für die Regionalwahlen 2000. Solche "Bäder in der Menge" bilden für Berlusconi die Ausnahme. Stattdessen inszeniert er sich bevorzugt im Fernsehen. Der "Held" ist das Gegenteil des vertrauten "Herrn Jedermann", der mit seinen MitbürgerInnen von gleich zu gleich verkehrt. Der "Held" thront weit weg vom Volk in einer Art "Olymp".[508] Dieser Olymp ist im Falle von Berlusconi seine Villa in Arcore, von der aus er sich in Fernsehansprachen an das Volk wendet. Ein Beispiel dafür ist seine bekannte "Rede an die Nation" vom 26. Januar 1994 mit der er seinen Eintritt in die Politik bekannt gab.[509] Der "Held" in Schwartzenbergs Typologie ist übertrieben stolz und narzisstisch.[510] Berlusconi erfüllt auch diese Eigenschaft. Ein Beispiel dafür ist das Mausoleum aus weißem Marmor, das er im Garten seiner Villenanlage für sich und seine Familie errichten ließ.[511] Charakteristisch ist auch folgende Bemerkung: "Niemand auf der Welt hat je das geschafft, was ich geschafft habe."[512] Um das Image des Helden und Führers zu verstärken, steckt Berlusconi in der Öffentlichkeit oftmals eine Hand unter das Revers seines Anzuges, eine Geste, wie sie von Napoleon bekannt ist.[513]

2.2. Negative-Campaigning

Berlusconi wendet sich wie Bossi von der politischen Klasse ab und kritisiert die *partitocrazia*. Anders als Bossi greift er jedoch nicht alle italienischen Parteien gleichermaßen an, sondern richtet sein Negative-Campaigning in erster Linie gegen die italienischen Links-Parteien, die er als "kommunistisch" zu diskreditieren beabsichtigt. Nach der gescheiterten Regierungskoalition 1994 griff Berlusconi zeitweilig auch Bossi an. Beispielhaft ist folgende Aussage: "Bossi ist eine Katastrophe, ein verdrehter und aufgelöster Kopf, ein Unfall der italienischen Demokratie, ein Ausschlachter, mit dem ich mich nie wieder an denselben Tisch setzen werde."[514] Dieses zeitweilige Negative-Campaigning gegenüber Bossi spielt jedoch eine untergeordnete

---

[508] ebda., S. 25.
[509] siehe dazu ausführlich das Kapitel über die Thematisierungsstrategien von Berlusconi.
[510] Schwartzenberg, a.a.O., S. 30.
[511] Krempl, a.a.O., S. 110.
[512] Berlusconi zitiert nach Forconi, a.a.O., S. 129, eigene Übersetzung.
[513] Krempl, a.a.O., S. 55.
[514] La Repubblica, 20. Januar 1995, o.S., eigene Übersetzung.

Rolle im Vergleich zu Berlusconis Angriffen gegenüber den "Kommunisten", die eine grundlegende Konstante in seinen Kommunikationsstrategien darstellen.

2.2.1. Die "Kommunisten"

Um sich im Parteienspektrum als Alternative zu den anderen italienischen Parteien zu verorten und die Identität von Forza Italia zu stärken, setzt Berlusconi das Feindbild des "Kommunismus" ein, das besonders medienwirksam ist.[515] Er reaktiviert damit ein Feindbild, das den ItalienerInnen seit den Anfängen der italienischen Republik bekannt ist, da der Antikommunismus kontinuierlich im Zentrum der Kommunikationsstrategien der Democrazia Cristiana stand.[516] Berlusconi bezeichnet nicht nur die Links-Parteien Italiens, sondern auch einen Großteil der Medien, die ihm kritisch gegenüberstehen, und die nach seiner Auffassung ihm gegenüber voreingenommene italienische Richterschaft als "kommunistisch". Damit verstärkt er zugleich seine positive Selbstdarstellung als "unschuldiges Opfer", indem er die Vorgehensweise der Nicht-*Fininvest*-Sender, Teilen der In- und Auslandpresse und der italienischen Richter als "Hexenjagd" und "inquisitorische Verbissenheit" ihm gegenüber beschreibt.[517] Beispielhaft sind folgende Bemerkungen:

"Die große internationale Presse hat kein eigenes Urteil, sondern spiegelt die Meinung der Korrespondenten wider, und die sind von den Kommunisten bestens bearbeitet worden. Unter diesen Korrespondenten gibt es viele, die zur Linken gehören. Auch hier gibt es Kommunisten und dazu Journalisten, die auf sie eingehen."[518]

"Die Richter müssen ihre Pflicht tun ohne jemandem ins Gesicht zu sehen. Statt dessen haben sich die *roten Roben*, sagen wir die am meisten politisierten Richter, denjenigen als Zielscheibe ausgesucht, den sie als den politischen Gegner ansehen, der zu schwächen und zu zerstören ist, und verfolgen ihn aus Gründen, die absolut nichts mit der Justiz zu tun haben."[519]

---

[515] Losano, a.a.O., S. 136.
[516] ebda.
[517] vgl. Möller, a.a.O., S. 363.
[518] La Repubblica, 13. März 1994, S. 5 zitiert nach Losano, a.a.O., S. 137.
[519] Epoca, 21. April 1995, o.S., zitiert nach Forconi, a.a.O., S. 76, eigene Hervorhebung und Übersetzung.

Bereits seinen Eintritt in die Politik hatte Berlusconi mit der Gefahr einer Machtübernahme der "Kommunisten" gerechtfertigt:

> "Warum bin ich in die Politik gegangen? Ich war zufrieden mit meinem Leben, meiner Familie, meiner Arbeit, meiner Fußballmannschaft (...) Ich führte ein interessantes und angenehmes Leben und hatte keinerlei Absicht es zu ändern. Aber dann habe ich gesehen, dass mein Land sich vor einer Zukunft ohne Freiheit und Demokratie befand (...) es wurde mir klar, dass mein Leben als Unternehmer unter den Kommunisten, deren Programm meine Nation in einen schrecklichen Zustand ohne Möglichkeit der Rückkehr gebracht hätte, unmöglich gewesen wäre."[520]

Mit solchen Äußerungen verfolgt Berlusconi das Ziel, den politischen Wettbewerb zum Fundamentaldissens hoch zu stilisieren, bei dem die "Zukunft der Republik" auf dem Spiel steht und die Entscheidung zwischen Freiheit und Unfreiheit getroffen werden muss.[521] Diese Strategie ist für alle Wahlkämpfe Berlusconis anlässlich der Parlamentswahlen 1994, 1996 und 2001 charakteristisch, wie die folgenden Bemerkungen zeigen:

Wahlkampf 1994:

> "Wenn die Linken gewinnen, gehen wir einer gefährlichen Zukunft entgegen mit einem Regime ohne Freiheit und ohne Demokratie. Heute sind wir in Italien an einem Wendepunkt wie 1948[522]: man muss zwischen Freiheit und Versklavung entscheiden, zwischen Wohlstand und Armut."[523]

---

[520] zitiert nach Forconi, a.a.O., S. 77 f., eigene Übersetzung.
[521] vgl. zu dieser Kommunikationsstrategie Sarcinelli 1992, a.a.O., S. 53.
[522] Im Frühjahr 1948 fand der Wahlkampf für das erste Parlament Italiens auf der Basis der im Januar 1948 in Kraft getretenen Verfassung statt. Die Wahlkampfstrategien der Democrazia Cristiana waren damals von einem besonders starken Antikommunismus geprägt (Hausmann, a.a.O., S. 46.)
[523] La Repubblica, 26. März 1994, o.S., eigene Übersetzung.

Wahlkampf 1996:

"Achtung, die Vorzeichen einer antiliberalen Zukunft vermehren sich. Können wir sicher sein, dass wenn sie (die Linken, T.S.) gewinnen, wir noch die Möglichkeit zu wirklich freien Wahlen hätten?"[524]

Wahlkampf 2001:

"Ich will allen Italienern garantieren, dass ich mit all meiner Kraft kämpfen werde, um unsere Zukunft nicht in den Händen dieser unfähigen und gefährlichen Politisierer der Linken zu lassen, die für nichts gut und zu allem fähig sind..."[525]

In den Wahlkampfzeiten wie auch in den Oppositionsphasen von Forza Italia sind Berlusconis Angriffe gegen die Links-Parteien besonders stark ausgeprägt. Beispielhaft ist folgende Bemerkung: "Der Kommunismus ist in der ganzen Welt zu Ende, aber in Italien sind die Kommunisten an der Macht."[526] Anlässlich des 10-jährigen Jahrestags des Falls der Berliner Mauer inszenierte Berlusconi in Rom eine Forza Italia-Feier, die als Pseudoereignis zu bewerten ist. In seiner Rede sprach Berlusconi von der "Mauer", die in Italien noch nicht völlig gefallen sei.[527] Visualisiert wurde dieses Sprachbild mittels einer virtuellen Mauer hinter dem Rednerpult von Berlusconi, auf der zwanzig Vorwürfe an die Links-Parteien verzeichnet waren, denen jeweils ein Stein entsprach. Zu den Vorwürfen zählten unter anderem: "Die steuerliche Unterdrückung", "Die bürokratische Unterdrückung", "Die Einschüchterung der freien Presse", "Die Dämonisierung der Gegner", und "Der Einsatz der Justiz zu politischen Zwecken".[528] Nachdem Berlusconi die einzelnen Vorwürfe aus seiner Sicht erläutert hatte, forderte er den Abriss der "Mauer":

---

[524] Il Messaggero, 14. April 1996, o.S., eigene Übersetzung.
[525] URL: http://www.forza-italia.it/sezioni/Novità/20001114164503.html, eigene Übersetzung.
[526] La Stampa, 30. Januar 1997, o.S., eigene Übersetzung.
[527] Berlusconis Rede vom 9. November 1999 befindet sich auf folgender Videokassette: Forza Italia (Hrsg.): A dieci anni dalla caduta del muro di Berlino. Intervento del presidente Silvio Berlusconi, Roma, 9 novembre 1999. Quelle: Parteizentrale von Forza Italia in Mailand.
[528] ebda.

> "Hier, das ist die Mauer, die wir niederreißen müssen, die Mauer, die Italien von einem Großteil seiner europäischen Partner trennt, die Mauer, die uns von einer echten Demokratie, von einer echten Gerechtigkeit, einem echten Rechtsstaat, von einer echten ökonomischen Freiheit, von einer echten Freiheit trennt. Das ist die Mauer, die aus unserem Land eine verminderte Demokratie macht, eine unbedeutende Demokratie, eine Regime, in dem man die Bürger weiter daran hindert frei zu wählen, von wem sie regiert werden wollen. Wir haben gekämpft, wir kämpfen und wir werden kämpfen auch als Opposition, um diese Mauer niederzureißen, Stück für Stück, Stein für Stein, Fels für Fels. Und seid Euch sicher, wir werden sie niederreißen, wenn die Italiener uns wieder die Verantwortung geben, das Land zu regieren."[529]

Seine Rede beendete Berlusconi mit dem pathetischen Ausruf: "Nieder mit der Mauer des Regimes, es lebe Forza Italia, es lebe die Freiheit!"[530]

Der Antikommunismus dient Berlusconi insbesondere dazu, die ehemaligen WählerInnen der DC zu mobilisieren. Er belebt mit seinem Negative-Campaigning die ideologische Spaltung Italiens in die "Subkulturen" Katholizismus und Kommunismus, welche die italienische politische Kultur der Nachkriegszeit bis in die 1990er Jahre prägte, dann jedoch nahezu keine Rolle mehr spielte.

Berlusconi zielt mit seinen Personalisierungsstrategien darauf ab, sich durch positive Selbstdarstellung das Image des Anti-Berufspolitikers zu geben, der aufgrund seiner unternehmerischen Erfahrungen in der Lage ist, die wirtschaftliche und politische Situation Italiens grundlegend zu verbessern. In der Typologie Schwartzenbergs füllt Berlusconi Rollenelemente des "charmanten Führers" und des "Helden" aus. Er gibt sich dynamisch, cool und locker und präsentiert sich als Anhänger von Meinungsumfragen, um den Wählerinnen und Wählern zu vermitteln, dass er die Politik betreibt, die sie sich wünschen. Berlusconi zielt darauf ab, Träume auszulösen und gleichzeitig ein Gefühl von Sicherheit zu vermitteln, indem er ein "neues italienisches Wunder" verspricht und sich als "Retter der Nation" inszeniert. Sein Negative-Campaigning richtet sich gegen die "Kommunisten", womit er das Feindbild der ehemaligen DC revitalisiert und damit deren frühere WählerInnen anspricht.

---

[529] ebda.
[530] ebda.

3. Die Thematisierungsstrategien von Silvio Berlusconi

Berlusconis Thematisierungsstrategien zeichnen sich durch ein hohes Maß an Professionalisierung aus. Mit Hilfe von ausgeprägten Marketingmethoden passt er seine Themen den Bedürfnissen und Wünschen seiner potenziellen WählerInnen an. Das Meinungsforschungsinstitut *Diakron*, das von ehemaligen *Fininvest*-Managern parallel zum Aufbau von Forza Italia gegründet wurde und die Partei seitdem in allen Entwicklungsphasen mit sozialwissenschaftlichen Erhebungen begleitet, gehört de facto, wenn auch nicht formal-juristisch zur Parteistruktur von Forza Italia.[531] Mit sogenannten *focus groups* und traditionellen Umfragen erhebt die *Diakron* Daten, die dann unmittelbar für die Strategie von Berlusconi ausgewertet und in entsprechende programmatische Überlegungen umgewandelt werden.[532] Bei den sogenannten *focus groups*, die im Marketing als eine der effektivsten Marktforschungsmethoden gelten, handelt es sich um Diskussionsrunden von sechs bis zehn Personen, die sich unter der Anleitung eines psychologisch geschulten Interviewers mehrere Stunden lang möglichst ungezwungen unterhalten. Die Diskussion wird dabei vom Interviewer zwanglos auf die zu lösende Fragestellung konzentriert.[533] Der Einsatz von *focus groups* in der Politik ist aus den USA bekannt.[534] Umfragen und *focus groups* werden von Berlusconi insbesondere im Wahlkampf eingesetzt. Während des Wahlkampfs 1994 betrieb Forza Italia beispielsweise acht *focus groups*. In ihnen sind mögliche Wahlkampfvarianten und Wahlkampfthemensetzungen quasi im "sozialen Labor" getestet worden, bevor sie als "reale Politik" präsentiert wurden.[535] Während der Wahlkampfzeiten führt die *Diakron* täglich repräsentative Telefonumfragen durch, in den übrigen Phasen eine repräsentative Telefonumfrage pro Woche.[536] Berlusconis Strategie besteht darin, sich auf die Umfragen und den "Willen" der WählerInnen zu berufen, um seine politischen Entscheidungen zu rechtfertigen. "Die Leute sind auf meiner Seite" lautet sein Standardargument, mit dem er sich gegen Angriffe verteidigt.[537] Als ihm beispielsweise während seiner Regierungszeit 1994 der "Gewissenskonflikt"

---

[531] vgl. Seißelberg 1995, a.a.O., S. 217.
[532] vgl. Jun, a.a.O., S. 482.
[533] vgl. Seißelberg 1995, a.a.O., S. 218.
[534] Renner, a.a.O., S. 121.
[535] vgl. Seißelberg 1995, a.a.O., S. 218.
[536] vgl. Seißelberg 1996, a.a.O., S. 731.
[537] Günther Pallaver: "L'unto del signore. Berlusconi, Forza Italia und das Volk"; in: Österreichische Zeitschrift für Politikwissenschaft 24 (1995), H. 3, S. 323.

zwischen seiner Tätigkeit als *Fininvest*-Chef und Ministerpräsident vorgeworfen wurde, antwortete er, eine Umfrage hätte ergeben, dass nur ein Prozent der Bevölkerung dies als Problem empfinde. Deshalb sei es nicht dringend, sich damit zu beschäftigen.[538] Mit dieser Kommunikationsstrategie aktiviert Berlusconi die für die politische Kultur Italiens charakteristische Konfliktlinie zwischen *paese reale* und *paese legale*, zwischen BürgerInnen und politischer Klasse. Er stellt sich auf die Seite *der Leute*, als deren Interessenvertreter er sich präsentiert:

> "Ich bin mir ganz sicher, dass ich da bin, um *die Leute* zu repräsentieren, dass ich ständig mit *den Leuten* in Kontakt sein muss, dass ich mir sehr klar vor Augen halten muss, was die Gefühle und die Motivationen *der Leute* sind."[539]

Für seine Themenvermittlung in der Öffentlichkeit setzt Berlusconi fast ausschließlich das Fernsehen ein. Inwiefern Berlusconis Politikvermittlung über seine eigenen drei Privatsender die jeweiligen Wahlentscheidungen der ItalienerInnen beeinflusst hat, ist in der internationalen Politikwissenschaft umstritten und lässt sich nicht endgültig klären. Ausgehend von der These Sarcinellis, dass Medienpräsenz eine zunehmend wichtige "Machtprämie" darstellt[540], ist es jedoch offensichtlich, das Berlusconi durch den Besitz dreier Privatsender Vorteile gegenüber seinen politischen Gegnern hat. Sein direkter Zugriff auf das Fernsehen erleichtert dessen Einsatz in der politischen Kommunikation.[541] Dadurch ist Berlusconi beispielsweise weniger als seine politischen Gegner darauf angewiesen, Pseudoereignisse einzusetzen, um die Medienbarrieren zu überwinden. Der Kommunikationswissenschaftler Paul Statham kommt zu dem Ergebnis, dass Berlusconi besonders in den Nachrichtensendungen seiner eigenen Fernsehkanäle, die ihre Beiträge unter anderem danach auswählen, wie vorteilhaft sie für Berlusconi sind, einen deutlichen Wettbewerbsvorteil hat: "On the news programs of 'Retequattro' and 'Italia Uno', the presenters intervene to explain the news, explicitly defending statements made by Berlusconi and attacking

---

[538] Wallisch, a.a.O., S. 136.
[539] zitiert nach Forconi, a.a.O., S. 35, eigene Hervorhebung und Übersetzung.
[540] vgl. Sarcinelli, Ulrich: "Politische Inszenierung im Kontext des aktuellen Politikvermittlungsgeschäfts"; in: Arnold, Sabine R./Fuhrmeister, Christian/Schiller, Dietmar (Hrsg.): Politische Inszenierung im 20. Jahrhundert: Zur Sinnlichkeit der Macht, Wien/Köln/Weimar 1998, S. 150.
[541] vgl. Jun, a.a.O., S. 484.

those of his adversaries."[542] Während Berlusconis Amtszeit als Ministerpräsident 1994 warb der Journalist Emilio Fede von *Rete Quattro* offen für Berlusconi und duzte ihn in Interviews.[543] In etwas größerer Distanz zu Berlusconi steht hingegen die Nachrichtensendung von *Canale Cinque*. Der Chefredakteur dieser Sendung, Enrico Mentana, ist ein deklarierter Linker und Nicht-Berlusconi-Wähler. Er ließ Berlusconi während des Wahlkampfs 1994 sogar weniger zu Wort kommen als dessen politische Gegner.[544] Diesen Umstand nutzt Berlusconi, um die Kritik an seinem "Informationsmonopol" zu dethematisieren, indem er auf den "unabhängigen Journalismus" von *Canale Cinque* verweist.[545] Bei der Vermittlung seiner politischen Themen setzt Berlusconi die vor allem im Privatfernsehen anzutreffende Vermischung von Unterhaltung und Information, das sogenannte *Infotainment*, ein. Er tritt bevorzugt in den Talkshows und Sportsendungen seiner Privatsender auf, um mit seiner politischen Botschaft ein großes Publikum zu erreichen.[546]

Zudem nutzt Berlusconi seine Fernsehstationen für direkte politische Ansprachen.[547] Das bekannteste Beispiel ist seine "Rede an die Nation" vom 26. Januar 1994, in der er seinen Eintritt in die Politik ankündigte. Diese zehnminütige Ansprache, die der Antrittsrede eines Staats- oder Regierungschefs ähnelte, wurde in Berlusconis luxuriös eingerichtetem Arbeitszimmer in seiner Villa in Arcore aufgezeichnet. Die Privatsender Berlusconis strahlten die Rede, die zuvor auf Videokassetten an Millionen italienischer Haushalte verschickt wurde, mehrmals in voller Länge aus. Die staatlichen Sender zeigten zumindest große Auszüge des Videos.[548] Die italienische Presse ermittelte am Tag nach Berlusconis Auftritt Dauer und Tendenz aller Fernseh-Kommentare und kam zu dem Schluss, dass Emilio Fede von Berlusconis Privatsender *Rete 4* am ausführlichsten berichtet hatte.[549] Der Schauplatz für Berlusconis "dramatisch inszenierten Appell"[550] an die ItalienerInnen war bis ins kleinste Detail

---

[542] Paul Statham: "Berlusconi, the Media and the New Right in Italy"; in: Press/Politics, Vol. 1, No.1 (1996), S. 96.
[543] Wallisch, a.a.O., S. 137.
[544] ebda. Siehe auch Giacomo Sani: "C'è un leader in video: la forza della telepolitica"; in: il Mulino, n. 361, settembre-ottobre 1995, S. 882.
[545] Wallisch, a.a.O., S. 137.
[546] vgl. Jun, a.a.O., S. 484.
[547] ebda.
[548] Krempl, a.a.O., S. 137.
[549] Dirk Schümer: "Auf Sendung. Berlusconis Mediendemokratie"; in: Frankfurter Allgemeine Zeitung, 28. Januar 1994, o.S.
[550] ebda.

mediengerecht "durchgestylt". Berlusconi saß in einem dunklen Anzug an seinem Schreibtisch. Hinter ihm war eine hohe Bücherwand zu sehen, auf der neben einer modernen Skulptur Familienfotos mit Berlusconis drei jüngsten Kindern aus zweiter Ehe aufgestellt waren.[551] Den ZuschauerInnen wurde damit das Bild eines erfolgreichen und hart arbeitenden Geschäftsmanns vermittelt, dem als Familienvater vor allem die Zukunft seiner Kinder am Herzen liegt.[552] Des Weiteren wurde Berlusconis Besitz demonstrativ zur Schau gestellt. Den ZuschauerInnen sollte der Eindruck vermittelt werden, Berlusconi habe genug Geld und brauche sich deshalb nicht durch die Politik zu bereichern.[553] Wie sehr es sich bei der Rede um eine Medieninszenierung handelte, zeigt sich in dem Umstand, dass das Arbeitszimmer, in dem die Rede aufgezeichnet wurde, Recherchen italienischer Journalisten zufolge noch gar nicht existierte. Extra für die Aufzeichnung der Rede war die Kulisse auf der Baustelle der neuen Berlusconi-Villa im Parco di Macherio aufgebaut worden.[554]
Charakteristisch für die Thematisierungsstrategien von Berlusconi ist, dass er nur ein Themenfeld besetzt, auf dem ihm die größten Kompetenzen zugesprochen werden: die Wirtschaftspolitik.[555]

3.1. Die Wirtschaftspolitik

Das grundlegende Themenfeld der Kommunikationsstrategien von Berlusconi, das er seit seinem Eintritt in die Politik bis in die Gegenwart kontinuierlich besetzt, ist die Wirtschaftspolitik. Dieses Themenfeld steht in engem Zusammenhang mit seinem Image des erfolgreichen Privatunternehmers.[556] Gleichzeitig nutzt Berlusconi den Umstand, dass das Unternehmertum in Italien ein hohes gesellschaftliches Ansehen genießt, für seine Thematisierungsstrategien aus. Charakteristisch sind folgende Bemerkungen:

---

[551] Krempl, a.a.O., S. 137.
[552] Renner, a.a.O., S. 117.
[553] Ferrari, a.a.O., S. 51.
[554] Corrias/Gramellini/Maltese, a.a.O., S. 77.
[555] vgl. Jun, a.a.O., S. 487.
[556] ebda., S. 483.

"Ich glaube, daß Italien etwas besitzt, was andere befreundete Länder nicht haben, einen weit verbreiteten Unternehmergeist."[557]

"Italien hat ein außerordentliches Potenzial von Unternehmern. In der Lombardei oder in Venetien gibt es Hunderte von kleinen Familienbetrieben, florierende Firmen. Die Arbeitslosigkeit ist dort die niedrigste in Europa. Wir wollen die Lombardei und Venetien in den Mezzogiorno (Süditalien, T.S.) importieren."[558]

Mit diesem "Import" des erfolgreichen Unternehmertums nach Süditalien kommuniziert Berlusconi eine positive gesamtitalienische Perspektive. Er zielt darauf ab, die WählerInnen in Nord- und Süditalien gleichermaßen zu mobilisieren. Bei Berlusconis wirtschaftspolitischen Forderungen spielt die Freiheit des Unternehmers eine wichtige Rolle.[559] Deregulierung wird dabei vereinfacht als Voraussetzung unternehmerischen Erfolgs gesehen.[560] Weitere zentrale Themen aus dem Bereich der Wirtschaftspolitik sind die Forderungen nach Steuersenkungen und der Schaffung von neuen Arbeitsplätzen. Diese Themen werden von Berlusconi kontinuierlich kommuniziert, obwohl er 1994 an seinen diesbezüglichen Wahlversprechen scheiterte. Insbesondere für die Oppositionszeit und den Wahlkampf Berlusconis sind diese Themen charakteristisch. Im Mai 1999 organisierte Berlusconi beispielsweise unter dem Motto *"Basta Tasse"* ("Schluss mit den Steuern") in Verona einen sogenannten *Tax-Day*. Diese Versammlung von Forza Italia ist als Pseudoereignis zu bewerten, das Berlusconi dazu einsetzte, seine Forderungen von Steuersenkungen in der Öffentlichkeit zu lancieren. Er wandte sich dabei gegen die "steuerliche Unterdrückung" in Italien.[561] Ein Wahlplakat anlässlich der Europawahlen 1999, auf dem Berlusconi vor einem himmelblauen Hintergrund mit Wölkchen und Forza Italia-Fahnen abgebildet war, brachte seine Forderungen mit einem einfachen Slogan auf den Punkt: "Weniger Steuern, mehr Arbeit"[562]. In Berlusconis Wahlkampf für die Parlamentswahlen 2001

---

[557] Focus, 11/1994, o.S.
[558] Berlusconi im Interview mit der Süddeutschen Zeitung, 14. Dezember 2000, S. 12.
[559] Grasmück, a.a.O., S. 90.
[560] vgl. Jun, a.a.O., S. 483.
[561] siehe zu dieser Veranstaltung folgende Videokassette: Forza Italia (Hrsg.): il Tax-Day di Forza Italia, Verona 27 maggio 1999. Intervento del presidente Silvio Berlusconi.
[562] Wahlplakat von Forza Italia zu den Europawahlen 1999, Quelle: Parteizentrale von Forza Italia in Mailand.

war die Steuerpolitik ebenfalls das zentrale Thema. Auf großen Plakaten warb Berlusconi mit Slogans wie "Weniger Steuern für alle".[563]

Die Thematisierungsstrategien von Berlusconi sind durch ein hohes Maß an Professionalisierung gekennzeichnet. Mit Hilfe von ausgeprägten Marketingmethoden wie traditionellen Umfragen und *focus groups* passt Berlusconi seine Themen den Wünschen und Bedürfnissen seiner potenziellen WählerInnen an und betreibt eine rein nachfrageorientierte Politik. Dies ist ein deutlicher Indikator für eine Stimmenmaximierungsstrategie. Für die Themenvermittlung setzt Berlusconi in erster Linie das Fernsehen ein. Sein direkter Zugriff auf das Fernsehen durch den Besitz dreier Privatsender erleichtert dessen Einsatz in der politischen Kommunikation. Berlusconi besetzt nur ein Themenfeld, das in engem Zusammenhang mit seinem Image des erfolgreichen Unternehmers steht und auf dem ihm deshalb die größten Kompetenzen zugesprochen werden: die Wirtschaftspolitik. Im Zentrum seiner Thematisierung stehen die Freiheit des Unternehmers, Steuersenkungen und die Schaffung von Arbeitsplätzen.

4. Die Sprachstrategien von Silvio Berlusconi

Berlusconis Sprachstrategien sind ebenfalls durch eine Abkehr vom *politichese* gekennzeichnet. Die Sprache Berlusconis ist ganz auf das Medium Fernsehen zugeschnitten.[564] Sie besteht aus kurzen, meist durch Nebenordnung verknüpften Sätzen, die meist keiner Interpretation bedürfen.[565] Charakteristisch sind Wiederholungsfiguren wie die *Anapher* (Wiederholung des Anfangswortes), die beispielsweise in Berlusconis Fernsehansprache vom 26. Januar 1994 sehr häufig vorkam:

"Italien ist das Land, das ich liebe. *Hier* habe ich meine Wurzeln, meine Hoffnungen, meine Horizonte. *Hier* habe ich von meinem Vater und vom

---

[563] Christiane Kohl: "Wahlschlacht in der Medienlandschaft. Von Umfragen verunsichert attackiert Italiens Oppositionschef das Staatsfernsehen und lässt ein unliebsames Buch aufkaufen"; in: Süddeutsche Zeitung, 28. März 2001, S. 11.
[564] vgl. Möller, a.a.O., S. 361.
[565] ebda., S. 363.

Leben meinen Beruf des Unternehmers gelernt. *Hier* habe ich die Leidenschaft für die Freiheit erfahren."[566]

Mit dem Einsatz der konsensuellen Hochwertbegriffe "Freiheit" und "Demokratie" wendet sich Berlusconi an ein gruppenübergreifendes Konsenspotenzial Sein Wortschatz gruppiert sich des Weiteren um wenige Begriffe, die er aufgrund ihres positivemotionalen Klangs für die ItalienerInnen kontinuierlich einsetzt, wie beispielsweise "die Leute", "das Unternehmen/unternehmerisch", "Wohlstand", "Individuum", "Familie", "Effizienz" und "Optimismus". Der Aufbau des Diskurses kulminiert in einer kurzen Endbotschaft ähnlich wie bei Werbebotschaften.[567] Berlusconi spricht eine sehr höfliche Sprache. Ein Beispiel dafür der übermäßige Gebrauch des Ausdrucks *Mi consenta*. Dabei handelt es sich um eine typische Höflichkeitsformel, die benutzt wird, um den Gesprächspartner freundlich zu unterbrechen oder seine Argumente auf höfliche Art und Weise zu bestreiten.[568] Dieser Ausdruck entspricht in etwa der deutschen Höflichkeitsformel "Gestatten Sie mir". Auffallend ist auch die Verwendung einer politisch korrekten Sprache, mit der Berlusconi sich expressis verbis an seine "Wählerinnen und Wähler", an die "ItalienerInnen und Italiener" wendet, das heißt die korrekte Verwendung der weiblichen und männlichen Bezeichnungen, was für die italienische (politische) Sprache untypisch ist. Diese Sprachstrategie dient Berlusconi dazu, die Frauen hervorzuheben, die in der WählerInnenschaft von Forza Italia im Vergleich zu allen anderen Parteien überdurchschnittlich stark vertreten sind. Des Weiteren ist die Sprache Berlusconis durch eine auffällige Polarisierung zwischen "gut" und "böse" gekennzeichnet.[569] Berlusconi spricht ruhig und ausgeglichen. Seine norditalienische Herkunft unterstreicht er mit einem leicht lombardischen und streckenweise monoton wirkenden Akzent. Er spricht in einem "warmherzigen Plauderton in sonorer Baritonlage"[570]. Das zentrale Wortfeld, dem Berlusconi rhetorische Figuren entnimmt, ist "Sport/Fußball". Mit diesem Wortfeld verbindet Berlusconi die

---

[566] "La discesa in campo", URL: http://www.forza-italia.it, eigene Hervorhebung und Übersetzung.
[567] Rauen, Birgid: "Forza Italia – Der Kommunikationsstil einer Ein-Mann-Partei"; in: Ferraris, Graf Luigi Vittorio/Trautmann, Günter/Ullrich, Hartmut (Hrsg.): Italien auf dem Weg zur "zweiten Republik"? Die politischen Entwicklungen Italiens seit 1992, Frankfurt am Main 1995, S. 174.
[568] Novelli/Urbani, a.a.O., S. 74 f.; siehe auch Forconi, a.a.O., S. 30 ff.
[569] vgl. Möller, a.a.O., S. 363.
[570] Krempl, a.a.O., S. 144.

Wortfelder "Krieg/Kampf" und "Religion/Bibel", die ebenfalls eine wichtige Rolle bei seinen Sprachstrategien spielen.

4.1. Das Wortfeld "Sport/Fußball"

Grundlegend für die Sprachstrategien von Berlusconi ist das Wortfeld "Fußball". In seinen politischen Reden und Interviews benutzt Berlusconi kontinuierlich Bilder, Begriffe und Formulierungen aus der Fußball-Sprache. Der Einsatz von Sprachbildern aus dem sportlichen Bereich ist im politischen Wortschatz kein Novum. Im Italienischen wie auch in anderen Sprachen werden politische Vorgänge häufig mit Metaphern und Redensarten aus dem Sport verknüpft. Wendungen wie beispielsweise "Sich ein Eigentor schießen" oder "Im Abseits stehen" sind übliche Ausdrücke um politische Vorgänge anschaulich zu beschreiben.[571] Metaphern aus dem Wortfeld des Sports betonen die kompetitive Auseinandersetzung, sind jedoch weitaus moderater als die teilweise martialischen Sprachbilder aus dem kriegerisch-militärischen Bereich. Die politische Auseinandersetzung um Macht und Einfluss wird auf eine im sprachlichen Sinne spielerische Ebene verlagert, auf der es leichter ist, zu Kompromissen und Konsens zu kommen und Niederlagen und Verluste nicht so schmerzhaft erscheinen.[572] Metaphern aus dem Wortfeld des Fußballs dienen außerdem der Vereinfachung von komplexen politischen Zusammenhängen. Politik wird als ein relativ einfacher Bereich dargestellt, in dem es klare Teilnehmer gibt, nämlich die "Partei-Teams" und ein klar eingegrenztes Ziel, nämlich zu gewinnen.[573] Berlusconi nutzt somit eine bereits bestehende Verbindung zwischen Fußballmetaphorik und Politik aus, wodurch seine ZuhörerInnen seine Sprache nicht als unnatürlich oder unpassend empfinden.[574] Berlusconi verwendet die konventionellen Sprachbilder aus dem Bereich des Fußballs jedoch weit über den gewöhnlichen Gebrauch in der politischen Sprache Italiens hinaus. Er baut die gesamte Identität seiner Partei um den Fußball auf. Bereits der Parteiname *Forza Italia* entstammt dem Wortfeld des Fußballs. Forza Italia bedeutet soviel wie "Vorwärts Italien" und ist der Anfeuerungsruf der Fußball-

---

[571] siehe zu weiteren Beispielen in der deutschen politischen Sprache Hoinle, a.a.O., S. 107.
[572] ebda., S. 107 f.
[573] vgl. Semino/Masci, a.a.O., S. 250 f.
[574] ebda., S. 250; vgl. auch Massimo Gramellini: "Berlusconi, ovvero la Repubblica del Pallone"; in: MicroMega 1/1994, S. 126 ff.

fans für die italienische Nationalmannschaft.[575] Der Parteiname symbolisiert Dynamik, Volksnähe und Gemeinschaftsgefühl.[576] Seine AnhängerInnen bezeichnet Berlusconi als *Azzurri*, die Blauen. Damit bezieht er sich auf die blauen Trikots, die die italienische Fußballnationalmannschaft trägt. In einem Interview vom 20. April 1994 begründete er dies wie folgt: "Es gibt bereits die Grünen, warum soll es also nicht die Blauen geben, die im Gedächtnis Bilder wachrufen, die von den Italienern weit geteilt werden."[577] Mit dieser Bemerkung bezieht sich Berlusconi auf die politische Kultur Italiens, die durch eine herausgehobene Stellung des Fußballs gekennzeichnet ist, der eine "nationale Ersatzidentität" darstellt. Die italienische Fußballnationalmannschaft kann als das wichtigste Symbol für die Identität und Einheit Italiens bezeichnet werden.[578] Berlusconi verbreitet mit seiner Sprachstrategie die Botschaft, dass die ItalienerInnen nur dann "Tore fürs Leben schießen" können, wenn sie geeint wie eine Fußballmannschaft auftreten.[579] Berlusconi benutzt die Sprachbilder aus dem Bereich des Fußballs des Weiteren konsequent, um auf seine politischen Aktivitäten zu verweisen. Sich selbst beschreibt er als Stürmer, Mittelfeldspieler, Verteidiger und Organisator der Reservebank in Personalunion.[580] Im Wahlkampf 1994 nutzte Berlusconi die Fußball-Metapher, um seinen Eintritt in die Politik zu rechtfertigen und seine Partei im politischen Spektrum zu positionieren:

> "So habe ich gehört, dass das Spiel gefährlich wurde, dass es nur in den Strafräumen gespielt wurde und dass das Mittelfeld ganz und gar frei war...

---

[575] Mit demselben Slogan, der auch der Anfeuerungsruf für die italienischen Nationalmannschaften in anderen Sportarten ist, war bereits 1983 die DC zu den Wahlen angetreten. Ihre Strategie, mit einem Schlachtruf der Fußballfans die Begeisterung über den italienischen Sieg bei der Fußballweltmeisterschaft 1982 für sich zu instrumentalisieren, scheiterte jedoch und brachte der DC einen Verlust von mehr als 5 Prozent der Stimmen ein. Das lag vor allem an ihren ältlichen und sichtbar unsportlichen Exponenten wie beispielsweise Giulio Andreotti, die keinerlei Anhaltspunkte für Analogien mit den italienischen Fußballspielern boten. Zudem hatte die DC, die damals schon seit über 35 Jahren an der Regierung war, keinerlei Ähnlichkeit mit der italienischen Nationalmannschaft, die als Außenseiter in die WM gestartet war und dann gegen starke Mannschaften gewann (Renner, a.a.O., S. 126.)
[576] vgl. Seißelberg 1995, a.a.O., S. 217.
[577] zitiert nach Semino/Masci, a.a.O., S. 247, eigene Übersetzung.
[578] ebda.
[579] vgl. Gramellini, a.a.O, S. 130.; vgl. zu der Rolle von Mannschaftssport bei der Förderung der nationalen Einheit die Studie von Sue Curry Jansen und Don Sabo zu dem Gebrauch von Sport- und Kriegsmetaphern in den USA während des Golfkriegs: Sue Curry Jansen/Don Sabo: "The Sport/War Metaphor: Hegemonic Masculinity, the Persian Gulf War, and the New World Order"; in: Sociology of Sport Journal 11/1994, S. 1-17.
[580] Forconi, a.a.O., S. 50.

Und wir haben uns gesagt, dass wir diesen riesigen Raum nicht frei lassen können..."[581]

In diesem Zitat wird das Parteienspektrum metaphorisch als Fußballfeld dargestellt, auf dem die Rechte und die Linke die beiden gegenüberliegenden Strafräume besetzen. Der Umstand, dass das Spiel nur in den beiden Strafräumen stattfindet, soll auf eine Unausgeglichenheit und ein Vakuum im Mittelfeld hindeuten. Diese Metapher evoziert, dass eine ausgleichende Kraft der Mitte benötigt wird, um das "politische Mittelfeld" im italienischen Parteienspektrum neu zu besetzen und die Ausgewogenheit der italienischen Politik wiederherzustellen. Diese Rolle soll Forza Italia zukommen, die von Berlusconi dezidiert als *Partito di centro* (Partei der Mitte) präsentiert wird. Beispielhaft für die kontinuierliche Selbstpositionierung in der politischen Mitte, die Berlusconi insbesondere dazu dient, die ehemaligen WählerInnen der DC, der "alten Partei der Mitte"[582], zu mobilisieren, ist auch folgende Bemerkung: "Wenn wir sie (unsere Partei, T.S.), 'geographisch' platzieren wollten, würden wir sagen, dass sie absolut eine Partei der Mitte ist, der Mitte des politischen Systems Italiens."[583]

Der Gebrauch des Fußballvokabulars ermöglicht es Berlusconi, sich von der traditionellen politischen Terminologie, die zu sehr an die alte politische Klasse erinnert, zu distanzieren. Stattdessen nutzt er die positiven Emotionen aus, die der Fußball in Italien in Abgrenzung zum Bereich der Politik hervorruft. Verkürzt lauten die Gegensatzpaare: "gesunder Wettkampf statt Korruption", "fair play statt schmutziges Geschäft", "Massenbegeisterung statt trockene Materie."[584] Besonders betont er dabei die Regeln der Fairness: "Ich schätze das harte Spiel, aber ich verlange, dass es fair ist: Das habe ich vom Fußball gelernt, eine Leidenschaft und eine Kunst, die unvermeidbar mit dem fair play verwandt ist."[585] Berlusconi benutzt die Fußball-Terminologie in diesem Zusammenhang dazu, das Verhalten seiner politischen Gegner zu brandmarken. Unfaires Spiel wird dabei mit angeblich undemokratischen Verhaltensweisen gleichgesetzt. Besonders deutlich benutzte Berlusconi diese Vergleiche

---

[581] zitiert nach Semino/Masci, a.a.O., S. 248.
[582] vgl. Seißelberg 1995, a.a.O., S. 223 f.
[583] Berlusconi in seiner Rede vom 16. April 1998 anlässlich des ersten nationalen Parteitages von Forza Italia. Diese Rede befindet sich auf folgender Videokassette: Forza Italia (Hrsg.): 1° Congresso Nazionale 16-18 aprile '98. Interventi del presidente Silvio Berlusconi, Quelle: Parteizentrale von Forza Italia in Mailand, eigene Übersetzung.
[584] vgl. Seißelberg 1995, a.a.O., S. 226.

in der Phase nach dem erfolgreichen Misstrauensvotum vom Dezember 1994 gegen ihn und während seiner Zeit in der Opposition. Charakteristisch dafür ist folgende Aussage, in der er sich als Opfer unfairer Verhaltensweisen sowohl seiner Koalitionspartner ("Mitspieler") als auch der Opposition ("Gegner") beschreibt: "Ich bin wie ein Mittelstürmer, der gekauft wurde, um 30 Tore zu schießen und dann spielen ihm die Mitspieler keine richtigen Pässe zu und die Gegner treten ihm die Beine durch ohne dass jemand eingreift."[586]

4.2. Das Wortfeld "Krieg"

Manchmal vermischt Berlusconi die Fußballmetapher mit Metaphern aus dem Wortfeld "Krieg". Die Wendung *scendere in campo*, mit der er am 26. Januar 1994 seinen Eintritt in die Politik ankündigte, ist ein gutes Beispiel dafür.[587] Dieser Ausdruck hat ursprünglich eine militärische Konnotation und bedeutet "zu Felde ziehen"[588]. Eine weitere Bedeutung stammt aus dem Wortfeld des sportlichen Wettkampfs. In diesem Sinne kann man *scendere in campo* mit "antreten" übersetzen.[589] Diese Wendung ist in der italienischen Sprache kein Novum.[590] Sie wurde jedoch erst durch die Fernsehansprache Berlusconis "berühmt" und wird seitdem sowohl in der politischen, journalistischen als auch der italienischen Umgangssprache inflationär gebraucht.[591] Mit dem Ausdruck *scendere in campo* charakterisierte Berlusconi seine Rolle somit einerseits als die eines neuen Spielers, der eine angeschlagene Mannschaft (das Land

---

[585] zitiert nach Forconi, a.a.O., S. 49, eigene Übersetzung.
[586] Il Messaggero, 24. Dezember 1994, eigene Übersetzung.
[587] In dieser Rede gebrauchte Berlusconi viermal die Wendung *scendere in campo*. Siehe "La discesa in campo", URL: http://www.forza-italia.it
[588] siehe Dizionario tedesco-italiano. Italiano-tedesco. (Sansoni Wörterbuch hergestellt unter der Leitung von Vladimiro Macchi), Milano 1997, S. 636. Ein bekanntes Beispiel für die Verwendung des Begriffes im militärischen Kontext mit gleichzeitigen politischen Konnotationen ist die italienische Kriegserklärung Benito Mussolinis an Frankreich und Großbritannien vom 10. Juni 1940: "*Wir ziehen zu Felde* gegen die plutokratischen und reaktionären Demokratien des Westens, die zu jeder Zeit den Marsch behindert und oft die Existenz des italienischen Volkes gefährdet haben." (zitiert nach Novelli/Urbani, a.a.O., S. 135 f., eigene Hervorhebung und Übersetzung.)
[589] ebda.
[590] Ein Jahr zuvor hatte Bossi diese Wendung gebraucht. Folgender Ausspruch wurde am 4. Juni 1993 in mehreren Zeitungen abgedruckt: "Wenn ich *zu Felde ziehe (antrete)* und dem Volk erkläre, wie die Dinge stehen, ist für die anderen Schluss" (zitiert nach Novelli/Urbani, a.a.O., S. 135, eigene Hervorhebung und Übersetzung.)
[591] siehe zu Beispielen ebda. Siehe auch Forconi, a.a.O., S. 49.

Italien), wieder nach vorne bringt und andererseits als die eines Kriegers, der für sein Volk in den Kampf zieht. Damit verband Berlusconi die Wortfelder Sport und Krieg miteinander, was in der politischen Sprache nicht unüblich ist:

> "It has long been noted that we understand war as a competitive game like chess, or as a sport, like football or boxing. It is a metaphor where there is a clear winner and loser, and a clear end to the game. The metaphor highlights strategic thinking, team work, preparedness, the spectators in the world arena, the glory of winning and the shame of defeat."[592]

Im Wahlkampf 1994 benutzte Berlusconi Ausdrücke aus dem Wortfeld Krieg, um seinen Eintritt in die Politik zu rechtfertigen:

> "Ich verzichte also auf meine Rolle als Herausgeber und Unternehmer, um meine Erfahrung einem *Kampf* zur Verfügung zu stellen, an den ich mit absoluter Überzeugung und mit der größten Festigkeit glaube."[593]

Berlusconi unterstrich mit dieser Aussage sein Pflichtgefühl, das ihn veranlasste, von seinen unternehmerischen Tätigkeiten abzusehen und sich dem "Kampf" für sein Land zu widmen. Damit sollte betont werden, dass er nicht aus Eigeninteresse in die Politik geht.

Berlusconi setzt die kämpferischen und kriegerischen Sprachbilder des Weiteren für sein Negative-Campaigning gegen die "Kommunisten" ein:

> "Heute liegt die Macht in den Händen der Kommunisten und ihrer Verbündeten. Sie haben uns einen *totalen Krieg* erklärt. Wie sie es von Lenin gelernt haben, haben sie das wichtigste *Ziel* ermittelt und nun wollen sie uns politisch *zerstören*. Und wahrscheinlich, in ihren Träumen, auch körperlich."[594]

Diese Sprachstrategie ist besonders charakteristisch für die Oppositionszeit Berlusconis.

---

[592] G. Lakoff: "Metaphor and War: The Metaphor system Used to Justify War in the Gulf"; in: Journal of Urban and Cultural Studies 2 (1) (1991), S. 65, zitiert nach Semino/Masci, a.a.O., S. 254.
[593] Rede vom 26. Januar 1994, zitiert nach "La discesa in campo", URL: http://www.forza-italia.it, eigene Übersetzung.
[594] Il Messaggero, 14. März 1995, o.S., eigene Hervorhebung und Übersetzung.

4.3. Das Wortfeld "Religion/Bibel"

Im Zusammenhang mit seiner Selbstdarstellung als "Gesalbter des Herrn" benutzt Berlusconi ein religiöses Vokabular mit zahlreichen Anspielungen auf Bibeltexte, um sich als vorbildlichen Christen, der bereit ist für sein Land große Opfer zu bringen, zu inszenieren. Charakteristisch ist der häufige Gebrauch des Wortes "Wunder". Im Wahlkampf 1994 rechtfertigte Berlusconi seinen Eintritt in die Politik mit Metaphern aus dem religiös-biblischen Bereich:

> "Ich glaube an das italienische Wunder. So schloss ich meine Fernsehansprache und heute bekräftige ich das erneut. Wenn ich das nicht machen würde, wäre es, als würde ich in Urlaub fahren und mich, wenn ich an einem Unfall vorbeikäme, zur anderen Seite drehen würde."[595]

Neben der Anspielung auf den Tatbestand der unterlassenen Hilfeleistung kann dieser Ausspruch auch als moderne Version des Gleichnisses vom Barmherzigen Samariter aus dem Neuen Testament gelesen werden[596]: Jemand auf der Straße braucht Hilfe und die Vorbeifahrenden können entweder weiterfahren oder anhalten, um zu helfen. Italien spielt in dieser Metapher die Rolle des Geschädigten und Berlusconi den guten Retter, der sich selbst aufopfert, statt seinen Vergnügungen nachzugehen. Damit stellte sich Berlusconi als aufopfernder Mensch dar, der nicht aus Eigeninteresse in die Politik geht, sondern aus Pflichtbewusstsein, um das "Heil seines Volkes" zu retten. Seine Entscheidung, Politiker zu werden, kündigte er mit dem metaphorischen Ausdruck "*berrò l'amaro calice della politica*" ("Ich werde den bitteren Kelch der Politik trinken") an. Berlusconi spielt damit auf die Worte Jesus' vor der Gefangennahme und Kreuzigung an, als dieser dem Matthäusevangelium zufolge zu Gott betete: "Mein Vater, wenn es möglich ist, gehe dieser Kelch an mir vorüber."[597]

Die Sprachbilder aus dem religiösen/biblischen Bereich benutzte Berlusconi in der Opposition des Weiteren dazu, die eigene "Unschuld" zu thematisieren und die "heilige Allianz der starken Mächte", gemeint sind damit seine politischen Gegner, insbe-

---

[595] Berlusconi im Januar 1994, zitiert nach Semino/Masci, a.a.O., S. 254, eigene Übersetzung.
[596] vgl. Semino/Masci, a.a.O., S. 254. Zum Gleichnis vom Barmherzigen Samariter siehe Lukasevangelium 10, 30-37; in: Die Bibel. Altes und neues Testament. Einheitsübersetzung, Stuttgart 1980, S. 1172.
[597] Matthäusevangelium 26, 39; in: Die Bibel. Altes und Neues Testament. Einheitsübersetzung. Stuttgart 1980, S. 1149. Siehe auch die Worte im Markusevangelium "Nimm diesen Kelch von mir!" (Markus 14, 36).

sondere die Linke und die Zeitungen, die in Berlusconis Diktion zum größten Teil "kommunistisch" sind und eine "Hetzjagd" gegen ihn gestartet haben, anzuklagen. Hier zeigt sich die starke Polarisierung von "gut" und "böse" und Berlusconis Inszenierung als "unschuldiges Opfer", die bereits bei seinen Personalisierungsstrategien eine große Rolle spielte:

> "Wir gingen mit einer *seligen Unschuld* an die Regierung und glaubten, dass die Souveränität wirklich beim Volke liegt und dass es reichen würde gewählt zu sein, um wirklich regieren zu können. Ihr erinnert Euch, was gegen uns losbrach, die *heilige Allianz* der starken Mächte: nie wurde eine Regierung vor so viele Schwierigkeiten gestellt."[598]

Die Lexikografin Augusta Forconi, die die Sprache Berlusconis zwischen 1994 und 1997 untersucht hat, stellte fest, das *credere* (glauben), das am häufigsten gebrauchte Verb von Berlusconi ist. Das Verb kommt fast ausschließlich in der ersten Person Singular (*credo* = ich glaube) oder Plural (*crediamo* = wir glauben) vor.[599] Besonders deutlich wird dies im "Glaubensbekenntnis" von Forza Italia, das stark an das christliche Glaubensbekenntnis erinnert:

> "Wir glauben an die FREIHEIT,
> in ihren vielfältigen und lebenswichtigen Formen: Gedanken- und Meinungsfreiheit, Freiheit der Meinungsäußerung, Bekenntnisfreiheit, Vereinsfreiheit, unternehmerische Freiheit und Freiheit des Marktes, die durch sichere Normen geregelt wird, die klar und gleich für alle sind.
> Wir glauben an die PERSON,
> an das Recht eines jeden, sich selbst zu verwirklichen, nach Wohlstand und Glück zu streben, sich mit den eigenen Händen die Zukunft aufzubauen und die Kinder frei erziehen zu können.
> Wir glauben an die FAMILIE, den grundlegenden Kern unserer Gesellschaft und Zentrum unserer bedeutendsten Gefühle.
> Wir glauben an das UNTERNEHMEN,
> die älteste Einrichtung, der der große gesellschaftliche Wert der Schaffung der Arbeit, des Wohlstands und des Reichtums übertragen wurde.
> Wir glauben an unsere ITALIENISCHE KULTUR,
> die von der ganzen Welt bewundert wird und um die man uns beneidet.
> Wir teilen und pflegen die Werte unserer CHRISTLICHEN TRADITION:
> die unverzichtbaren Werte des Lebens, des Gemeinwohls, die Freiheit der

---

[598] Berlusconis in seiner Rede auf dem ersten nationalen Parteitag von Forza Italia, 16. April 1998, a.a.O., eigene Hervorhebung und Übersetzung.
[599] Forconi, a.a.O., S. 12 f.

Erziehung und des Lernens, des Friedens, der Solidarität, der Gerechtigkeit und der Toleranz gegenüber allen, einschließlich der politischen Gegner. Wir glauben an den Respekt und an die LIEBE FÜR DIEJENIGEN, DIE SCHWÄCHER SIND, wie die Kranken, die Kinder, die Alten und die Ausgestoßenen."[600]

Das Vokabular aus dem religiös-biblischen Bereich und die Bezugnahme auf den Katholizismus und dessen Werte dienen Berlusconi dazu, die früheren WählerInnen der DC zu mobilisieren. Um diese traditionellen Wertvorstellungen populär zu präsentieren, stellt Berlusconi auch in diesem Kontext eine Verbindung zum Fußball her: "Der Papst ist ein außergewöhnlicher Mann, jede seiner Reisen ist wie ein Tor. Er hat dieselbe siegreiche Idee wie mein Milan, was außerdem die Idee Gottes ist, der Sieg des Guten über das Böse."[601]

Berlusconi spricht eine einfache und höfliche Sprache, die ganz auf das Medium Fernsehen zugeschnitten ist. Mit dem Einsatz von konsensuellen Hochwertbegriffen und einer politisch korrekten Sprache wendet er sich an ein gruppenübergreifendes Konsenspotenzial, was auf eine Stimmenmaximierungsstrategie hindeutet. Mit seinen Sprachbildern aus den Wortfeldern "Fußball/Sport", "Krieg" und "Bibel/Religion" zielt Berlusconi darauf ab, die Gefühle der ItalienerInnen anzusprechen. Die meisten Sprachbilder stammen aus dem Bereich des Fußballs, womit sich Berlusconi auf die "nationale Ersatzidentität" Italiens bezieht. Mit Sprachbildern aus dem kriegerischen Bereich bekräftigt er seinen dezidierten Antikommunismus, der bei seinem Negative-Campaigning eine zentrale Rolle spielt. Damit sollen insbesondere die früheren WählerInnen der DC angesprochen werden. Berlusconis Einsatz eines religiös-biblischen Vokabulars zielt ebenfalls auf die Mobilisierung dieses WählerInnensegments ab.

---

[600] "La carta dei valori", URL: http: www.forza-italia.it, Hervorhebung im Original, eigene Übersetzung.
[601] La Repubblica, 30. März 1994, o.S., eigene Übersetzung.

5. Die Symbolisierungsstrategien von Silvio Berlusconi

Die Verknüpfung von Fußball und Politik, die bei den Sprachstrategien von Berlusconi deutlich wurde, erfährt Verdichtung in den Symbolen von Forza Italia, die alle aus dem Bereich des Fußballs stammen und gleichzeitig die nationale Symbolik Italiens wiederbeleben. Diese Revitalisierung der nationalen Symbolik war ein Novum in den 1990er Jahren. Seit Bettino Craxi Regierungschef war (1983-87) hatte keiner mehr den Mythos der Nation so gepflegt wie Berlusconi.[602] Das Parteiabzeichen von Forza Italia ist die im Wind wehende italienische Nationalfahne, die grün-weiß-rote Trikolore, mit dem Schriftzug *Forza Italia*. Dieses Abzeichen ist den Fahnen der Fußballclubs nachempfunden. Die wehende Fahne wird bei Veranstaltungen von Forza Italia meistens vor einem himmelblauen Hintergrund mit weißen Wölkchen abgebildet. Dieses Bild soll Heiterkeit und Optimismus vermitteln. Die blaue Farbe ist ebenfalls ein Symbol von Forza Italia, das sich, wie bereits dargestellt, auf die blauen Trikots der italienischen Fußballnationalmannschaft bezieht. Ein Vorteil der blauen Farbe liegt des Weiteren darin, dass es sich um eine "postideologische Farbe"[603] handelt, die sich von den ideologisch besetzten Farben rot und schwarz abgrenzt.[604] Der Einsatz der Fußballsymbolik dient der Betonung der nationalen Einheit und der Mobilisierung von positiven Emotionen. Berlusconi reagiert damit auf die in Italien stark ausgeprägte Politikverdrossenheit und verfolgt das Ziel, die Politik zu einer Art "Zuschauersport" zu machen. Sein Wahlkampfberater Bob Lasagna erklärte dazu 1994: „"The strategy for Berlusconi... was to take politics and substitute football for politics... it was to get 999 out of 1000 Italians to talk about politics as they talk about football."[605] Zu den Symbolen aus dem Bereich des Fußball gehören die sogenannten Forza Italia-Clubs und die gemeinschaftsstiftende Forza Italia-Hymne.

5.1. Die Forza Italia-Clubs

Die örtlichen Sektionen von Forza Italia werden als "Clubs" bezeichnet. Obwohl auch politische Diskussionszirkel die Bezeichnung "Club" tragen, verbinden die meisten

---

[602] vgl. Pallaver, a.a.O., S. 324.
[603] vgl. Porro, a.a.O., S. 16.
[604] Rot ist in Italien die Farbe des Kommunismus und schwarz die Farbe des Faschismus.
[605] Bob Lasagna, Wahlkampfberater von Berlusconi, in einem Interview vom 26. September 1994 für die BBC Late Show, zitiert nach Semino/Masci, a.a.O., S. 250.

ItalienerInnen mit diesem Ausdruck Fußball-Fanclubs.[606] Die Clubs, die in Form, Struktur und Programm von der *Fininvest* entworfen wurden und nicht als Teil der Partei gelten, ermöglichen die Verankerung von Forza Italia auf der lokalen Ebene und den direkten Kontakt mit den WählerInnen durch Veranstaltungen vor Ort. Gleichzeitig bieten sie Identifikationsmöglichkeiten über das mediale Angebot von Forza Italia hinaus.[607] Die Clubs werden vorwiegend in Wahlkampfzeiten aktiv und führen auf Ortsebene politische Kampagnen durch.[608] Im Wahlkampf 1994 bestand eine der Hauptaufgaben der Clubmitglieder unter anderem darin, Leserbriefe an die Zeitungen zu schicken, in denen die Notwendigkeit radikaler Veränderungen in der Politik ausgedrückt wurde.[609] In der übrigen Zeit fungieren die Clubs als Anlaufstelle für Interessierte und Treffpunkt für Diskussionsabende.[610] Des Weiteren organisieren sie Parteifeste, Bankette, Bälle, Ausflüge, Wohltätigkeitskonzerte und Sportereignisse.[611] In den Forza Italia-Clubs zeigt sich die rein instrumentelle Auffassung von der sogenannten Basis, die lediglich als Aggregat von Unterstützerinnen und Unterstützern angesehen wird, ohne innerparteiliche Mitspracherechte zu haben.[612] Seit 1995 haben die Club-Mitglieder zwar das Recht, ein Komitee und einen Präsidenten zu wählen, die berechtigt sind, an den Versammlungen von Forza Italia auf Wahlkreisebene teilzunehmen, ihre Kontakt- und Einflussmöglichkeiten auf die Parteispitze sind jedoch nach wie vor äußerst gering.[613] Sitz der den Milan-Fanclubs nachempfundenen Forza Italia-Clubs sind meist die Wohnungen oder Büros von Mitarbeitern der *Fininvest,* teilweise auch die Filialen von Berlusconis Kaufhauskette *Standa.*[614]

5.2. Die Forza Italia-Hymne

Die Hymne von Forza Italia dient in besonderem Maße der Emotionalisierung. Mit Musik werden besonders stark die Gefühle angesprochen. Dies ist an Filmszenen nachweisbar, die je nach der sie begleitenden Musik als spannend, beängstigend,

---

[606] vgl. Seißelberg 1995, a.a.O., S. 226.
[607] vgl. Jun, a.a.O., S. 481.
[608] Grasmück, a.a.O., S. 87.
[609] Wallisch, a.a.O., S. 139.
[610] Grasmück, a.a.O., S. 87.
[611] vgl. Seißelberg 1996, a.a.O., S. 729.
[612] vgl. Jun, a.a.O., S. 481.
[613] Grasmück, a.a.O., S. 87.
[614] Wallisch, a.a.O., S. 139.

trostlos oder aber ermutigend und triumphal empfunden werden. Gezielt eingesetzte Musikpassagen werden deshalb auch in der Politik zur Emotionalisierung eingesetzt.[615] Mit der Forza Italia-Hymne werden die Auftritte Berlusconis musikalisch untermalt. Dabei handelt es sich um ein Stilmittel, das den amerikanischen *Conventions* entnommen ist.[616] Die Hymne von Forza Italia verströmt Optimismus und passt zum *feel good*-Stil der Medieninszenierungen Berlusconis. Sie wurde von Renato Serio komponiert, der Text stammt angeblich von Berlusconi selbst. Der Anfang der Melodie wurde von der Musik zu Steven Spielbergs Jurassic Park kopiert.[617]. In der Hymne kommen rund dreißig Worte vor, die in Einfachpoesie immer wieder neu zusammengesetzt werden und untereinander austauschbar sind.[618] Es werden keine politischen Ideen vermittelt, sondern nur Emotionen geweckt:

"Kommt, erheben wir uns
die Zukunft ist offen, treten wir ein
und Deine Hände vereint mit den meinen,
Energien, um uns größer zu fühlen - größer

Meine Forza Italia, wo wir so viele sind, die daran glauben,
in Deiner Geschichte ist noch eine andere Geschichte,
die wir mit Dir schreiben

und Forza Italia
um frei zu sein
und Forza Italia
um zu tun und zu wachsen

und Forza Italia
da ist der große Stolz in uns
zu Dir zu gehören
zu den Leuten,
die mit uns wieder aufleben

In Deiner Geschichte gibt es eine andere Geschichte,
die wir mit Dir schreiben

---

[615] Andreas Dörner: "Politik im Unterhaltungsformat. Zur Inszenierung des Politischen in den Bildwelten von Film und Fernsehen"; in: Aus Politik und Zeitgeschichte, B 41/1999, 8. Oktober 1999, S. 21 f.
[616] ebda., S. 18.
[617] Corrias/Gramellini/Maltese, a.a.O., S. 81.
[618] ebda.

und Forza Italia
es ist Zeit zu glauben
komm, Forza Italia
wir sind so viele
und haben alle
ein Feuer im Herzen
ein großes Herz, das
ehrlich und frei für Dich schlägt.

Forza Italia mit uns!" [619]

Die Hymne spielte erstmals im Wahlkampf 1994 eine herausgehobene Rolle für das Emotionsmanagement Berlusconis und wird seitdem kontinuierlich eingesetzt. Im Wahlkampf 1994 erklang die Karaoke-Version der Hymne auf Video nicht nur auf Berlusconis Wahlkampfveranstaltungen, sondern auch in den italienischen Bars und Restaurants.[620] Sie war eines der wichtigsten Werbeelemente für Forza Italia, da sie aufgrund einer eingängigen Melodie ein Ohrwurm wurde, dem sich kaum jemand entziehen konnte.

Die Symbole von Forza Italia stammen alle aus dem Bereich des Fußballs und beleben durch ihren Bezug auf die italienische Fußballnationalmannschaft die nationale Symbolik. In ihnen werden die Sprachstrategien Berlusconis, die durch einen kontinuierlichen Gebrauch von Begriffen aus dem Wortfeld "Fußball" gekennzeichnet sind, und Berlusconis Image des sportlichen Siegertypen verdichtet. Berlusconi verfolgt damit das Ziel, eine symbolische Einheit von Nord- und Süditalien herzustellen und das zerrissene Nationalbewusstsein zu überdecken. Damit sollen alle WählerInnen in Nord- und Süditalien angesprochen werden, was auf eine Stimmenmaximierungsstrategie schließen lässt. Der in Italien weit verbreiteten Politikverdrossenheit setzt Berlusconi "Spaß am Spiel" entgegen. Die wichtigsten Symbole von Forza Italia sind die im Wind wehende Nationalfahne, die den Abzeichen von Fußballclubs nachempfunden ist, die blaue Farbe der Trikots der italienischen Fußballnationalmannschaft, die sogenannten Forza-Italia-Clubs und die Forza-Italia-Hymne.

---

[619] zitiert nach dem booklet zu folgender CD: Forza Italia (Hrsg.): Inno ufficiale, 1994, eigene Übersetzung.
[620] Krempl, a.a.O., S. 129.

VI. Ergebnisse des systematischen Vergleichs

Bei einer ersten Betrachtung springen vor allem die Gemeinsamkeiten zwischen den beiden individuellen Akteuren Umberto Bossi und Silvio Berlusconi ins Auge. Beide Akteure sind "Newcomer" in der italienischen Politik der 1990er Jahre. Sie prägten jeweils wie kein anderer Politiker die Transformation des italienischen Parteiensystems und waren die einzigen Parteiführer, die ihre *neuen* Parteien erfolgreich konsolidieren konnten. Die Lega Nord und Forza Italia können als *Persönlichkeitsparteien* bezeichnet werden, wobei die Merkmale für diesen Parteityp bei Forza Italia deutlicher ausgeprägt sind als bei der Lega Nord. Die führende Rolle Bossis beziehungsweise Berlusconis wird in der jeweiligen Partei kaum in Frage gestellt. Beide individuellen Akteure verfügen innerhalb ihrer Parteien über eine relativ uneingeschränkte Macht und werden lediglich per Akklamation von der Basis bestätigt. Sowohl bei der Lega Nord als auch bei Forza Italia ist die Identität der Partei fast ausschließlich mit der Person des Parteiführers verbunden, dessen Charisma den Mangel an historischer Parteitradition ersetzt. Beide Parteien sind strukturell darauf ausgerichtet, Bossi beziehungsweise Berlusconi in eine führende politische Machtposition zu verhelfen. Die Kommunikationsstrategien von Bossi und Berlusconi weisen auf den ersten Blick ebenfalls Gemeinsamkeiten auf. Beide Akteure bezeichneten ihre Parteien anfangs als "Bewegungen", um sie von den durch Korruptionsaffären und illegale Parteienfinanzierung in Misskredit geratenen Parteien der "Ersten Republik" abzugrenzen, obwohl die zentralen politikwissenschaftlichen Indikatoren für eine Partei bei beiden Organisationen bereits in der Phase ihrer Gründung nachweisbar waren. Sowohl Bossi als auch Berlusconi gaben sich das Image des Anti-Berufspolitikers und behielten es über die Jahre hinweg bei, obwohl beide inzwischen Berufspolitiker sind. Die Politikvermittlung der beiden Akteure ist durch ein hohes Maß an populistischer Rhetorik gekennzeichnet. Beide beziehen sich auf unterschiedliche Aspekte der politischen Kultur und richten ihre Kommunikationsstrategien danach aus.

Unterzieht man die Kommunikationsstrategien von Bossi und Berlusconi jedoch einem systematischen politikwissenschaftlichen Vergleich, kommt man zu dem Ergebnis, dass es mehr Unterschiede als Gemeinsamkeiten in der Politikvermittlung der beiden individuellen Akteure gibt und dass sie mit ihren Kommunikationsstrategien unterschiedliche Ziele verfolgen. Diese Unterschiede und Gemeinsamkeiten der

Kommunikationsstrategien von Bossi und Berlusconi werden im Folgenden dargestellt.

1. Vergleich der Personalisierungsstrategien

Personalisierungsstrategien spielen in der Politikvermittlung der beiden Parteien Lega Nord und Forza Italia eine herausgehobene Rolle, da beide Parteien die zentralen Merkmale einer *Persönlichkeitspartei* erfüllen. Die Strategien der positiven Selbstdarstellung von Bossi und Berlusconi weisen eine zentrale Gemeinsamkeit auf: beide Akteure präsentieren sich als Anti-Berufspolitiker. Dabei berufen sich beide auf ihren gesunden Menschenverstand, durch den sie sich angeblich von der politischen Klasse, von der sie sich selbst ausnehmen, unterscheiden. Trotz dieser Gemeinsamkeit inszenieren sich Bossi und Berlusconi jedoch als sehr unterschiedliche Politikertypen. Bossi erfüllt in der Typologie Schwartzenbergs Rollenelemente des "Herrn Jedermann". Seine Strategien positiver Selbstdarstellung zielen darauf ab, sich das Image des "volksnahen" Politikers zu geben, der sich um die Belange der "einfachen Leute" kümmert und mit dem sich insbesondere die norditalienischen Kleinbürger und Arbeiter identifizieren können. Er stellt sich dezidiert als Lombarde beziehungsweise Norditaliener dar, der wie seine "Landsleute" durch ein individualistisches Arbeitsethos geprägt ist. Dieses Image unterstreicht er durch seinen bewusst nachlässigen Kleidungsstil und seine zerzausten Haare. Damit unterscheidet er sich grundlegend von Berlusconi, der sich als "charmanter Führer" inszeniert und bevorzugt in einem dunklen zweireihigen Anzug auftritt, was sein Image des erfolgreichen Unternehmers betonen soll. Eine sportlich wirkendere Kleidungs-Variante ist die Kombination von feiner Hose und dunkelblauem Designerpullover, die Berlusconis Image des sportlichen Siegertyps hervorheben soll. Berlusconis Strategie besteht darin, sein positives Image, das er sich als Großunternehmer durch *public relations* aufgebaut hat, auf seine politische Tätigkeit zu übertragen. Dabei profitiert er von dem Umstand, dass Großunternehmer in Italien ein hohes soziales Ansehen genießen. Bei ihm wird dieses positive Ansehen zusätzlich dadurch verstärkt, dass ihn die ItalienerInnen mit den populären Industriezweigen Fernsehen und Fußball in Verbindung bringen.

Bossi und Berlusconi inszenieren sich beide jeweils als "Held", füllen diese Image-Kategorie jedoch auf sehr unterschiedliche Art und Weise aus. Bossi verkörpert den "heldenhaften Volksanführer", der bereit ist, für "sein" norditalienisches beziehungsweise padanisches Volk in den Kampf zu ziehen und es vom "Kolonialjoch der italienischen Republik" zu befreien. Er gibt sich das Image des starken Mannes und Frauenhelden, der weder Gefahren noch Entbehrungen fürchtet und einen intensiven "Männlichkeitskult" pflegt. Er vergleicht sich mit historischen Kämpfern wie dem populären keltischen Helden König Artus, über den heute noch zahlreiche Filme gedreht und Bücher geschrieben werden, und dem schottischen Volkshelden William Wallace, der von Mel Gibson in dem populären Film "Braveheart" verkörpert wird. Mittels dieser positiven Selbstdarstellung wendet sich Bossi insbesondere an die niedrig gebildeten und politisch wenig interessierten WählerInnen Norditaliens. Berlusconi hingegen füllt Rollenelemente des "Helden" aus Schwartzenbergs Typologie aus. Wie der idealtypische „Held" inszeniert sich Berlusconi als "Prophet" und "Visionär", der den Italienerinnen und Italienern ein "neues italienisches Wunder" verspricht. Er gibt sich das Image des "Messias" und verbindet dieses nach dem Koalitionsbruch von Bossi mit dem Image des "unschuldigen Opfers". Berlusconi verbreitet ein Gefühl von Sicherheit und stellt sich aufgrund seiner unternehmerischen Erfahrungen, die nötig seien, um Italien zu "erneuern" als einzige Alternative zum "politischen Chaos" dar, als "Retter der Nation". Wie der idealtypische "Held" vermeidet Berlusconi den direkten Kontakt mit dem Volk, sondern wendet sich bevorzugt über das Fernsehen an die WählerInnen.

Das Negative-Campaigning der beiden individuellen Akteure weist ebenfalls Unterschiede auf. Bossis Negative-Campaigning richtet sich gegen alle anderen italienischen Parteien, die er als korrupt und ausschließlich von eigenen Interessen geleitet darstellt. Charakteristisch für das Negative-Campaigning Bossis sind persönliche Beleidigungen seiner Gegner, womit er das radikale Antiparteienprofil und das Rebellenimage der Lega unterstreicht. Zeitweilig richteten sich Bossis Angriffe besonders stark gegen Berlusconi. Bossis Ziel besteht darin, die Identität der Lega Nord zu stärken und sich von Forza Italia zu distanzieren, da Berlusconi, dessen Strategie darauf abzielt, alle WählerInnen zu mobilisieren, damit automatisch in einigen Teilen dasselbe WählerInnenpotenzial anspricht wie Bossi. Berlusconi wendet sich mit seinem Negative-Campaigning gegen die "Kommunisten". Damit meint er sowohl die italienischen Links-Parteien als auch die Nicht-*Fininvest*-Sender, Teile der In- und Auslandspresse sowie die nach seiner Auffassung ihm gegenüber voreingenommene italienische Richterschaft.

2. Vergleich der Thematisierungsstrategien

Bezüglich ihrer Thematisierungsstrategien unterscheiden sich Bossi und Berlusconi deutlich voneinander. Es gibt nur ein gemeinsames Themenfeld, das sie beide ähnlich besetzen: die Wirtschaftspolitik. Hier ist eine teilweise Themenüberschneidung zu konstatieren, da beide Akteure auf populistische Art und Weise für Steuererleichterungen eintreten. Ansonsten verfolgen Bossi und Berlusconi sehr unterschiedliche Thematisierungsstrategien, was sich bereits daran ablesen lässt, dass Bossi vier Themen besetzt, während Berlusconi nur ein Thema ins Zentrum seiner politischen Kommunikation stellt.

Trotz der scheinbaren Diskontinuität in der Themenwahl Bossis ist bei einer näheren Analyse eine Kontinuität feststellbar. Die von ihm besetzten Themenfelder sind: der Nord-Süd-Konflikt, die Immigration aus Nicht-EU-Ländern, die föderalistischen und sezessionistischen Forderungen sowie die Verteidigung konservativer Werte. Diese Themen werden nicht immer in gleichem Maße thematisiert, sondern entsprechend der jeweiligen politischen Situation mehr oder weniger radikal kommuniziert. Das zeigt sich beispielsweise an den sich abwechselnden Forderungen nach Föderalismus oder Sezession. Strebt Bossi eine Regierungsbeteiligung an oder ist er an einer Regierungskoalition beteiligt, stellt er föderalistische Forderungen in den Vordergrund, um eine gesamtitalienische Perspektive zu bieten. Mit seinen Sezessionsforderungen hingegen verfolgte er zwischen 1995 und 1998 das Ziel, die eigene Identität der Lega Nord in Abgrenzung von allen anderen Parteien zu stärken. Eine wesentliche Konstante bei den Thematisierungsstrategien von Bossi bildet der Nord-Süd-Konflikt, der trotz der zeitweiligen Milderung von Bossis Anti-Süd-Rhetorik aus wahlstrategischen Gründen eine wichtige Identitätsressource der Lega Nord bleibt, auf deren Grundlage sie in Gegnerschaft zu allen anderen Parteien WählerInnenstimmen mobilisieren kann. Mit der Thematisierung der Ressentiments gegen die Immigration aus Nicht-EU-Ländern schürt Bossi die Angst vor dem Verlust der "norditalienischen" Traditionen und steigender Arbeitslosigkeit. Gleichzeitig überlagert er mit diesem Thema zeitweise den Nord-Süd-Konflikt, wenn es politisch opportun erscheint, das heißt, wenn er wegen einer (angestrebten) Regierungsbeteiligung gezwungen ist, ein national relevantes Thema zu besetzen. Mit der populistischen Thematisierung des Verfalls konservativer Werte, die nicht an eine bestimmte Phase der Lega Nord-Entwicklung geknüpft ist, stellt Bossi die norditalienische Gesellschaft des Weiteren als Modernisierungsverlierer dar. Das Themenkonglomerat, das Bossi präsentiert, ist durch ein hohes Maß an emotionaler Aufladung gekennzeichnet. Alle Themen haben eine Gemeinsamkeit: sie dienen dazu, eine künstliche "Nord-Identität" aufzubauen und Feinde dieser Identität zu definieren.

Berlusconi hingegen besetzt nur ein Themenfeld: die Wirtschaftspolitik. Auf diesem Themenfeld werden Berlusconi die größten Kompetenzen zugesprochen, da es in engem Zusammenhang mit seinem Image als erfolgreichem Unternehmer steht. Berlusconi thematisiert in diesem Kontext vorrangig die Freiheit des Unternehmers, Steuersenkungen und die Schaffung neuer Arbeitsplätze. Charakteristisch für Berlusconis Thematisierungsstrategien ist ein hohes Maß an Professionalisierung. Berlusconi setzt ausgeprägte Marketingmethoden ein. Auf der Grundlage von traditionellen Umfragen und *focus groups* passt er seine Themen den Wünschen und Bedürfnissen der potenziellen WählerInnen an.

Auch die Art und Weise der Themenvermittlung von Bossi und Berlusconi weist deutliche Unterschiede auf. Bossi ist ein ausgesprochener Versammlungsredner, dessen rhetorisches Talent besonders gut bei Massenveranstaltungen zur Geltung kommt. Obwohl die Lega Nord seit ihrem Wahlerfolg 1992 die Medienbarrieren überwunden hat, spielt für Bossi der direkte Kontakt zu den Wählerinnen und Wählern weiterhin eine zentrale Rolle bei seinem Kommunikationsmanagement. Bei Fernsehauftritten inszeniert er sich als Politiker, der gezwungen ist, dieses Medium zu benutzen, weil die anderen Politiker ebenfalls über das Fernsehen kommunizieren, der aber mit dieser Art der Politikvermittlung nichts zu tun haben möchte. Damit unterstreicht Bossi das Rebellen-Image der Lega Nord. Die Berichterstattung der Medien stimuliert Bossi durch Provokationen und kontroverse Pseudoereignisse. Berlusconi vermittelt seine Themen hingegen fast ausschließlich über das Fernsehen. Durch den Besitz von drei Privatsendern hat er dabei einen Vorteil gegenüber seinen politischen Gegnern, weil sein direkter Zugriff auf das Fernsehen dessen Einsatz in der politischen Kommunikation erleichtert. Bei seiner Themenvermittlung spielen Auftritte in Talkshows und Sportsendungen seiner Privatsender sowie direkte politische Ansprachen eine zentrale Rolle. Zudem hat Berlusconi einen deutlichen Wettbewerbsvorteil in den Nachrichtensendungen seiner Kanäle, die ihre Beiträge unter anderem danach auswählen, wie vorteilhaft sie für Berlusconi sind.

3. Vergleich der Sprachstrategien

Die Sprachstrategien von Bossi und Berlusconi haben eine zentrale Gemeinsamkeit: beide individuellen Akteure wenden sich von der komplizierten Politikersprache der "Ersten Republik", dem sogenannten *politichese*, ab und bringen eine leicht verständliche Sprache in die Politik ein. Diese einfache Sprache der beiden individuellen Akteure, die durch zahlreiche Komplexitätsreduktionen und populistische Bemerkungen gekennzeichnet ist, weist jedoch erhebliche Unterschiede auf. Während Bossi mit einer rüden und aggressiven Ausdrucksweise, die durch sexistische und rassistische Bemerkungen gekennzeichnet ist, provoziert, setzt Berlusconi eine sehr höfliche Sprache und einprägsame Slogans ein, die den Werbebotschaften des Fernsehen angepasst sind. Bossi wendet sich mit seiner "volksnahen" Ausdrucksweise an die "einfachen Leute" und signalisiert ihnen damit, dass er ihren Präferenzen näher stehe und ihre Probleme besser lösen könne als die Berufspolitiker, von denen er sich selbst ausnimmt. Mit dem Einbringen von dialektalen Elementen in die politische Sprache und dem Gebrauch des Pronomens "wir" wendet sich Bossi an eine spezifische Adressatengruppe, signalisiert Gruppenzugehörigkeit und betont gleichzeitig seine eigene lombardische beziehungsweise norditalienische Herkunft. Berlusconi hingegen wendet sich an ein gruppenübergreifendes Konsenspotenzial. Charakteristisch für seine Sprachstrategien ist der Einsatz der konsensuellen Hochwertbegriffe "Freiheit" und "Demokratie". Des Weiteren verwendet er die in Italien positiv besetzten Begriffe "die Leute", "das Unternehmen/unternehmerisch", "Wohlstand", "Individuum", "Familie", "Effizienz" und "Optimismus".

Beide individuellen Akteure setzen emotionsgeladene Wortfelder ein. Ein gemeinsames Wortfeld ist "Krieg/Kampf", das in der politischen Sprache häufig zur Polarisierung verwendet wird. Beispielhaft sind Ausdrücke wie "Fronten aufbauen", "mobilisieren" und "Angriffe führen". Bossi und Berlusconi entnehmen dem Wortfeld "Krieg/Kampf" sehr unterschiedliche Sprachbilder. Bossi setzt Begriffe aus dem kriegerisch-militärischen Bereich über das in der politischen Sprache übliche Maß hinaus ein und spricht dezidiert von "kriegerischen Aktionen", um die "Rebellion" der Lega Nord zu betonen. Die "Kriegserklärung" Bossis richtet sich insbesondere an die anderen italienischen Parteien und im Kontext seiner Sezessionsforderungen an das "feige italienische Volk", das Bossi den "mutigen Padaniern" polarisierend gegenüberstellt. Berlusconi setzt Sprachbilder aus dem Wortfeld "Krieg/Kampf" ebenfalls zur Polarisierung ein. Er definiert die "Kommunisten" seinem Negative-

Campaigning entsprechend als "Feinde" und sagt ihnen den "Kampf" an. Bei Berlusconi ist die Benutzung von Sprachbildern aus dem kriegerisch-militärischen Bereich eng verknüpft mit dem Einsatz von Begriffen aus dem Wortfeld "Sport/Fußball", das die Basis für seine Sprachstrategien bildet. Die Verbindung der beiden Wortfelder "Sport/Fußball" und "Krieg/Kampf" ist in der politischen Sprache nicht unüblich. Sprachbilder aus diesem Bereich sind durch eine starke Polarisierung gekennzeichnet. Es gibt Gewinner und Verlierer und ein klares Ziel der kriegerischen Handlungen beziehungsweise des Fußballspiels, nämlich zu gewinnen. Des Weiteren betonen Sprachbilder aus den beiden Wortfeldern strategisches Denken und Teamwork. Charakteristisch für Berlusconis Verknüpfung der beiden Wortfelder ist der Ausdruck *scendere in campo*, der im kriegerischen Sinne "zu Felde ziehen" meint und im sportlichen Kontext die Bedeutung von "antreten" hat. Berlusconi benutzt die konventionellen Sprachbilder aus dem sportlich-fußballerischen Bereich weit über den gewöhnlichen Gebrauch in der politischen Sprache hinaus, indem er die gesamte Identität seiner Partei um den Fußball aufbaut. Bereits der Parteiname Forza Italia ("Vorwärts Italien"), bei dem es sich um den Anfeuerungsruf für die italienische Fußballnationalmannschaft handelt, stammt aus diesem Bereich. Mit dieser Sprachstrategie zielt Berlusconi darauf ab, die Gefühle der WählerInnen anzusprechen, da der Fußball im Gegensatz zur Politik für die meisten ItalienerInnen mit positiven Emotionen verbunden ist. Des Weiteren passen die Sprachbilder aus dem Fußball zu Berlusconis Tätigkeit als Präsident des AC Milan und unterstreichen sein Image des sportlichen Siegertypen.

Bossi verknüpft seine Sprachbilder aus dem kriegerisch-militärischen Bereich mit Sprachbildern aus dem Wortfeld "Gewalt". Ziel dieser Sprachstrategie ist es, zu provozieren und mediale Aufmerksamkeit zu erregen. Charakteristisch war beispielsweise die von Bossi 1993 geäußerte verbale Morddrohung gegenüber den Untersuchungsrichtern des Pools *Mani pulite*, deren berühmtester Vertreter, Ex-Staatsanwalt Antonio di Pietro, zu Beginn der 1990er Jahre in Italien ein sehr hohes gesellschaftliches Ansehen genoss. Bossis Sprachstrategien sind des Weiteren durch einen starken Sexismus geprägt und unterstreichen den von ihm reklamierten männlichen Führungsanspruch innerhalb der Lega Nord und in der (norditalienischen) Gesellschaft. Charakteristisch für seine sexistische Ausdrucksweise ist der bekannteste Slogan der Lega Nord "*La Lega c'è l'ha duro*" ("Die Lega hat ihn hart"). Die sexistischen Parolen Bossis dienen der Aufwertung der "Potenz" der Politiker der Lega Nord und der Abwertung der männlichen Kontrahenten aus anderen Parteien. Sie tragen dazu bei, dass die Lega Nord stärker von Männern gewählt wird. In Berlusconis Forza Italia sind die Führungspositionen ebenfalls fast ausschließlich von Männern besetzt. Berlusconis Sprachstrategien zielen jedoch darauf ab, insbesondere die Frauen anzusprechen, die in der WählerInnenschaft von Forza Italia überdurchschnittlich stark vertreten sind. Dazu dient ihm der gezielte Einsatz einer politisch korrekten Sprache mit der korrekten Verwendung weiblicher und männlicher Bezeichnungen, was in der italienischen (politischen) Sprache unüblich ist.

Um die ehemaligen WählerInnen der *Democrazia Cristiana* zu mobilisieren, setzt Berlusconi Sprachbilder aus dem Wortfeld "Bibel/Religion" ein. Charakteristisch ist seine Bemerkung "Ich werde den bitteren Kelch der Politik trinken", mit der er seine Entscheidung, in die Politik zu gehen, ankündigte, und das "Glaubensbekenntnis" von Forza Italia, das an das christliche Glaubensbekenntnis angelehnt ist. Das biblisch-religiöse Vokabular ist zudem abgestimmt auf Berlusconis Image des "Gesalbten des Herrn" und "göttlichen Führers".

4. Vergleich der Symbolisierungsstrategien

Die Symbolisierungsstrategien von Bossi und Berlusconi weisen deutliche Unterschiede auf. Der Einsatz von identitätsstiftenden Symbolen, Mythen und Ritualen nimmt bei der Lega Nord einen höheren Stellenwert als bei Forza Italia und allen anderen italienischen Parteien ein. Bossis Symbolisierungsstrategien sind durch einen historischen Bezug gekennzeichnet und zielen darauf ab, eine künstliche "Nord-Identität" zu schaffen, die de facto nicht existiert. Berlusconi hingegen verfolgt die Strategie durch den Einsatz von Symbolen aus dem Bereichs des Fußballs und der italienischen Fußballnationalmannschaft die nationale Einheit Italiens zu betonen. Bossi führt die Lega Nord auf den Lombardischen Städtebund des Mittelalters zurück und verdichtet diesen Abstammungsmythos durch identitätsstiftende Rituale wie feierliche Parteiversammlungen und gemeinsame Treueschwüre, die den Charakter von Vereinigungsritualen zwischen Führer und Massen haben. In diesem Kontext ist der Ritter Alberto da Giussano das wichtigste Symbol der Lega Nord. Die Symbole, die sich auf den Lombardischen Städtebund beziehen, verdichten die kriegerische Sprache Bossis und seine Inszenierung als "heldenhafter Volksanführer". Neben diesen kriegerischen, mittelalterlichen Symbolen, Mythen und Ritualen bildet der keltische Abstammungsmythos ein zentrales Element von Bossis Symbolisierungsstrategien.

Bei der Konstruktion der künstlichen "Nation" Padanien beruft sich Bossi auf das ehemalige keltische Siedlungsgebiet in Norditalien. Keltische Symbole, Mythen und Rituale werden von Bossi eingesetzt, um eine "nicht-italienische" Komponente in das padanische "Nationalbewusstsein" einzubringen. Das wichtigste Symbol ist in diesem Zusammenhang die "Sonne der Alpen", das keltische Sonnenrad. Um ein "nationales" Bewusstsein für die künstliche "Nation" Padanien zu schaffen, setzt Bossi "nationale" Symbole wie beispielsweise eine padanische "Nationalflagge", eine padanische Währung und einen padanischen Personalausweis ein. Demselben Ziel dient die symbolische Doppelung staatsnationaler Institutionen, wie beispielweise die Gründung eines Parlaments für Padanien. Während Bossi dieses Parlament nach seinen gescheiterten Sezessionsplänen auflöste, spielt die mit positiven Emotionen verbundene padanische "Nationalhymne" *Va' pensiero* nach wie vor eine zentrale Rolle für Bossis Emotionsmanagement.

Berlusconi geht es ebenfalls darum, vorrangig die Gefühle der WählerInnen anzusprechen. Hierzu setzt er Symbole aus dem Bereich des Fußballs ein, der im Gegensatz zur Politik mit positiven Emotionen verbunden ist. In den Symbolen von Forza Italia erfahren die Sprachstrategien Berlusconis, die durch einen kontinuierlichen Gebrauch von Begriffen aus dem Wortfeld "Fußball" gekennzeichnet sind, und Berlusconis Image des sportlichen Siegertyps Verdichtung. Das Parteiabzeichen von Forza Italia, das den Fahnen der Fußballclubs nachempfunden ist, ist die im Wind wehende italienische Nationalfahne, die grün-weiß-rote Trikolore, mit dem Schriftzug *Forza Italia*. Bei Veranstaltungen von Forza Italia wird diese Fahne in der Regel vor einem himmelblauen Hintergrund mit kleinen weißen Wölkchen abgebildet, was Heiterkeit und Optimismus vermitteln soll. Die blaue Farbe ist zugleich ein weiteres Symbol von Forza Italia, das sich auf die blauen Trikots der italienischen Fußballnationalmannschaft bezieht. Die örtlichen Sektionen von Forza Italia werden als "Clubs" bezeichnet, was auf die Fußball-Fanclubs verweisen soll. Der Emotionalisierung dient insbesondere die Forza Italia-Hymne, die mit ihrem Text in Einfachpoesie keine politischen Ideen vermittelt, sondern durch den gezielten Einsatz von Musik die Gefühle anspricht.

5. Vergleich der Anknüpfung an die politische Kultur

Eine fundamentale Gemeinsamkeit zwischen den Kommunikationsstrategien von Bossi und Berlusconi besteht in der Anknüpfung an verschiedene Aspekte der politischen Kultur Italiens. Die fragmentierte politische Kultur Italiens ist durch ein im Vergleich zu anderen westeuropäischen Ländern stark ausgeprägtes Misstrauen gegenüber staatlichen Institutionen und der politischen Klasse geprägt. Die ItalienerInnen sind seit der Gründung der Republik 1946 chronisch unzufrieden mit dem Funktionieren ihres politischen Systems, stellen die Prinzipien der demokratischen Ordnung jedoch nicht in Frage. Bossi und Berlusconi reagieren auf die in Italien weitverbreitete Politikverdrossenheit, die zu Beginn der 1990er Jahre ihren Höhepunkt erreichte, indem sie sich als Anti-Berufspolitiker präsentieren und ihre Themen mittels einer einfachen Sprache, die durch zahlreiche Komplexitätsreduktionen und populistische Bemerkungen gekennzeichnet ist, vermitteln. Beide aktivieren damit die Konfliktlinie zwischen *paese reale* und *paese legale*, zwischen BürgerInnen und politischer Klasse. Sie vermitteln den WählerInnen den Eindruck, auf ihrer Seite zu stehen und distanzieren sich von den Berufspolitikern, denen sie einen gesunden Menschenverstand absprechen. Beide individuellen Akteure sprechen mit ihren Kommunikationsstrategien in erster Linie die Gefühle der WählerInnen an.

Charakteristisch für die politische Kultur Italiens sind des Weiteren eine schwach ausgeprägte nationale Identität und eine soziale, ökonomische und kulturelle Kluft zwischen Nord- und Süditalien, die bis auf die italienische Einigung im 19. Jahrhundert zurückgeht. Die ItalienerInnen identifizieren sich historisch und ethnisch eher mit ihrer Region als mit dem italienischen Einheitsstaat. Der Nord-Süd-Konflikt spielt vor allem in den Köpfen der ItalienerInnen eine Rolle und drückt sich in gegenseitigen Ressentiments aus. Als erster italienischer Politiker instrumentalisierte Bossi diese Konfliktlinie, um darauf die Identität einer Partei aufzubauen. Er griff die in der norditalienischen Gesellschaft latent vorhandenen Ressentiments gegenüber den SüditalienerInnen auf und schlug politisches Kapital für die Lega Nord daraus. Der Nord-Süd-Konflikt wird seitdem nicht mehr wie in den Jahren zuvor als "Südfrage" thematisiert, sondern unter dem Schlagwort der "Nordfrage" in der Öffentlichkeit diskutiert. Bossi kritisiert die aus Sicht der Lega Nord zu hohe Steuerbelastung der norditalienischen Regionen und die staatliche soziale Umverteilungspolitik, die dem wirtschaftlich weniger erfolgreichen Süden zugute kommt. Der Nord-Süd-Konflikt ist eine grundlegende Konstante in den Thematisierungsstrategien Bossis, auf deren

Grundlage er in Gegnerschaft zu allen anderen Parteien WählerInnen mobilisieren kann. Berlusconi verfolgt hingegen eine entgegengesetzte Strategie. Er betont die nationale Einheit Italiens, die de facto sehr brüchig ist, durch seinen Bezug auf den Fußball und insbesondere die italienische Fußballnationalmannschaft, die das wichtigste Symbol der nationalen Einheit Italiens darstellt und in der Lage ist, zumindest eine "Solidarität auf Zeit" zu erzeugen, wie beispielsweise die Fußballweltmeisterschaft in Italien 1990 zeigte.

Ein weiteres *cleavage*, das die politische Kultur Italiens bis in die 1990er Jahre hinein prägte, ist die ideologische Spaltung in die hegemonialen "Subkulturen" Katholizismus und Kommunismus, die ihre parteipolitischen Entsprechungen in der *Democrazia Cristiana* und im *Partito Comunista Italiano* fanden. Diese Konfliktlinie, die in den 1990er Jahren an Bedeutung verloren hat, wird von Berlusconi revitalisiert, indem er sich auf den Katholizismus und dessen zentrale Werte beruft und zur Polarisierung das Feindbild des "Kommunismus" benutzt. Damit signalisiert er den ehemaligen WählerInnen der Democrazia Cristiana, dass sie von ihm Kontinuität in der italienischen Politik erwarten können und instrumentalisiert ein den ItalienerInnen wohlbekanntes Feindbild.

6. Vergleich der Ziele der beiden Akteure

Wie der systematische Vergleich der Personalisierungs-, Thematisierungs-, Sprach- und Symbolisierungsstrategien von Bossi und Berlusconi gezeigt hat, verfolgen die beiden individuellen Akteure unterschiedliche Ziele. In der Einleitung wurde Stimmenmaximierung als eine Leitlinie politischen Handelns, die vorrangig oder ausschließlich auf die Erzielung des höchstmöglichen Stimmengewinns gerichtet ist, definiert. Legt man diese Definition zu Grunde, kommt man bei der Analyse der Kommunikationsstrategien der beiden individuellen Akteure zu dem Ergebnis, dass Bossi keine Stimmenmaximierungsstrategie verfolgt, wohingegen diese Strategie bei Berlusconi sehr stark ausgeprägt ist. Bossi zielt darauf ab, insbesondere die niedrig gebildeten, norditalienischen Kleinbürger und Arbeiter mit konservativen Wertvorstellungen dauerhaft an sich zu binden. Mittels seiner Personalisierungsstrategien inszeniert er sich als Kämpfer für die norditalienischen Interessen. Sowohl die Image-Kategorie des "Herrn Jedermann" als auch die des "heldenhaften Volksanführers" dienen Bossi dazu, sich von den Intellektuellen und Berufspolitikern abzugrenzen und sich als Interessenvertreter der "einfachen Leute" zu präsentieren. Die Thematisierungsstrategien sind auf die Interessen der reichen nördlichen Regionen zugeschnitten. Bossi weckt latent vorhandene Ressentiments gegen die SüditalienerInnen sowie die Immigrantinnen und Immigranten aus Nicht-EU-Ländern, die seiner populistischen Rhetorik zufolge eine Gefahr für die Traditionen der "arbeitsamen" nördlichen Regionen Italiens darstellen. Bossis föderalistische Forderungen, die er in den Phasen einsetzt, in denen er eine Regierungsbeteiligung anstrebt beziehungsweise in denen er an der Regierung beteiligt ist, um eine gesamtitalienische Perspektive zu bieten, haben allein die norditalienischen Interessen im Auge. Ein Beispiel dafür ist seine Forderung, dass alle Regionen nur die Steuern ausgeben sollten, die sie selbst erwirtschaftet haben. Eine solche Regelung käme insbesondere den reichen norditalienischen Regionen zugute. Bossi verteidigt auf populistische Art und Weise konservative Werte und wendet sich gegen die Interessen von Homosexuellen, emanzipierten Frauen sowie Männern und Frauen, die in einer Partnerschaft ohne Kinder leben. Er nimmt es bewusst in Kauf, diese WählerInnensegmente vor den Kopf zu stoßen. Mit seinen Sprachstrategien wendet sich Bossi an eine spezifische Adressatengruppe und schließt andere Adressatengruppen von seiner Kommunikation aus. Charakteristisch ist der Einsatz von dialektalen Elementen und die Verwendung des Pronomens "wir", um eine künstliche Einheit des "norditalienischen Volkes" zu erzeugen. Abgesehen von den SüditalienerInnen, die als Feindbild fungieren, schreckt Bossi mit seiner rüden und aggressiven Sprache die Intellektuellen ab. Mit seiner sexistischen Sprache stößt er des Weiteren die (emanzipierten) Frauen vor den Kopf. Dieser Ausschluss von relevanten WählerInnensegmenten steht deutlich im Gegensatz zu einer Strategie der Stimmenmaximierung, die das Ziel verfolgt, vorrangig alle WählerInnen zu mobilisieren. Mit seinen Symbolisierungsstrategien verfolgt Bossi das Ziel, eine künstliche "Nord-Identität" aufzubauen, die de facto nicht existiert, weil der Norden weder eine gemeinsame Identitätsbasis noch eine gemeinsame Geschichte aufweist.

Berlusconi hingegen verfolgt eine ausgeprägte Stimmenmaximierungsstrategie. Er stimmt seine Kommunikationsstrategien gezielt auf die Wünsche der WählerInnen ab, die durch ausgeprägte Marketingmethoden analysiert werden. Statt kontroverse Themen zu besetzen, die bei potenziellen WählerInnensegmenten auf Ablehnung stoßen könnten, macht er seine Person zum Mittelpunkt seiner Kommunikationsstrategien. Die Personalisierungsstrategien nehmen innerhalb seiner politischen Kommunikation die wichtigste Rolle ein. Seine Strategie besteht darin, sein positives Image als Unternehmer auf den Politiker Berlusconi zu übertragen. Er besetzt nur ein Themenfeld, auf dem ihm die meisten Kompetenzen zugesprochen werden: die Wirtschaftspolitik. Mit seinen Sprachstrategien spricht Berlusconi alle WählerInnen an. Charakteristisch ist der Einsatz von konsensuellen Hochwertbegriffen, die von keiner gesellschaftlichen Gruppe in Frage gestellt werden und Begriffen, die in Italien mit positiven Emotionen verbunden sind, sowie die korrekte Verwendung von weiblichen und männlichen Bezeichnungen, womit er dezidiert Frauen und Männer anspricht.

7. Forschungsperspektive

Die Analyse der Kommunikationsstrategien individueller Akteure ist ein modernes Forschungsfeld, mit dem sich die Politikwissenschaft bisher kaum beschäftigt hat. Für den Vergleich der Kommunikationsstrategien von Umberto Bossi und Silvio Berlusconi hat sich das verwendete Analyse-Raster bewährt. Mit den vier Kategorien Personalisierungs-, Thematisierungs-, Sprach- und Symbolisierungsstrategien konnten zentrale Unterschiede und Gemeinsamkeiten der beiden individuellen Akteure herausgearbeitet werden. Ebenso konnten die jeweiligen Akteursziele analysiert werden. Die Einbeziehung zentraler Merkmale der politischen Kultur Italiens hat gezeigt, wie sehr beide Akteure ihre Kommunikationsstrategien daran orientieren. Hierbei wird deutlich, dass eine Analyse von Kommunikationsstrategien nicht auf den Bezug zur politischen Kultur verzichten kann. Ein solcher Bezug trägt der Annahme Rechnung, dass nicht jede Kommunikationsstrategie in jedem Land gleichermaßen erfolgreich ist. Jede Gesellschaft basiert auf einem anderen System von Einstellungen und Werten, an denen politische Akteure ihre Kommunikationsstrategien ausrichten müssen. In diesem Zusammenhang ist nicht nur der Vergleich der Kommunikationsstrategien individueller Akteure innerhalb eines politischen Systems von Bedeutung. Vielmehr eignet sich das Analyseraster auch zur wissenschaftlichen Gegenüberstellung individueller politischer Akteure aus verschiedenen Ländern. So würde sich beispielsweise ein Vergleich der Kommunikationsstrategien von Umberto Bossi und Jörg Haider anbieten. Dabei könnte überprüft werden, ob die journalistische Charakterisierung Bossis als "italienischer Haider" einer differenzierten politikwissenschaftlichen Analyse standhält.

LITERATURVERZEICHNIS

I. Primärmaterialen/Quellen

1. Bücher

BOSSI, Umberto/VIMERCATI, Daniele: Vento dal Nord. Milano 1992.
BOSSI, Umberto: Il mio progetto. Milano 1996.
BOSSI, Umberto/VIMERCATI, Daniele: Processo alla Lega. Milano 1998.
CAVALLIN, Mario (Hrsg.): La Lega attraverso i manifesti. Milano 1996.
ONETO, Gilberto: Bandiere di libertà. Simboli e vessilli dei popoli dell'Italia settentrionale. Introduzione di Gianfranco Miglio. Milano 1992.

2. Filme/CD

FORZA ITALIA (Hrsg.): Inno ufficiale. 1994.
FORZA ITALIA (Hrsg.): 1° Congresso Nazionale. Intervento del presidente Berlusconi.16-18 aprile 1998.
FORZA ITALIA (Hrsg.): il Tax-Day di Forza Italia. Intervento del presidente Silvio Berlusconi. Verona 27 maggio 1999.
FORZA ITALIA (Hrsg.): A dieci anni dalla caduta del muro di Berlino. Intervento del presidente Silvio Berlusconi. Roma 9 novembre 1999.
LEGA NORD (Hrsg.): Storia della Lega. N° 1/92.
LEGA NORD (Hrsg.): 2° Congresso Federale Lega Nord. Palazzo dei Congressi, Bologna 4-5-6 Febbraio 1994.
LEGA NORD (Hrsg.): La ricossa! Lega Nord e Italia Federale insieme per vincere. Congresso Federale della Lega Nord – Milano. Palatrussardi 10/11/12 febbraio 1995. Kassette 1 und 2.

LEGA NORD (Hrsg.): Verso l'indipendenza. Towards indipendence. Vers l'indepen-dance. Nach der Unabhängigkeit. Hacia la independencia, ohne Orts- und Datumsangabe.

3. Internet

URL: http://www.leganord.org
URL: http://www.forza-italia.it

4. Interview

Persönliches Interview mit dem Leiter der Marketingabteilung der Lega Nord, Mario Cavallin, im Parteisitz der Lega Nord in Mailand, 18. Juli 2000.

5. Redemitschnitt

Eigene Aufzeichnung der Rede von Umberto Bossi am 13. Juli 2000 in Almè anlässlich einer Feier der Lega Nord

6. Fernsehmitschnitte

"Rede an die Nation" von Silvio Berlusconi, 26. Januar 1994, Rai 1

"Rede an die Nation" von Silvio Berlusconi, 26, Januar 1994, Rete Quattro

II. Sekundärmaterialien

1. Literatur

ALEMANN, Ulrich von/TÖNNESMANN, Wolfgang: Grundriß: Methoden in der Politikwissenschaft. In: Alemann, Ulrich von (Hrsg.): Politikwissenschaftliche Methoden. Grundriß für Studium und Forschung. Opladen 1995, S. 17-140.

BEIRICH, Heidi/WOODS, Dwayne: "Globalisation, Workers and the Northern League"; in: West European Politics, Vol. 23, No. 1 (January 2000), S. 130-143.

BENTELE, Günter: Image. In: Jarren, Otfried/Sarcinelli, Ulrich/Saxer, Ulrich (Hrsg.): Politische Kommunikation in der demokratischen Gesellschaft. Ein Handbuch mit Lexikonteil. Opladen/Wiesbaden 1998, S. 657.

BERG-SCHLOSSER, Dirk: Politische Kulturforschung. In: Nohlen, Dieter (Hrsg.): Lexikon der Politik. Band 2. Politikwissenschaftliche Methoden (herausgegeben von Jürgen Kriz). München 1994, S. 345-352.

BERTINETTI, Roberto/WEBER, Roberto: "Parole in cerca di consenso. Un confronto fra Prodi e Berlusconi"; in: il Mulino 361, settembre-ottobre 1995, S. 888-896.

BETZ, Hans-Georg: "Rechtspopulismus: Ein internationaler Trend?"; in: Aus Politik und Zeitgeschichte, H. 9-10/1998, 20. Februar 1998, S. 3-12.

BIORCIO, Roberto: La Padania promessa. La storia, le idee e la logica d'azione della Lega Nord. Milano 1997.

BIORCIO, Roberto: "La Lega Nord e la transizione italiana"; in: Rivista italiana di scienza politica 1/1999, S. 55-87.

BIORCIO, Roberto: "Bossi-Berlusconi, la nuova alleanza"; in: il Mulino 388, marzo-aprile 2000, S. 253-264.

BIRKHAN, Helmut: Kelten. Versuch einer Gesamtdarstellung ihrer Kultur. Wien 1997.

BOORSTIN, Daniel J.: Das Image. Der amerikanische Traum. Neuausgabe. Hamburg 1987.

BORDON, Frida: Lega Nord im politischen System Italiens. Produkt und Profiteur der Krise. Wiesbaden 1997.

BORNGÄSSER, Rose-Marie: "Der Süden ist gar nicht mehr so schlimm. Jahrelang forderte Umberto Bossi ein unabhängiges Norditalien – Jetzt ist alles anders"; in: Die Welt, 12. August 1998, o.S.

BRAUN, Michael: Italiens politische Zukunft. Frankfurt am Main 1994.

BRAUN, Michael: Die Lega Nord – vom Autonomismus zum Sezessionismus. In: Knapp, Lothar/Tömmel, Ingeborg (Hrsg.): Italien an der Wende zum 21. Jahrhundert. Politik, Wirtschaft, Kultur. Zweite Auflage. Osnabrück 2001, S. 18-35.

BRILL, Klaus: "Vorbei sind die Zeiten des bloßen Lächelns und Winkens. Die Politiker wissen schon lange um die imagefördernde Macht des Fernsehens. TV-Mogul Silvio Berlusconi setzt nun erstmals gezielt eigene Medien ein"; in: Süddeutsche Zeitung, 5. März 1994, o.S.

BRILL, Klaus: "Bologna – Ende eines Mythos. Historische Niederlage für italienische Linke bei den Kommunalwahlen"; in: Süddeutsche Zeitung, 29. Juni 1999, S. 1.

BRIZZI, Renzo: Immigrazione: in: Brütting, Richard (Hrsg.): Italien-Lexikon. Schlüsselbegriffe zu Geschichte, Wirtschaft, Politik, Justiz, Gesundheitswesen, Verkehr, Presse, Rundfunk, Kultur und Bildungseinrichtungen (Grundlagen der Romanistik, Band 20). Berlin 1997, S. 404-405.

BRÜTTING, Richard: Die Lega Nord. In: Ferraris, Graf Luigi/Trautmann, Günter/Ullrich, Hartmut (Hrsg.): Italien auf dem Weg zur "zweiten Republik"? Die politischen Entwicklungen Italiens seit 1992. Frankfurt am Main 1995, S. 203-218.

BRÜTTING, Richard: Mani pulite. In: ders. (Hrsg.): Italien-Lexikon. Schlüsselbegriffe zu Geschichte, Gesellschaft, Wirtschaft, Politik, Justiz, Gesundheitswesen, Verkehr, Presse, Rundfunk, Kultur und Bildungseinrichtungen (Grundlagen der Romanistik, Band 20). Berlin 1997, S. 470-473.

CACIAGLI, Mario: "Ein 'roter' Bezirk in der 'roten' Toskana: Entstehung und Persistenz politischer Subkulturen"; in: Zeitschrift für Parlamentsfragen, 4 /1987, S. 512-522.

CACIAGLI, Mario: Ein, zwei, viele Italien. Die verspätete Staatsbildung und die Folgen für die politische Kultur Italiens. In: Wehling, Hans-Georg (Hrsg.): Länderprofile: politische Kulturen im In- und Ausland. Stuttgart/Berlin/Köln 1993, S. 69-84.

CALABRESE, Omar: Come Nella Boxe. Lo spettacolo della politica in Tv. Roma-Bari 1998.

CAMPUS, Donatella: "How to lose a mayor: the case of Bologna"; in: Journal of Modern Italian Studies 5 (1) (2000), S. 22-35.

CEDRONI, Lorella: "Il linguaggio 'politico' della Lega"; in: Democrazia e diritto, 1/1994, S. 470-482.

CORRIAS, Pino/GRAMELLINI, Massimo/MALTESE, Curzio: 1994. Colpo grosso. Milano 1994.

CORTELAZZO, Michele A.: "Sulle tracce del 'nuovo che avanza'. Anmerkungen zur aktuellen politischen Sprache Italiens"; in: Zibaldone. Zeitschrift für italienische Kultur der Gegenwart. Nr. 18 (1994). Schwerpunkt: Politische Kultur in Italien, S. 65-78.

COSTANTINI, Luciano: Dentro la Lega. Come nasce, come cresce, come comunica. Roma 1994.

CURI, Umberto: "La Lega e l'eversione"; in: MicroMega 4/1997, S. 41-53.

DE LA VAISSIERE, Jean-L.: "Der Sieg des Volkstribunen. Markige Worte und harte Attacken sind das Rezept des Umberto Bossi"; in: Die Welt, 23. Dezember 1994, o.S.

DEMANDT, Alexander: Die Kelten. Zweite Auflage. München 1999.

DESIDERI, Paola: "L'italiano della Lega/2"; in: Italiano e Oltre, IXI (1994), S. 22-28.

DIAMANTI, Ilvo: La Lega. Geografia, storia e sociologia di un soggetto politico. Nuova edizione riveduta e ampliata. Roma 1995.

DIAMANTI, Ilvo: "L'improbabile, ma rischiosa secessione"; in: il Mulino 361, settembre-ottobre 1995[a], S. 811-820.

DIAMANTI, Ilvo: Il male del Nord. Lega, localismo, secessione. Roma 1996[a].

DIAMANTI, Ilvo: "Dietro il fantasma della Lega"; in: il Mulino 367, settembre-ottobre 1996[b], S. 879-887.

DIAMANTI, Ilvo: La Lega. Dal federalismo alla secessione. In: D'Alimonte, Roberto/Nelken, David (Hrsg.): Politica in Italia. I fatti dell'anno e le interpretazioni. Edizione 1997. Bologna 1997, S. 85-103.

DÖRNER, Andreas: "Die Inszenierung politischer Mythen. Ein Beitrag zur Funktion der symbolischen Formen in der Politik am Beispiel des Hermannsmythos in Deutschland"; in: Politische Vierteljahresschrift 34 (1993), H. 2, S. 199-218.

DÖRNER, Andreas: Politischer Mythos und symbolische Politik. Sinnstiftung durch symbolische Formen am Beispiel des Hermannsmythos. Opladen 1995.

DÖRNER, Andreas: "Politik im Unterhaltungsformat. Zur Inszenierung des Politischen in den Bildwelten von Film und Fernsehen"; in: Aus Politik und Zeitgeschichte. B 41/1999, 8. Oktober 1999, S. 17-25.

DÖRNER, Andreas: Medien und Mythen. Zum politischen Emotionsmanagement in der populären Medienkultur am Beispiel des amerikanischen Films. In: <u>Klein</u>, Ansgar/<u>Nullmeier</u>, Frank (Hrsg.): Masse - Macht - Emotionen. Zu einer politischen Soziologie der Emotionen. Opladen/Wiesbaden 1999, S. 308-329.

DÖRNER, Andreas/VOGT, Ludgera: Einleitung: Sprache, Zeichen, Politische Kultur. In <u>dies.</u> (Hrsg.): Sprache des Parlaments und Semiotik der Demokratie. Studien zur politischen Kommunikation in der Moderne. Berlin, New York 1995, S. 1-13.

DOWNS, Anthony: Ökonomische Theorie der Demokratie (herausgegeben von Rudolf Wildenmann). Tübingen 1968 (engl. 1957).

DREIER, Volker: "La Lega Nord. Morphologie, Entwicklung, Erfolg und Zukunft eines politischen Chamäleons. Eine Sammelbesprechung italienischer Publikationen."; in: Neue politische Literatur 40/1995, S. 106-115.

DRÜKE, Helmut: Italien. Grundwissen – Länderkunde. Wirtschaft. Gesellschaft. Politik. Zweite, völlig überarbeitete und aktualisierte Auflage. Opladen 2000.

EDELMANN, Murray: Politik als Ritual. Die symbolische Funktion staatlicher Institutionen und politischen Handelns. Neuausgabe. Frankfurt am Main 1990.

FENNER, Christian: Politische Kultur. In: <u>Nohlen</u>, Dieter (Hrsg.): Lexikon der Politik. Band 3. Die westlichen Länder (herausgegeben von Manfred G. Schmidt). München 1992, S. 359-366.

FERRARI, Claudia-Francesca: Wahlkampf, Medien und Demokratie. Der Fall Berlusconi. Stuttgart 1998.

FIX, Elisabeth: Italiens Parteiensystem im Wandel. Von der Ersten zur Zweiten Republik. Frankfurt/Main 1999.

FORCONI, Augusta: Parola da Cavaliere. Prefazione di Raffaele Simone. Roma 1997.

FRACASSI, Claudio/GAMBINO, Michele: Berlusconi. Una biografia non autorizzata. La vita, le amicizie, gli affari. Roma 1994.

FRITZSCHE, Peter: Die politische Kultur Italiens. Frankfurt/Main, New York 1987.

GABRIEL, Oscar W.: Politische Einstellungen und politische Kultur. In: <u>Brettschneider</u>, Frank (Hrsg.): Die EU-Staaten im Vergleich. Zweite, überarbeitete und erweiterte Auflage. Opladen 1994, S. 96-133.

GALLI DELLA LOGGIA, Ernesto: La morte della patria. Roma-Bari 1996.

GALLI DELLA LOGGIA, Ernesto: L'identità italiana. Bologna 1998.

GERHARDS, Jürgen: "Dimensionen und Strategien öffentlicher Diskurse"; in: Journal für Sozialforschung 32 (1992), H. 3/4, S. 307-318.

GILBERT, Mark: "Warriors of the New Pontida: The challenge of the Lega Nord to the italian party system"; in: The Political Quarterly 64 (1993), No.1, S. 99-106.

GINSBORG, Paul: L'Italia del tempo presente. Famiglia, società civile, Stato 1980-1996. Torino 1998.

GRAMELLINI, Massimo: "Berlusconi, ovvero la repubblica del pallone"; in: MicroMega 1/1994, marzo-aprile, S. 125-133.

GRANDI, Roberto/CAVICCHIOLI, Sandra/FRANCESCHETTI, Massimo: Elezioni politiche nazionali 1994. Strategie a confronto. In: Livolsi, Marino/Volli, Ugo (Hrsg.): La comunicazione politica tra prima e seconda Repubblica. Milano 1995, S. 166-191.

GRASMÜCK, Damian: Das Parteiensystem Italiens im Wandel. Die politischen Parteien und Bewegungen seit Anfang der neunziger Jahre unter besonderer Berücksichtigung der Forza Italia. Marburg 2000.

GRASSI, Mauro: Meridionalizzazione. In: Brütting, Richard: Italien-Lexikon. Schlüsselbegriffe zu Geschichte, Gesellschaft, Wirtschaft, Politik, Justiz, Gesundheitswesen, Verkehr, Presse, Rundfunk, Kultur und Bildungseinrichtungen (Grundlagen der Romanistik, Band 20). Berlin 1997, S. 487-488.

GRIESWELLE, Detlef: Politische Rhetorik. Macht der Rede, öffentliche Legitimation, Stiftung von Konsens. Wiesbaden 2000.

GROSSE, Ernst Ulrich/TRAUTMANN, Günter: Italien verstehen. Darmstadt 1997.

HAUSMANN, Friederike: Kleine Geschichte Italiens von 1943 bis heute. Aktualisierte und erweiterte Neuausgabe. Berlin 1997.

HELMS, Ludger: "Pluralismus und Regierbarkeit. Eine Bestandaufnahme der italienischen Parteiendemokratie aus Anlaß der Parlamentswahlen 1996"; in: Zeitschrift für Politik 44 (1997), H. 1, S. 86-100.

HOINLE, Marcus: Metaphern in der politischen Kommunikation. Eine Untersuchung der Weltbilder und Bilderwelten von CDU und SPD. Konstanz 1999.

IACOPINI, Roberto/BIANCHI, Stefania: La Lega ce l'ha crudo! Il linguaggio del Caroccio nei suoi slogan, comizi e manifesti. Prefazione di Umberto Bossi. Milano 1994.

IGNAZI, Piero: I partiti italiani. Bologna 1997.

JAKUBOWSKI, Alex: Parteienkommunikation in Wahlwerbespots. Eine systemtheoretische und inhaltsanalytische Untersuchung zur Bundestagswahl 1994. Opladen/Wiesbaden 1998.

JANSEN, Sue Curry/SABO, Don: "The Sport/War Metaphor: Hegemonic Masculinity, the Persian Gulf War, and the New World Order"; in: Sociology of Sport Journal 11/1994, S. 1-17.

JARREN, Otfried: "Politik und politische Kommunikation in der modernen Gesellschaft"; in: Aus Politik und Zeitgeschichte. B 39/94, 30. September 1994, S. 3-10.

JUN, Uwe: Forza Italia – der Prototyp einer Medienkommunikationspartei? In: Dürr, Tobias/Walter, Franz (Hrsg.): Solidargemeinschaft und fragmentierte Gesellschaft: Parteien, Milieus und Verbände im Vergleich. Festschrift zum 60. Geburtstag von Peter Lösche. Opladen 1999, S. 475-491.

KAASE, Max: Politische Kommunikation – Politikwissenschaftliche Perspektiven. In Jarren, Otfried/Sarcinelli, Ulrich/Saxer, Ulrich (Hrsg.): Politische Kommunikation in der demokratischen Gesellschaft. Ein Handbuch mit Lexikonteil. Opladen/Wiesbaden 1998, S. 97-113.

KEPPLINGER, Hans Mathias: Ereignismanagement. Wirklichkeit und Massenmedien. Zürich 1992.

KEPPLINGER, Hans Mathias: Politische Kommunikation als Persuasion. In: Jarren, Otfried/Sarcinelli, Ulrich/Saxer, Ulrich (Hrsg.): Politische Kommunikation in der demokratischen Gesellschaft. Ein Handbuch mit Lexikonteil. Opladen/Wiesbaden 1998, S. 362-368.

KLEIN, Josef: Politische Kommunikation als Sprachstrategie. In: Jarren, Otfried/Sarcinelli, Ulrich/Saxer, Ulrich (Hrsg.): Politische Kommunikation in der demokratischen Gesellschaft. Ein Handbuch mit Lexikonteil. Opladen/Wiesbaden 1998, S. 376-395.

KLÜVER, Henning: "Gedrucktes Fernsehen. Erst Boulevardisierung, dann Ansehensverlust: Die italienische Presse ist in der Krise"; in: Süddeutsche Zeitung, 28. Januar 1999, o.S.

KOHL, Christiane: "Wahlschlacht in der Medienlandschaft. Von Umfragen verunsichert attackiert Italiens Oppositionschef das Staatsfernsehen und lässt ein unliebsames Buch aufkaufen"; in: Süddeutsche Zeitung, 28. März 2001, S. 11.

KOHL, Christiane: "Ein Fall für den Staatsanwalt. Oppositionsführer Silvio Berlusconi ist in verschiedene Strafverfahren verwickelt"; in: Süddeutsche Zeitung, 12./13. Mai 2001, S. 2.

KRAATZ, Birgit: "Berlusconis politisches Marketing"; in: Die neue Gesellschaft, Frankfurter Hefte 41 (1994), H. 11, S. 975-979.

KREMPL, Stefan: Das Phänomen Berlusconi. Die Verstrickung von Politik, Medien, Wirtschaft und Werbung. Frankfurt am Main 1996.

LA PALOMBARA, Joseph: Die Italiener oder Demokratie als Lebenskunst. Wien, Darmstadt 1988.

LILL, Rudolf: Geschichte Italiens vom 16. Jahrhundert bis zu den Anfängen des Faschismus. Darmstadt 1980.

LÖVENICH, Friedhelm: "Dem Volk aufs Maul. Überlegungen zum Populismus"; in: Politische Vierteljahresschrift 30 (1989), H. 1, S. 22-31.

LOSANO, Mario G.: Sonne in der Tasche. Italienische Politik seit 1992. München 1995.

MAMMARELLA, Giuseppe: L'Italia contemporanea 1943-1998. Bologna 1999.

MANCINI, Paolo: "Italy's Berlusconi Factor"; in: Press/Politics, Vol. 2, No. 1 (1997), S. 116-120.

MANNHEIMER, Renato: Forza Italia. In: Diamanti, Ilvo/Mannheimer, Renato (Hrsg.): Milano a Roma. Guida all' Italia elettorale del 1994. Roma 1994, S. 29-42.

MANNHEIMER, Renato: "La scelta di Silvio. Dal marketing nasce il polo delle libertà"; in: Politica ed Economia 3/1994, S. 48-52.

MCCARTHY, Patrick: Forza Italia: nascita e sviluppo di un partito virtuale. In: Ignazi, Piero/Katz, Richard S. (Hrsg.): Politica in Italia. I fatti dell'anno e le interpretazioni. Edizione 1995. Bologna 1995, S. 49-72.

MCCARTHY, Patrick: Forza Italia: i vecchi problemi rimangono. In: D'Alimonte, Roberto/Nelken, David (Hrsg.): Politica in Italia. I fatti dell'anno e le interpretazioni. Edizione 1997. Bologna 1997[a], S. 65-84.

MCCARTHY, Patrick: "Italy: a new language for a new politics?"; in: Journal of Modern Italian Studies 2 (3) 1997[b], S. 337-357.

MCCARTHY, Patrick: Il silenzio e le fiabe: Linguaggio e politica di fine secolo. Torino 1997[c].

MEYER, Thomas: Die Inszenierung des Scheins. Voraussetzungen und Folgen symbolischer Politik. Essay-Montage. Frankfurt am Main 1992.

MOCHMANN, Ekkehard: Inhaltsanalyse. In: Nohlen, Dieter (Hrsg.): Lexikon der Politik. Band 2. Politikwissenschaftliche Methoden (herausgegeben von Jürgen Kriz). München 1994, S. 184-187.

MÖLLER, Iris Stephanie: Die Sprache der Erneuerer. In: Ferraris, Graf Luigi Vittorio/Trautmann, Günter/Ullrich, Hartmut (Hrsg.): Italien auf dem Weg zur "zweiten

Republik"? Die politischen Entwicklungen Italiens seit 1992. Frankfurt am Main 1995, S. 351-367.

MONTANELLI, Indro/CERVI, Mario: L'Italia del Novecento. Milano 1999.

MORLINO, Leonardo/TARCHI, Marco: "The dissatisfied society: The roots of political change in Italy"; in: European Journal of Political Research 30 (Juli 1996), S. 41-63.

MÜLLER, Peter: Die Mafia in der Politik. München 1990.

MUNZINGER ARCHIV/INTERNATIONALES BIOGRAPHISCHES ARCHIV 48/98 (Hrsg.): "Silvio Berlusconi", P 018325-6 Be-WE, S. 1-7.

MUNZINGER ARCHIV/INTERNATIONALES BIOGRAPHISCHES ARCHIV 48/98 (Hrsg.): "Umberto Bossi", P 020300-4 Bo-WE, S. 1-4.

NOHLEN, Dieter: Vergleichende Methode. In ders. (Hrsg.): Lexikon der Politik. Band 2. Politikwissenschaftliche Methoden (herausgegeben von Jürgen Kriz). München 1994, S. 507-517.

OTTOMANI, Max: Brigate Rozze. A Sud e a Nord del Senatore Bossi. Napoli 1992.

PAJETTA, Giovanna: Il Grande Camaleonte. Episodi, passioni, avventure del leghismo. Milano 1994.

PALLAVER, Günther: "L'unto del signore. Berlusconi, Forza Italia und das Volk"; in: Österreichische Zeitschrift für Politikwissenschaft, 24 (1995) H. 3, S. 317-328.

PASQUINO, Gianfranco: "Die Reform eines Wahlrechtssystems. Der Fall Italien"; in: Nedelmann, Birgitta (Hrsg.): Politische Institutionen im Wandel (Kölner Zeitschrift für Soziologie und Sozialpsychologie, Sonderheft 35). Opladen 1995, S. 279-304.

PETERSEN, Jens: Quo vadis, Italia? Ein Staat in der Krise. München 1995.

PFETSCH, Barbara: "Themenkarrieren und politische Kommunikation. Zum Verhältnis von Politik und Medien bei der Entstehung der politischen Agenda"; in: Aus Politik und Zeitgeschichte, B 39/94, 30. September 1994, S. 11-20.

PFETSCH, Barbara: Pseudoereignis. In: Jarren, Otfried/Sarcinelli, Ulrich/Saxer, Ulrich (Hrsg.): Politische Kommunikation in der demokratischen Gesellschaft. Ein Handbuch mit Lexikonteil. Opladen/Wiesbaden 1998, S. 713-714.

PFETSCH, Barbara/SCHMITT-BECK, Rüdiger: Amerikanisierung von Wahlkämpfen? Kommunikationsstrategien und Massenmedien im politischen Mobilisierungsprozeß. In: Jäckel, Michael/Winterhoff-Spurk, Peter (Hrsg.): Politik und Medien. Analysen zur Entwicklung der politischen Kommunikation. Berlin 1994, S. 231-252.

PLASSER, Fritz: "Amerikanisierung" der Wahlkommunikation in Westeuropa: Diskussions- und Forschungsstand. In: Bohrmann, Hans/Jarren, Otfried/Melischek, Gabriele/Seethaler, Josef (Hrsg.): Wahlen und Politikvermittlung durch Massenmedien. Wiesbaden 2000.

PORRO, Nicola: "L'innovazione conservatrice. Finninvest, Milan club e Forza Italia"; in: quaderni di sociologia, 9/1994-95, S. 6-18.

PROCACCI, Giuliano: Geschichte Italiens und der Italiener. München 1983.

RADUNSKI, Peter: Politisches Kommunikationsmanagement. Die Amerikanisierung der Wahlkämpfe. In: Bertelsmannstiftung (Hrsg.): Politik überzeugend vermitteln. Wahlkampfstrategien in Deutschland und den USA. Analysen und Bewertungen von Politikern, Journalisten und Experten. Gütersloh 1996, S. 33-52.

RAUEN, Birgid: Forza Italia – Der Kommunikationsstil einer Ein-Mann-Partei. In Ferraris, Graf Luigi Vittorio/Trautmann, Günter/Ullrich, Hartmut (Hrsg.): Italien auf dem Weg zur "zweiten Republik"? Die politischen Entwicklungen Italiens seit 1992. Frankfurt am Main 1995, S. 167-178.

RAUEN, Birgid: Media: consumo. In: Brütting, Richard: Italien-Lexikon. Schlüsselbegriffe zu Geschichte, Gesellschaft, Wirtschaft, Politik, Justiz, Gesundheitswesen, Verkehr, Presse, Rundfunk, Kultur und Bildungseinrichtungen (Grundlagen der Romanistik, Band 20). Berlin 1997, S. 484-485.

REH, Werner: Quellen- und Dokumentenanalyse in der Politikfeldforschung: Wer steuert die Verkehrspolitik? In: Alemann, Ulrich von (Hrsg.): Politikwissenschaftliche Methoden. Grundriß für Studium und Forschung. Opladen 1995, S. 201-247.

REICHEL, Peter: Politische Kultur. In: Holtmann, Everhard (Hrsg.): Politik-Lexikon. Dritte, völlig überarbeitete und erweiterte Auflage. München, Wien, Oldenbourg 2000, 512-515.

RIGOTTI, Francesca: Die Macht und ihre Metaphern. Über die sprachlichen Bilder der Politik. Frankfurt/Main 1994.

RODOTÀ, Stefano: "Berlusconi e la tecnopolitica"; in: MicroMega 3/1994, S. 85-96.

ROMAN DEL PRETE, Laura: Mameli (Inno di Mameli). In: Brütting, Richard (Hrsg.): Italien-Lexikon. Schlüsselbegriffe zu Geschichte, Gesellschaft, Wirtschaft, Politik, Justiz, Gesundheitswesen, Verkehr, Presse, Rundfunk, Kultur und Bildungseinrichtungen. Berlin 1997[a], S. 465.

ROMAN DEL PRETE, Laura: Verdi, Giuseppe. In: Brütting, Richard (Hrsg.): Italien-Lexikon. Schlüsselbegriffe zu Geschichte, Gesellschaft, Wirtschaft, Politik, Justiz,

Gesundheitswesen, Verkehr, Presse, Rundfunk, Kultur und Bildungseinrichtungen. Berlin 1997[b], S. 866-868.

ROQUES, Valeska von: Die Stunde der Leoparden. Italien im Umbruch. München 1996.

RUCHT, Dieter: Parteien, Verbände und Bewegungen als Systeme politischer Interessenvermittlung. In: <u>Niedermayer</u>, Oskar/<u>Stöss</u>, Richard (Hrsg.): Stand und Perspektiven der Parteienforschung in Deutschland. Opladen 1993, S. 251-275.

RUGGERI, Giovanni/GUARINO, Mario: Berlusconi, Showmaster der Macht. Berlin 1994.

RUSCONI, Gian Enrico: "Die Nation als Interessengemeinschaft? Zur Herausforderung der Lega in Italien"; in: Merkur. Deutsche Zeitschrift für europäisches Denken 48 (1994), H. 1, S. 15-25.

SANI, Giacomo: "C'è un leader in video: la forza della telepolitica"; in: il Mulino 361, settembre-ottobre 1995, S. 877-887.

SARCINELLI, Ulrich: Symbolische Politik. Zur Bedeutung symbolischen Handelns in der Wahlkampfkommunikation der Bundesrepublik Deutschland. Opladen 1987.

SARCINELLI, Ulrich: "Symbolische Politik und politische Kultur. Das Kommunikationsritual als politische Wirklichkeit"; in: Politische Vierteljahresschrift 30 (1989), H. 2, S. 292-309.

SARCINELLI, Ulrich: Massenmedien und Politikvermittlung – Eine Problem- und Forschungsskizze. In: <u>Wittkämper</u>, Gerhard W.: Medien und Politik. Darmstadt 1992, S. 37-62.

SARCINELLI, Ulrich: "Fernsehdemokratie". Symbolische Politik als konstruktives und als destruktives Element politischer Wirklichkeitsvermittlung. In: <u>Wunden</u>, Wolfgang (Hrsg.): Öffentlichkeit und Kommunikationskultur. Beiträge zur Medienethik. Band 2. Hamburg, Stuttgart 1994[a], S. 31-41.

SARCINELLI, Ulrich: Mediale Politikdarstellung und politisches Handeln: analytische Anmerkungen zu einer notwendigerweise spannungsreichen Beziehung. In: <u>Jarren</u>, Otfried (Hrsg.): Politische Kommunikation in Hörfunk und Fernsehen (Sonderheft Gegenwartskunde; 8). Opladen 1994[b], S. 35-50.

SARCINELLI, Ulrich: Politische Inszenierung im Kontext des aktuellen Politikvermittlungsgeschäfts. In: <u>Arnold</u>, Sabine R./<u>Fuhrmeister</u>, Christian/<u>Schiller</u>, Dietmar (Hrsg.): Politische Inszenierung im 20. Jahrhundert: Zur Sinnlichkeit der Macht. Wien/Köln/Weimar 1998, S. 146-157.

SARUBBI, Andrea: La Lega qualunque. Dal populismo di Giannini a quello di Bossi. Prefazione di Alberto Sensini. Roma 1995.

SAVARESE, Rossella: L'americanizzazione della politica in Italia. Milano 1996.

SCHAEFER, Markus: Referenden, Wahlrechtsreformen und politische Akteure im Strukturwandel des italienischen Parteiensystems (Politische Parteien in Europa, Band 3). Münster 1998.

SCHENK, Michael: Nachrichtenfaktoren. In: Jarren, Otfried/Sarcinelli, Ulrich/Saxer, Ulrich (Hrsg.): Politische Kommunikation in der demokratischen Gesellschaft. Ein Handbuch mit Lexikonteil. Opladen/Wiesbaden 1998, S. 690-691.

SCHIAVONE, Aldo: Italiani senza Italia. Storia e identità. Torino 1998.

SCHMIDTKE, Oliver: Die Lega in Italien. In: Pfahl-Traughber, Armin (Hrsg.): Volkes Stimme? Rechtspopulismus in Europa. Bonn 1994, S. 83-100.

SCHÜMER, Dirk: "Auf Sendung. Berlusconis Mediendemokratie"; in: Frankfurter Allgemeine Zeitung, 28. Januar 1994, o.S.

SCHWARTZENBERG, Roger-Gérard: Politik als Showgeschäft. Moderne Strategien im Kampf um die Macht. Erste Auflage. Düsseldorf, Wien 1980.

SEIßELBERG, Jörg: "Forza? Find ich gut... Mit Marketing wie für Konsumprodukte gewinnt Berlusconis Partei Forza Italia Wahlen: Sie setzt Demoskopie in Politik um"; in: Die Woche, 7. Oktober 1994, o.S.

SEIßELBERG, Jörg: Berlusconis Forza Italia. Wahlerfolg einer Persönlichkeitspartei (1994). In: Steffani, Winfried/Thaysen, Uwe (Hrsg.): Demokratie in Europa: Zur Rolle der Parlamente. Zeitschrift für Parlamentsfragen. Sonderband zum 25jährigen Bestehen. Opladen 1995, S. 204-231.

SEIßELBERG, Jörg: "Conditions of Success and Political Problems of a 'Media-Mediated Personality-Party': The Case of Forza Italia"; in: West European Politics, Vol. 19, No. 4 (October 1996), S. 715-743.

SEMINO, Elena/MASCI, Michela: "Politics is football: metaphor in the discourse of Silvio Berlusconi in Italy"; in: Discourse and Society, vol. 7(2) (1996), S. 243-269.

SENSINI, Alberto: Caro Silvio, caro Massimo. La neolingua della politica. Roma 1997.

STATHAM, Paul: "Berlusconi, the Media, and the New Right in Italy"; in: Press/Politics, Volume I, Number I (1996), S. 87-105.

STRENSKE, Bettina: Rundfunk und Parteien in Italien (Beiträge zur Kommunikation in Politik und Gesellschaft, Band 2). Münster, Hamburg 1993.

TANZMEISTER, Robert: Mythen im politischen Diskurs der Lega Nord. In. Burtscher-Bechter, Beate/Eibl, Doris/Eisterer, Elia/Fuchs, Gerhild/Mertz-Baumgartner, Birgit/Oberhuber, Andrea (Hrsg.): Sprache und Mythos. Mythos der Sprache. Beiträge zum 13. Nachwuchskolloquium der Romanistik (Innsbruck, 11.-14.6.1997). (Forum junge Romanistik; 4). Bonn 1998, S. 239-250.

TANZMEISTER, Robert: Padanien zwischen Autonomie und Sezession. Kritische Diskursanalyse zum politischen Diskurs der Lega Nord. Wien 2000[a].

TANZMEISTER, Robert: "Sprache und Sprachvariation im politischen Diskurs der Lega Nord"; in: Quo vadis Romania?, Nr. 15-16/2000[b].

TENSCHER, Jens: Politik für das Fernsehen – Politik im Fernsehen. Theorien, Trends und Perspektiven. In: Sarcinelli, Ulrich (Hrsg.): Politikvermittlung und Demokratie in der Mediengesellschaft. Beiträge zur politischen Kommunikationskultur. Bonn 1998, S. 184-208.

THIMM, Katja: Die politische Kommunikation Jean-Marie Le Pens. Bedingungen einer rechtspopulistischen Öffentlichkeit (Beiträge zur Politikwissenschaft, Band 72). Frankfurt am Main 1999.

TRAUTMANN, Günter: Italien – Eine Gesellschaft mit gespaltener politischer Kultur. In: Reichel, Peter (Hrsg.): Politische Kultur in Westeuropa: Bürger und Staaten in der Europäischen Gemeinschaft. Frankfurt am Main, New York 1984, S. 220-260.

TRAUTMANN, Günter: Politische Kultur und nationale Identität – Italien in den neunziger Jahren. In: Gruner, Wolf D./Trautmann, Günter (Hrsg.): Italien in Geschichte und Gegenwart (Beiträge zur deutschen und europäischen Geschichte, Band 6). Hamburg 1991, S. 279-315.

TRAUTMANN, Günter: Corruzione. In: Brütting, Richard (Hrsg.): Italien-Lexikon. Schlüsselbegriffe zu Geschichte, Gesellschaft, Wirtschaft, Politik, Justiz, Gesundheitswesen, Verkehr, Presse, Rundfunk, Kultur und Bildungseinrichtungen (Grundlagen der Romanistik, Band 20). Berlin 1997[a], S. 229-230.

TRAUTMANN, Günter: Partitocrazia. In: Brütting, Richard (Hrsg.): Italien-Lexikon. Schlüsselbegriffe zu Geschichte, Gesellschaft, Wirtschaft, Politik, Justiz, Gesundheitswesen, Verkehr, Presse, Rundfunk, Kultur und Bildungseinrichtungen (Grundlagen der Romanistik, Band 20). Berlin 1997[b], S. 564-565.

TRAUTMANN, Günter: P2/Propaganda 2. In: Brütting, Richard (Hrsg.): Italien-Lexikon. Schlüsselbegriffe zu Geschichte, Gesellschaft, Wirtschaft, Politik, Justiz, Gesundheitswesen, Verkehr, Presse, Rundfunk, Kultur und Bildungseinrichtungen (Grundlagen der Romanistik, Band 20). Berlin 1997[c], S. 551-553.

VOIGT, Rüdiger: Mythen, Rituale und Symbole in der Politik. In: <u>ders.</u> (Hrsg.): Symbole der Politik. Politik der Symbole. Opladen 1989, S. 9-37.

WALLISCH, Stefan: Aufstieg und Fall der Telekratie. Silvio Berlusconi, Romano Prodi und die Politik im Fernsehzeitalter. Wien 1997.

WEBER, Max: Wirtschaft und Gesellschaft. Grundriss der verstehenden Soziologie. Fünfte, revidierte Auflage. Studienausgabe. Tübingen 1976.

WEBER, Peter: "Die neue Ära der italienischen Mehrheitsdemokratie: Fragliche Stabilität bei fortdauernder Parteienzersplitterung"; in: Zeitschrift für Parlamentsfragen 1/1997, S. 85-116.

WEBER, Peter: "Solide Parlamentsmehrheit für Silvio Berlusconi, aber kein Erdrutsch. Ein Wahlkampf der Personalisierung und Polarisierung in Italien und zum Schluss das Chaos an den Urnen"; in: Das Parlament, 18. Mai 2001, S. 5.

WIESER, Theodor/SPOTTS, Frederic: Der Fall Italien. Dauerkrise einer schwierigen Demokratie. Aktualisierte Ausgabe. München 1988.

WOLF, Andrea: Telekratie oder Tele Morgana? Politik und Fernsehen in Italien. (Italien in Geschichte und Gegenwart herausgegeben von Luigi Vittorio Ferraris, Günter Trautmann, Hartmut Ullrich; Band 6). Frankfurt am Main 1997.

WOLF, Fritz: "Alle Politik ist medienvermittelt. Über das prekäre Verhältnis von Politik und Fernsehen"; in: Aus Politik und Zeitgeschichte. B 32/96, 2. August 1996, S. 26-31.

ZOHLNHÖFER, Reimut: "Die Transformation des italienischen Parteiensystems in den 90er Jahren"; in: Zeitschrift für Politikwissenschaft 8 (1998), H. 4, S. 1371-1396.

2. Zeitungen

Corriere della Sera
Die Welt
Frankfurter Allgemeine Zeitung
Il Messaggero
La Repubblica
La Stampa
Süddeutsche Zeitung

3. Politische Zeitschriften, Magazine und Wochenzeitungen

Das Parlament
Die Woche
Die Zeit
Der Spiegel
Economist
Focus
L'Espresso
Panorama

4. Sonstige Printmaterialien

DPA-Pressemeldung, 12. Februar 1995

EVP-News 1/2000, o. S.

5. Lexika, Handbücher, Wörterbücher, Bibel

BOTHEROYD, Sylvia und Paul F.: Lexikon der keltischen Mythologie. München 1992.

BUßMANN, Hadumod: Lexikon der Sprachwissenschaft. Zweite, völlig neu bearbeitete Auflage. Suttgart 1990.

CORTELAZZO, Manlio/ZOLLI, Paolo: Dizionario etimologico della lingua italiana. Volume 5/S-Z. Bologna 1988.

DIE BIBEL. Altes und Neues Testament. Einheitsübersetzung. Stuttgart 1980.

DIZIONARIO TEDESCO-ITALIANO (Sansoni-Wörterbuch hergestellt unter der Leitung von Vladimiro Macchi). Milano 1997.

NOVELLI, Silverio/URBANI, Gabriella: Dizionario della Seconda Repubblica. Le parole nuove della politica. Roma 1997.

SCHMIDT, Manfred G.: Wörterbuch zur Politik. Stuttgart 1995.

6. Expertenbefragung

Befragung per E-Mail von Prof. Dr. Robert Tanzmeister, Universität Wien, zum Thema "Symbole der Lega Nord", 25. Juni 2001.

7. Fernsehreportage

Der "Reiche" gegen den "Schönen", Kompass, Reportage vom 8. Mai 2001, Bayrischer Rundfunk.